TEORIA GERAL DO
DIREITO DIGITAL

*Transformação Digital
Desafios para o Direito*

O GEN | Grupo Editorial Nacional – maior plataforma editorial brasileira no segmento científico, técnico e profissional – publica conteúdos nas áreas de concursos, ciências jurídicas, humanas, exatas, da saúde e sociais aplicadas, além de prover serviços direcionados à educação continuada.

As editoras que integram o GEN, das mais respeitadas no mercado editorial, construíram catálogos inigualáveis, com obras decisivas para a formação acadêmica e o aperfeiçoamento de várias gerações de profissionais e estudantes, tendo se tornado sinônimo de qualidade e seriedade.

A missão do GEN e dos núcleos de conteúdo que o compõem é prover a melhor informação científica e distribuí-la de maneira flexível e conveniente, a preços justos, gerando benefícios e servindo a autores, docentes, livreiros, funcionários, colaboradores e acionistas.

Nosso comportamento ético incondicional e nossa responsabilidade social e ambiental são reforçados pela natureza educacional de nossa atividade e dão sustentabilidade ao crescimento contínuo e à rentabilidade do grupo.

WOLFGANG HOFFMANN-RIEM

TEORIA GERAL DO
DIREITO DIGITAL

*Transformação Digital
Desafios para o Direito*

Prefácio:
Ingo Wolfgang Sarlet

Tradução:
Italo Fuhrmann

Apresentação:
Laura Schertel Mendes

2ª edição revista e atualizada

- O autor deste livro e a editora empenharam seus melhores esforços para assegurar que as informações e os procedimentos apresentados no texto estejam em acordo com os padrões aceitos à época da publicação, e todos os dados foram atualizados pelo autor até a data de fechamento do livro. Entretanto, tendo em conta a evolução das ciências, as atualizações legislativas, as mudanças regulamentares governamentais e o constante fluxo de novas informações sobre os temas que constam do livro, recomendamos enfaticamente que os leitores consultem sempre outras fontes fidedignas, de modo a se certificarem de que as informações contidas no texto estão corretas e de que não houve alterações nas recomendações ou na legislação regulamentadora.

- Título original: Inovação no Direito e pelo Direito (o Direito como instrumento viabilizador da inovação)

- Fechamento desta edição: *15.10.2021*

- O Autor e a editora se empenharam para citar adequadamente e dar o devido crédito a todos os detentores de direitos autorais de qualquer material utilizado neste livro, dispondo-se a possíveis acertos posteriores caso, inadvertida e involuntariamente, a identificação de algum deles tenha sido omitida.

- **Atendimento ao cliente: (11) 5080-0751 | faleconosco@grupogen.com.br**

- Direitos exclusivos para a língua portuguesa
Copyright © 2022 by
Editora Forense Ltda.
Uma editora integrante do GEN | Grupo Editorial Nacional
Travessa do Ouvidor, 11 – Térreo e 6º andar
Rio de Janeiro – RJ – 20040-040
www.grupogen.com.br

- Reservados todos os direitos. É proibida a duplicação ou reprodução deste volume, no todo ou em parte, em quaisquer formas ou por quaisquer meios (eletrônico, mecânico, gravação, fotocópia, distribuição pela Internet ou outros), sem permissão, por escrito, da Editora Forense Ltda.

- Esta obra foi publicada originalmente em língua alemã sob o título "Die digitale Transformation – Herausforderung für das Recht", 2020.

- Capa: Fabrício Vale

- **CIP – BRASIL. CATALOGAÇÃO NA FONTE.**
SINDICATO NACIONAL DOS EDITORES DE LIVROS, RJ.

    H648t
    Hoffmann-Riem, Wolfgang

    Teoria geral do direito digital: transformação digital: desafios para o direito / Wolfgang Hoffmann-Riem. – 2 ed. – [2. Reimp.] – Rio de Janeiro: Forense, 2025.

    Inclui bibliografia
    ISBN 978-65-596-4224-3

    1. Internet – Legislação – Brasil. 2. Mídia digital – Legislação – Brasil. 3. Tecnologia e direito. I. Título.

    21-73806   CDU: 347.121:004.738}

    Meri Gleice Rodrigues de Souza - Bibliotecária - CRB-7/6439

SOBRE O AUTOR

Atualmente, é professor-associado de Inovação e Direito da Bucerius Law School, Hamburgo, professor catedrático de Direito Público e de Administração Pública Jubilado da Universidade de Hamburgo. Foi juiz do Tribunal Constitucional Federal da Alemanha (1999-2008), tendo-se destacado como relator, entre outros domínios, de decisões nas áreas da proteção de dados e privacidade, liberdade de expressão e informação, inviolabilidade do domicílio e direito da concorrência. Integrou (2007-2018), como representante da Alemanha, a Comissão de Veneza (Comissão Europeia para Democracia e Direito) do Conselho da Europa. Fundou e dirigiu o pioneiro Centro de Pesquisas sobre Direito e Inovação junto a Universidade de Hamburgo (1995-2012) e foi duas vezes diretor do prestigiado Instituto Hans-Bredow para Rádio e Televisão. Foi professor visitante em diversas universidades importantes, como Stanford, Berkeley, Harvard, Columbia e Melbourne, além de conferencista largamente requisitado na Europa e em outros continentes, inclusive no Brasil. Dentre os diversos cargos e honrarias que exerceu e recebeu, vale destacar sua atuação, no período de 1995-1997, como Ministro da Justiça do Estado de Hamburgo e Presidente da Comissão Jurídica do Senado Federal alemão (Bundesrat). Em 2008 foi agraciado pelo Presidente da República da Alemanha com a mais alta condecoração do País, a Ordem do Mérito Federal *(Bundesverdienstkreuz)*.

Sua atuação acadêmica e sua obra são marcadas pelo seu cunho inovador, criatividade, diversidade e densidade, como dão conta as suas precoces e influentes incursões pelo direito constitucional, administrativo e ambiental, em especial no que diz com novos modelos regulatórios, na relação entre atores privados e governamentais (no sentido de um direito administrativo cooperativo), tendo inclusive cunhado a expressão autorregulação regulada.

NOTA À 2ª EDIÇÃO

É uma grande honra para mim que este livro sobre a relação entre Direito e a transformação digital tenha sido publicado no Brasil. A esta honra, soma-se a alegria pelo interesse demonstrado, conforme indicam os números de venda, e que por isso foi necessária agora uma segunda edição.

Eu utilizo esta oportunidade para agradecer sinceramente a Ingo Sarlet, a Laura Schertel Mendes e a Italo Roberto Fuhrmann, que tornaram possível esta publicação, e que me auxiliaram com muitas sugestões valiosas em termos de conteúdo.

A transformação digital progride a passos largos, exsurgindo novos desenvolvimentos, que incluem novos projetos de Lei e decisões judiciais, porém, sobretudo, inovações tecnológicas. O olhar sobre as experiências em outras culturas e ordenamentos jurídicos fornece sugestões valiosas, não apenas para a análise de seu desenvolvimento, mas igualmente para identificar possíveis reações. Isto também estimula o repensar da própria posição. No âmbito dos direitos fundamentais, estes são sobretudo estímulos para a expansão da liberdade e da justiça – uma tarefa especialmente importante, pois elas estão sendo ameaçadas em várias partes do mundo.

A seguir, descrevo brevemente em quais perspectivas temáticas o livro foi ampliado.

Embora o fenômeno da digitalização já tenha iniciado há várias décadas, ele só ganhou velocidade no final do século passado. Nós falamos hoje sobre a transformação digital da sociedade, e pensamos com isso não apenas em relação ao rápido progresso tecnológico, mas também dos seus efeitos na vida das pessoas e na capacidade funcional das instituições sociais e estatais. Ela requer regulação jurídica complementar. Neste contexto, a desmaterialização do objeto – dados e *software* –, a abertura para o futuro do desenvolvimento tecnológico, e a falta de transparência de muitos procedimentos (*black boxes*) provocam dificuldades específicas.

No início das discussões jurídicas acerca das consequências da digitalização estava sobretudo a lei de proteção de dados como proteção da autonomia privada e, com isso, da autodeterminação informativa. Esta proteção continua sendo importante, e é muito bem-vinda a existência de uma moderna lei de proteção de dados também no Brasil. Hoje, todavia, não são apenas importantes os dados pessoais. Cada vez mais, a importância dos dados não considerados pessoais aumenta, por exemplo nas áreas de produção e distribuição industrial, para a análise e previsão dos desenvolvimentos, mas igualmente para a utilização de técnicas digitais na vida pessoal ou no mundo do trabalho. Foi por este motivo que a importância dos dados não considerados pessoais foi acentuada, bem como as múltiplas combinações de dados pessoais e não pessoais, em especial no âmbito do *big data* e da inteligência artificial (IA).

Os dados, e os *softwares* criados com a ajuda deles, são um meio de uso transversal para a configuração das relações da vida. Isto torna ainda mais necessária a atenção jurídica para o uso das técnicas digitais em diferentes âmbitos da vida. O tema não se refere apenas aos dados em específico, mas também de forma mais abrangente às estruturações de sistemas de algoritmos para distintas finalidades.

A inteligência artificial, que já foi tratada na primeira edição, se desenvolveu imensamente, em especial sob a forma de *machine learning* e *deep learning*. Trata-se de sistemas de aprendizagem que podem processar as suas próprias experiências e percepções de forma independente, bem como aplicar os padrões aprendidos a novos conjuntos de dados. Nada obstante, também estão vinculados riscos específicos à inteligência artificial. Por esta razão, a Comissão da União Europeia apresentou – pela primeira vez em todo o mundo – um projeto de Lei bastante detalhado para a regulamentação da inteligência artificial. Tal projeto já desencadeou intensas discussões na Europa, e já se pode presumir que a regulamentação da inteligência artificial será também, e cada vez mais, levada em consideração em outras regiões do mundo.

Um problema antigo, mas cada vez mais determinante, é a influência de empresas poderosas, globais e monopolistas, especialmente sob a forma de intermediários de TI. Elas ameaçam o funcionamento dos mercados, influenciam e, em parte, manipulam o nosso comportamento e determinam em grande medida as regras pelas quais a economia digital funciona. De certa forma, são legisladores privados que ao mesmo tempo tentam impedir, ou se esquivar, tanto quanto possível, da regulamentação estatal. A Comissão da União Europeia e os governos de alguns Estados europeus reconheceram o problema e promulgaram novas leis, ou trouxeram para o processo legislativo, para conter este poder. Na nova edição, faço um relatório sobre o conteúdo essencial destes projetos, mas mantenho a minha avaliação de que mesmo estes não serão suficientes como contrapeso.

Na Alemanha, há muito que se reconhece que os direitos fundamentais não são apenas direitos de defesa contra o Estado, mas podem igualmente influenciar o comportamento dos indivíduos privados uns em relação aos outros. Neste contexto, o Tribunal Constitucional Federal formulou recentemente o entendimento de que a função de proteção dos direitos fundamentais é especialmente importante em relação às empresas privadas que – como alguns intermediários de TI – têm poder numa posição dominante semelhante à do Estado.

Um tema também relevante é a crescente automatização das decisões, incluindo as decisões governamentais. Na primeira edição, eu havia relatado em que medida as decisões automatizadas da Administração são permitidas na Alemanha. Agora abordo a questão de se, e em que medida, a digitalização está sendo utilizada no sistema judicial alemão.

Há muito mais objetos e problemas sobre os quais devemos refletir. De todo o modo, espero que a escolha que procedi ofereça uma impressão da riqueza dos problemas e da dimensão da tarefa que temos de enfrentar agora e no futuro no contexto da transformação digital.

Hamburgo, 10 de setembro de 2021.

Wolfgang Hoffmann-Riem

PREFÁCIO

Num tempo-espaço marcado, cada vez mais, por um processo complexo e multidimensional de globalização, do qual o fenômeno do avanço sem precedentes, altamente dinâmico e veloz, no âmbito das tecnologias de informação e comunicação por conta da evolução da Internet, é um dos – senão o – mais significativos, também o Direito, na sua condição de estrutura regulatória (do ponto de vista normativo, institucional, procedimental e organizacional), tem sido marcado pelo que se costumou designar de um processo de digitalização.

Mas, como já é notório, a verdadeira transformação digital (valendo-nos nesse momento da expressão constante do título da obra que aqui estamos a prefaciar) que estamos a experimentar em todos os domínios da vida coletiva e individual, tem sido acompanhada de um conjunto – quase inimaginável há poucas décadas – de conquistas, mas também de ameaças e riscos para a humanidade e mesmo ao ambiente biótico e abiótico. No campo do Direito, assim como ocorreu e tem ocorrido nos demais setores, a digitalização não poderia deixar de impactar profundamente, acarretando novos problemas e desafios a exigirem também diferenciadas e novas respostas.

Nesse sentido, Wolfgang Hoffmann-Riem, autor da presente obra, há muito e de forma pioneira e original, sob o rótulo Inovação no Direito e pelo Direito (o Direito como instrumento viabilizador da inovação), tem refletido e escrito, entre muitos outros aspectos, sobre a necessidade de uma simultânea abertura para a responsabilidade pela inovação, por novos processos de aprendizagem, lidando com o conhecimento e o não conhecimento, o repensar e mesmo a criação de novas formas de produção do Direito, além da inovação no que diz respeito aos institutos jurídicos e suas respectivas funções e efetividade, chegando inclusive a exigir o repensar da própria teoria e metodologia jurídicas[1].

Na obra que ora temos a honra de prefaciar, Wolfgang Hoffmann-Riem logrou brindar o público de língua portuguesa com uma visão transversal, mas ao mesmo tempo impressionantemente atualizada, simultaneamente clara e densa do ponto de vista científico, alguns dos principais temas relacionados ao fenômeno da digitalização para e no Direito, explorando, ademais disso, os problemas e desafios mais expressivos, de sorte a oferecer referencial de qualidade ímpar para o desenvolvimento dos estudos acadêmicos – mas também *insights* para a prática – no Brasil e no mundo lusófono.

Vale sublinhar que o próprio autor aponta, no capítulo introdutório, para o fato de que mesmo focado no Direito alemão e europeu, campo de sua atuação, os problemas causados pelas tecnologias digitais nos diversos sistemas jurídicos são estruturalmente comparáveis, de tal sorte que as abordagens e soluções acabam revelando muitos paralelos, a despeito das peculiaridades das tradições culturais e dos procedimentos legais dos diferentes países.

Apenas para mencionar dois exemplos, permitimo-nos citar o Regulamento Geral Europeu sobre a proteção dos dados pessoais e sua substancial recepção no Brasil pela nova Lei Geral de Proteção de Dados, assim como a recente decisão do Supremo Tribunal Federal – STF (maio de 2020), que reconheceu um direito fundamental autônomo à proteção dos dados pessoais implicitamente positivado na Constituição Federal de 1988, mediante referência, dentre outros argumentos, ao direito à autodeterminação informativa, tal como concebido pelo Tribunal Constitucional Federal da Alemanha *(Bundesverfassungsgericht)* na sua famosa decisão de 1983.

Contudo, dada a repartição de enfoques relativamente à apresentação da lavra da eminente colega e amiga, Professora Laura Mendes, deixaremos de nos manifestar sobre a obra e seu conteúdo para voltar-

---

[1] Cf. HOFFMANN-RIEM, Wolfgang. Direito, Tecnologia e Inovação, in: MENDES, Gilmar Ferreira; SARLET, Ingo Wolfgang; COELHO, Alexandre Zavaglia (Org.), Direito, Inovação e Tecnologia, São Paulo: Saraiva, 2014, p. 11 e ss. Para maior desenvolvimento, v. do mesmo autor, Innovation und Recht – Recht und Innovation, Tübingen: Mohr Siebeck, 2016, obra que reúne ensaios sobre os mais diversos aspectos relacionados ao tema.

mos nosso olhar sobre a pessoa do autor, Professor Doutor Wolfgang Hoffmann-Riem, antigo Magistrado do Tribunal Constitucional alemão e um dos mais importantes publicistas vivos da Alemanha.

Wolfgang Hoffmann-Riem, nascido em março de 1940, Hannover, estudou Direito e Economia nas Universidades de Hamburg, Freiburg im Breisgau e Berkeley, onde obteve seu LL.M (Master). Aprovado com alto desempenho no rigoroso exame estatal (duas fases) de admissão às carreiras jurídicas alemãs (Staatsexamen), obteve seu doutorado (1968) e a livre-docência (1974), vindo a assumir a Cátedra de Direito Público e Administração Pública na Universidade de Hamburgo, recusando ofertas para lecionar nas Universidades de Hannover, Frankfurt am Main e Berlim. Após seu jubilamento na Universidade de Hamburgo, tornou-se professor-associado na área de inovação e Direito na Bucerius Law School, igualmente em Hamburgo, onde leciona e pesquisa até hoje.

No que diz respeito particularmente às matérias versadas na obra que ora se prefacia, Hoffmann-Riem foi Diretor do Instituto Hans-Bredow para Rádio e Televisão (1978-1995 e 1997-1999), tendo fundado e presidido o pioneiro Centro de Pesquisas sobre Direito e Inovação junto à Universidade de Hamburgo (1995-2012), além de ainda ser um dos diretores do Instituto de Direito Ambiental da mesma instituição de ensino superior.

De 2007 a 2018, integrou, como representante da Alemanha, a assim chamada Comissão de Veneza (Comissão Europeia para Democracia pelo Direito), vinculada ao Conselho da Europa.

No campo acadêmico, é de ressaltar, ainda, sua condição de pesquisador *(fellow)* do Colégio Científico de Berlim (Wissenschaftskolleg – Institute for Advanced Studies), no período de 2009/2010, que recebe anualmente dezenas de cientistas altamente qualificados e reconhecidos de diferentes Estados e nas mais diversas áreas do conhecimento.

Da mesma forma, chama atenção o seu prestígio acadêmico fora da Alemanha, tendo atuado como pesquisador e professor visitante, entre outras, nas Universidades de Stanford, Berkeley, Harvard, Columbia e Melbourne, além de conferencista largamente requisitado na Europa e em outros continentes, inclusive no Brasil.

A relevância e o prestígio de Hoffmann-Riem ainda vão além, o que se deve, entre outros fatores, ao seu labor em prol da transformação na forma de se compreender o Direito, não apenas como disciplina focada no interpretação de normas jurídicas, mas também, e em especial, no que se refere à capacidade dos sistemas jurídicos de resolverem problemas sociais de modo eficaz e orientado para resultados, considerando sempre sua interação com o contexto social e seu cunho interdisciplinar, aberto e em diálogo com outros saberes, como a sociologia, a economia, as ciências da saúde, a tecnologia, entre outras.

Nessa perspectiva, também foi e tem sido central o papel do nosso autor no que diz respeito à reforma do ensino jurídico na Alemanha, reforçando a conexão entre a formação teórica e prática, seja na sua condição de professor e pesquisador, incluindo a sua produção científica, seja mediante a sua participação em um expressivo número de comissões e organizações públicas e privadas.

Sua atuação acadêmica e sua obra são marcadas pelo seu cunho inovador, criatividade, diversidade e densidade, como dão conta as suas precoces e influentes incursões pelo direito constitucional, administrativo e ambiental, em especial no que diz com novos modelos regulatórios, na relação entre atores privados e governamentais (no sentido de um direito administrativo cooperativo), tendo inclusive cunhado a expressão autorregulação regulada, que, além de tratada no livro ora prefaciado, já foi objeto de publicação em artigo científico entre nós[2].

Aliás, para que se tenha uma ideia da pujança da obra de Hoffmann-Riem, remete-se aqui à sua extensa lista de publicações acessível pela sua página na Bucerius Law School[3].

No início dos anos 1990, com o suporte e em parceria com um dos mais expressivos administrativistas alemães e europeus, Eberhard Schmidt-Assmann (hoje professor emérito da Universidade de Heidelberg) – que já esteve no Brasil proferindo conferências em Porto Alegre (PUCRS), Curitiba (Justiça Federal) e Brasília (IDP) e com obra

---

[2] Cf., HOFFMANN-RIEM, Wolfgang. Autorregulação, Autorregulamentação e Autorregulamentação Regulamentada no Contexto Digital. Revista da Ajuris, vol. 46, n. 146, junho, 2019. pp. 529-553.

[3] Disponível em: https://www.law-school.de/international/research-faculty/faculty-directory/other-professors/professor-dr-wolfgang-hoffmann-riem.

publicada pela série Saraiva-IDP[4] – editou uma série de dez obras dedicadas à reforma do direito administrativo (*Schriften zur Reform des Verwaltungsrechts*, Editora Nomos).

Além disso, na companhia de Eberhard Schmidt-Assmann e Andreas Vosskuhle – ex-Presidente do Tribunal Constitucional Federal, coordenou uma moderna, sistemática e alentada trilogia, integrada por cinquenta dos mais expressivos juspublicistas alemães, sobre os fundamentos do direito administrativo (*Grundlagen des Verwaltungsrechts*), publicada entre 2006 e 2009, bem como a segunda edição entre os anos 2012-2013.

Ainda no limiar dos anos 1990, Hoffmann-Riem protagonizou, na Universidade de Hamburgo, pregando pela sua difusão na Alemanha, a criação de uma nova disciplina jurídica, dedicada à pesquisa na área do Direito e da inovação, fundando o já referido Centro de Pesquisa em Inovação e Direito, coordenando uma série de publicações sobre o tema (*Schriften zur rechtswissenschaftlichen Innovationsforschung*, Editora Nomos).

Dentre os diversos cargos e honrarias que exerceu e recebeu, vale destacar sua atuação, no período de 1995-1997, como Ministro da Justiça do Estado de Hamburgo e Presidente da Comissão Jurídica do Senado Federal alemão (Bundesrat).

De 1999 a 2008, foi Juiz do Tribunal Federal Constitucional da Alemanha, tendo se destacado como relator, entre outros domínios, de decisões nas áreas da proteção de dados e privacidade, liberdade de expressão e informação, inviolabilidade do domicílio e direito da concorrência, bem como elaborou para o Senado, um dos órgãos que compõem o Tribunal – numa das diversas decisões paradigmáticas da Corte relativamente à legitimidade constitucional da legislação pós-11 de setembro de 2001 para o combate ao terrorismo e ao crime organizado – o assim chamado direito fundamental à proteção da confiança e integridade dos sistemas de informação e comunicação, na linha do desenvolvimento do direito à autodeterminação informativa.

---

[4] SCHMIDT-ASSMANN, Eberhard. Dogmática Jurídico-Administrativa. Um Balanço Intermédio sobre a Evolução, a Reforma e as Funções Futuras. São Paulo: Saraiva Editora/IDP, 2016.

Em especial, é de se referir que durante o seu labor como Magistrado, contribuiu para a formação de uma jurisprudência constitucional que, embora reconhecendo a necessidade de o Estado zelar pela segurança pública, isso não poderia ser levado a efeito à custa dos direitos e garantias fundamentais.

Em 2008, foi agraciado pelo Presidente da República da Alemanha com a mais alta condecoração, a Ordem do Mérito Federal (*Bundesverdienstkreuz*).

Mas, além de tudo o que já foi referido sobre a trajetória iluminada e fecunda de Hoffmann-Riem, é de se destacar a sua crescente proximidade com o Brasil e sua academia jurídica, iniciada com a sua participação, a convite do signatário, como conferencista do I Seminário Internacional de Direito, Tecnologia e Inovação promovido pelo PPGD e Grupo de Pesquisas em Direitos Fundamentais da PUCRS, em 2013, seguindo-se palestras proferidas no Instituto Brasiliense de Direito Público – IDP, em Brasília e São Paulo.

Aliás, foi naquela ocasião que – em parceria com Gilmar Ferreira Mendes e Alexandre Zavaglia Coelho – promovemos a organização de obra coletiva, parceria do PPGD da PUCRS com o IDP, sobre Direito, Inovação e Tecnologia, contendo, entre outros textos de alto quilate, a versão traduzida e ajustada da conferência proferida pelo prefaciado e acima referida.

Na sequência, resultado do fortalecimento de vínculos acadêmicos e pessoais, começou também a frutificar um outro projeto, cuidadosamente maturado (cerca de três anos) e discutido entre o signatário e o autor da presente obra, de publicar uma primeira série de textos representativos da obra de Hoffmann-Riem na seara do direito e da tecnologia, de modo a divulgar as suas ideias no Brasil, bem como a preparação do livro que agora se publica e que desde logo está predestinado e vocacionado a se tornar uma das mais importantes contribuições, dentre autores nacionais e estrangeiros, a inspirar e iluminar todos os que se dedicam à reflexão dos mais diversos tópicos ligados aos problemas e desafios postos pela digitalização para o Direito.

Nesse contexto, é de se chamar a atenção, ainda, para um aspecto particularmente relevante e mesmo inusitado, visto que – para nosso orgulho e alegria – o presente livro foi concebido e escrito em primeira linha para o público brasileiro e, dada a sua atualidade e relevância, acabará sendo, na sequência, publicado na Alemanha, e não, como sói acontecer, o inverso.

Ao fim e ao cabo, é hora de agradecer. Agradecer, em primeiro lugar, ao próprio autor pela sua generosidade e disponibilidade, ademais do interesse em escrever e nos oferecer a todos este excepcional texto.

Agradecemos – aqui em parceria com o Professor Hoffmann-Riem – a Michael Saalfeld, estudante e assistente do autor, pelo seu competente e sempre disponível e simpático auxílio na preparação da obra, bem como pelo seu trabalho conjunto com Italo Roberto Fuhrmann, doutorando (bolsista Capes) do PPGD da PUCRS, tradutor do texto, pelo seu excepcional engajamento.

Além disso, impõe-se uma nota de gratidão ao Grupo GEN, na pessoa de Henderson Fürst, pelo acolhimento da obra, e pela agilidade e pela competência no concernente ao processo de editoração.

Porto Alegre, 10 de setembro de 2020.

Ingo Wolfgang Sarlet
Professor titular e coordenador do programa de pós-graduação em Direito (Mestrado e Doutorado) da PUCRS, Desembargador aposentado do TJRS, advogado e parecerista.

APRESENTAÇÃO

A palavra "inovação" é comumente relacionada ao desenvolvimento de novas ferramentas tecnológicas, tais como *tablets*, *smartphones* e a própria difusão do 5G, por exemplo. Embora não esteja errada, essa associação é limitada, tendo em vista que o processo de inovação não está restrito apenas ao campo da tecnologia. Ao revés, como bem nos ensina Hoffmann-Riem[1], pode ocorrer em todo e qualquer campo, inclusive *no* Direito e *pelo* Direito.

Quanto ao primeiro ponto, sabe-se que o desenvolvimento das tecnologias da informação nos últimos anos alterou sensivelmente os comportamentos e os hábitos dos indivíduos, ampliando, sobretudo, a sua relação de dependência social com a tecnologia: a tecnologia da informação e o processamento de dados estão presentes em, praticamente, todas as searas da vida.

Nesse cenário, a evolução e o desenvolvimento tecnológicos produzem a necessidade do campo jurídico se adequar e conferir respostas aos desafios trazidos pela sociedade da informação e às novas formas de abuso de poder geradas pela ubiquidade da computação, fenômeno contemporâneo pelo qual se percebe um verdadeiro processamento onipresente de dados.

Sob essa perspectiva, o professor Hoffmann-Riem nos ensina que a preocupação com a preservação e atualização dos direitos fundamentais deve ser constante, enxergando o Direito como um instrumento de limitação de poderes e de regulação da inovação, de acordo com os objetivos e os valores firmados no ordenamento jurídico, especialmente, os princípios constitucionais. A preocupação em se compatibilizar as inovações

---

[1] Cf. HOFFMANN-RIEM, Wolfgang. *Innovaciones en la jurisprudência del Tribunal Constitucional Alemán, a propósito de la garantia de los derechos fundamentales en respuesta a los cambiós que conducen a la sociedad de la información*. Trad. Antonio López Pina e Angelika Freund, ReDCE, n. 22, Jul/Dez. 2014; HOFFMANN-RIEM, Wolfgang. Direito, Tecnologia e Inovação. In: MENDES, Gilmar Ferreira; SARLET, Ingo Wolfgang; COELHO, Alexandre Zavaglia (Org.). *Direito, Inovação e Tecnologia*. São Paulo: Saraiva, 2014, p. 11 e ss.

com os princípios concretizados na Constituição foi brilhantemente cunhada pelo autor desta obra como "responsabilidade pela inovação".

Entretanto, o próprio processo de desenvolvimento jurisprudencial pode ser visto como uma verdadeira inovação no Direito, abrindo-o às novas circunstâncias ao seu redor: dirimindo conflitos à luz dos parâmetros normativos trazidos pelo legislador e, muitas vezes, adaptando-os em face dos novos paradigmas tecnológicos ou de mudanças sociais substantivas.

Em um caso da Corte Constitucional alemã, no seu mandato como juiz, o autor desta obra pôde colocar tal perspectiva teórica em prática. No famoso julgamento que ficou popularmente conhecido como *Computergrundrecht*, discutia-se a constitucionalidade de lei do Estado de *Nordrhein-Westfalen*, que permitia às autoridades locais de inteligência realizar a busca remota de informações e o monitoramento *on-line* de computadores de suspeitos de práticas criminosas.

Tendo sido designado o relator desse caso, Hoffman-Riem, em sua fundamentação, não se baseou no direito fundamental à autodeterminação informativa, tal qual firmado no célebre caso da Lei do Recenseamento e que fundamentava a própria ação ajuizada. De outra sorte, inovou ao extrair da cláusula geral de proteção à personalidade (Art. 2, I, c/c Art. 1, I, da Lei Fundamental alemã) um outro direito fundamental para proteger os cidadãos-usuários nesse contexto de ubiquidade da computação: o direito fundamental à garantia da confidencialidade e da integridade dos sistemas informáticos (*Grundrecht auf Gewährleistung der Vertraulichkeit und Integrität informationstechnischer Systeme*). Sendo a confidencialidade relacionada com a limitação do acesso da informação apenas às pessoas autorizadas, e a integridade à proteção do sistema contra manipulações.

É que, antes de permitir a autodeterminação informativa dos cidadãos, o funcionamento adequado do sistema utilizado é condição para o livre desenvolvimento de sua personalidade, pressupondo-se que quem os utiliza pode confiar que as informações produzidas não sofrem interferência, interceptação, nem manipulação de qualquer tipo. Afinal, um dos principais efeitos do fenômeno da ubiquidade da tecnologia da informação é exatamente o desequilíbrio de poderes entre o indivíduo e os organismos que processam os dados pessoais, produzindo uma consequente perda de controle individual sobre o fluxo de seus dados.

No plano constitucional, portanto, a decisão acabou por proteger, diretamente, o sistema informático pessoal mas, indiretamente, o próprio usuário do sistema, uma vez que tal proteção à integridade do sistema impõe que ele se encontre de acordo com as legítimas expectativas do usuário. A manipulação do sistema para alterar, interceptar ou inserir dados, consequentemente, torna-se verdadeira violação ao próprio livre desenvolvimento da personalidade do usuário e de sua dignidade como cidadão.

Tendo em vista que direitos não são absolutos e razões de segurança pública podem justificar tal atuação, a Corte entendeu ser possível a utilização desses mecanismos de investigação à luz da Lei Fundamental alemã. Entretanto, foram estipuladas certas condições basilares para que tal invasão ocorra, tais como a existência de uma base legal específica, a emissão de autorização judicial e a identificação de um perigo concreto a um bem jurídico fundamental, como a vida, a liberdade ou a segurança da coletividade.

De todo modo, medidas adicionais de segurança devem ser adotadas para que informações íntimas e excessivas não sejam coletadas durante a infiltração ou – caso isso não seja possível – que tais informações sejam descartadas ou desconsideradas no processo de avaliação dos dados.

Como o caso analisado bem demonstra, o próprio direito pode constituir uma inovação social. Contudo, a inovação pode ocorrer para além de alterações formais e informais no ordenamento jurídico. Em verdade, o Direito pode ser igualmente um vetor e um instrumento *para* a inovação.

Embora atue precipuamente a partir de normas, o Direito influi no processo de inovações por meio da estruturação de incentivos e desincentivos. É que não é possível, de forma imperativa, determinar que uma inovação seja realizada. Por sua vez, o que pode ser feito é a criação de um ambiente jurídico propício para o surgimento de inovações. Dessa maneira, a tarefa do Direito de atuar por meio de incentivos é complexa por conta da imprevisibilidade dos resultados, não havendo garantia de que um certo incentivo levará a uma determinada consequência.

Diante dessa incerteza, o professor Hoffman-Riem nos ensina que a importante atuação do Direito como viabilizador da inovação deve ser guiada pela busca em selecionar incentivos adequados para satisfazer o bem comum e os interesses individuais, solucionando os conflitos oriundos dessa contraposição.

Pintar esse quadro geral da relação entre Direito, inovação e tecnologia é, em última razão, perpassar pelas pioneiras contribuições doutrinárias e jurisprudenciais do autor desta obra. O professor Hoffmann-Riem une, de um lado, o conhecimento obtido durante os vários anos como professor catedrático da Universidade de Hamburgo e, de outro, a experiência como juiz da Corte Constitucional alemã. De forma única e sublime, a obra presenteia os juristas brasileiros com sua visão pioneira acerca das discussões brevemente levantadas neste prefácio.

Certo de que será uma experiência enriquecedora, desejo a todas e a todos uma excelente leitura!

Brasília, 16 de setembro de 2020.

Laura Schertel Mendes
Professora de Direito Civil da Universidade de Brasília e do
Instituto Brasiliense de Direito Público – IDP.

SUMÁRIO

§ 1º – INTRODUÇÃO 1
    A. Digitalização e transformação digital 1
    B. Estendendo a atenção para além da proteção de dados 4
    C. Impacto em todo o ordenamento jurídico 6
    D. Objetivos valorativos relevantes 7
    E. Sobre o motivo e a concepção deste livro 8

§ 2º – NOÇÕES BÁSICAS 11
    A. Algoritmos 11
    B. Dados 13
        I.   Dados considerados pessoais 14
        II. Dados não considerados pessoais 14
        III. Combinação de dados pessoais e de dados não considerados pessoais 16
    C. Inteligência artificial, em particular algoritmos de aprendizagem 17
    D. *Big Data* 19
        I.   Sobre o termo e exemplos de uso 19
        II. *Big Data Analytics* 20
    E. Sobre a natureza especial dos dados digitais como bem econômico: comparação entre petróleo bruto e dados brutos 22
    F. Arquiteturas de decisão 24
    G. Governança por e por meio de algoritmos 26
    H. A conexão do mundo físico com o virtual: *off-line – on-line – on-life* 27
    I. Níveis de eficácia 29

§ 3º – SOBRE AS DIFERENÇAS ENTRE CONTROLE POR NORMAS LEGAIS E POR ALGORITMOS 33

A. Diferenças no tipo de regulamento 33

    I. Regras jurídicas como construções sociais 33

    II. Algoritmos como construções sociais e técnicas 36

B. Diferenças nas abordagens para a criação de regras legais e digitalizadas 39

C. Diferenças na aplicação de normas legais e regras baseadas exclusivamente em algoritmos 42

§ 4º – POSSIBILIDADES PARA A PROTEÇÃO DE RELEVANTES BENS JURÍDICOS INDIVIDUAIS E COLETIVOS 45

A. Proteção por meio de direitos e liberdades fundamentais 46

    I. Direitos fundamentais relevantes 46

    II. Em especial: Efeito horizontal da proteção da liberdade e a tarefa de desenvolver as possibilidades de exercício da liberdade 48

    III. Em especial: Inovações em Direitos Fundamentais 52

B. Dificuldades estruturais na concepção de uma proteção jurídica eficaz 57

    I. Convergência e demarcação 57

    II. Complexidade 59

    III. Desconstituição/desmaterialização 60

    IV. Abertura para o futuro 61

    V. Intransparências 61

    VI. Legado 62

        1. Explicações da área de economia da Internet 62

        2. A aplicabilidade limitada da Lei Antitruste 65

§ 5º – CONTROLE DIGITAL DO COMPORTAMENTO 69

A. Exemplos 69

    I. Controle comportamental por meio de intermediários de informação 70

    II. Influência no comportamento político eleitoral 73

    III. Policiamento preditivo 74

	IV.	Uso da *Legal Technology* 74
	V.	Alívio comportamental por meio da "condução autônoma" ... 76
	VI.	Controle técnico por meio do *design* 77
B.	Sobre o risco de erosão da validade dos princípios fundamentais do Estado de direito 79	

§ 6º – DESAFIOS JURÍDICOS NO USO DE DADOS, EM ESPECIAL NO QUE DIZ RESPEITO A *BIG DATA* E IA 81

A.	Coleta e uso de dados 81	
	I.	Requisitos gerais sobre a legalidade da coleta e processamento de dados 82
	II.	Condicionamento da aplicabilidade da lei por termos e condições gerais, em particular: sobre a exigência de consentimento 83
	III.	Dificuldades na aplicação dos princípios fundamentais da lei de proteção de dados, especialmente para aplicações de *Big Data* 92
	IV.	Proteção também dos interesses jurídicos coletivos 93
	V.	Falta de transparência 94
	VI.	Proteção contra a vigilância do Poder Público 98
B.	De modo especial: proteção de dados não considerados pessoais 99	

§ 6º-A – GARANTIA DA CAPACIDADE FUNCIONAL DOS MERCADOS ATRAVÉS DO DIREITO ECONÔMICO 105

A.	Sobre o atual Direito Antitruste 105	
B.	O GWB – Lei da Digitalização 107	
C.	Iniciativas da União Europeia para novas regras em relação aos mercados e serviços digitais, especialmente para plataformas *on-line* digitais 111	
	I.	Projeto de resolução para mercados digitais 112
	II.	Projeto de resolução sobre serviços digitais 114
	III.	Regulamento para a promoção da equidade e da transparência para usuários comerciais de serviços intermediados *on-line* 116
D.	Sobre a proteção jurídica na inserção no mercado, no funcionamento e na utilização de sistemas de inteligência artificial 117	

I. O projeto de proposta da Comissão Europeia para a harmonização dos regulamentos sobre inteligência artificial (Regulamento e-IA) 117
II. Objetivo do Regulamento e-IA 118
III. Níveis de risco 119

§ 7º – REAÇÕES POSSÍVEIS AOS DESAFIOS DA DIGITALIZAÇÃO . 127
A. Conclusão provisória: Necessidade de revisão do Direito tradicional 127
B. Abordagens para possíveis soluções 131
    I. Redefinição do conceito de dados pessoais 132
    II. Melhorar a proteção do direito de consentimento para o processamento de dados 133
    III. Aplicabilidade e nova concepção dos princípios de proteção de dados em relação aos *Big Data* 134
    IV. Proteção do sistema 136
    V. Proteção sistêmica 137
    VI. Extensão da proteção judicial 138
    VII. Ampliação da transparência no que se refere ao *design* técnico utilizado e aos algoritmos 140
    VIII. Fortalecimento da fiscalização pública 142
    IX. Limitando as disparidades na distribuição do poder 144
    X. Avaliações de impacto 145
    XI. Precauções para a melhoria da segurança cibernética 146
    XII. Autorregulação e corregulação 149
    XIII. *Best Practices, benchmarking,* entre outros 151
    XIV. Proteção contra a vigilância do Poder Público 151
C. Interligação com outras leis regulatórias e desenvolvimento de estruturas de governança adequadas 152

§ 8º – SOBRE A IMPORTÂNCIA DAS PRECAUÇÕES PARA A BOA GOVERNANÇA DIGITAL 157
A. Governança 157
B. A percepção da responsabilidade de garantia por meio de precauções para a boa governança digital 158

I.	Diretrizes regulatórias	158
II.	Opções regulatórias	159
III.	Complementação das precauções jurídicas por meio de padrões extralegais, especialmente éticos	162
IV.	A necessidade do direito transnacional	163

§ 9º – AUTORREGULAÇÃO, AUTORREGULAMENTAÇÃO E AUTORREGULAMENTAÇÃO REGULADA NO CONTEXTO DIGITAL 165

A. Considerações sobre as mudanças na estrutura de responsabilidade 165
B. Sobre os conceitos utilizados 166
C. Exemplos de autoconfiguração – autorregulação – autorregulamentação – autorregulamentação regulada pelo Estado ou pela Sociedade 168
    I. Autoconfiguração/autorregulação privada 168
    II. Autorregulamentação social 171
    III. Regulação híbrida 172
    IV. Compromissos voluntários para evitar sanções do Poder Público 173
    V. Autorregulamentação social regulada pelo Poder Público 174
D. Plataformas de TI como "legisladores privados": sobre o domínio da regulação não estatal da internet através de intermediários da tecnologia da informação 177

§ 10º – *LEGAL TECHNOLOGY/COMPUTATIONAL LAW* – EXEMPLOS DE USO DAS TECNOLOGIAS DIGITAIS NO DIREITO 183

A. *Legal Technology* 183
    I. Conceito, campos de aplicação e dificuldades 183
    II. Construções sociais e técnicas 185
    III. Possibilidades e dificuldades de mapeamento do Direito em *software* digital 187
B. Requisitos Legais para a *Legal Technology* 192
    I. Requisitos para decisões automatizadas 192
    II. Requisitos para uma execução de decisão automatizada ... 199

C. Sobre a utilização de tecnologias digitais no sistema judicial alemão (*Smart Justice*) 201
D. Perspectivas 205

BIBLIOGRAFIA 207

§ 1º
INTRODUÇÃO

A. DIGITALIZAÇÃO E TRANSFORMAÇÃO DIGITAL

No último milênio, houve duas inovações tecnológicas "disruptivas" especialmente sustentáveis. Elas têm levado a profundas convulsões na sociedade. Uma dessas inovações foi a invenção da impressão tipográfica, a outra foi a industrialização. Desde o final do último milênio, estamos em meio a outra convulsão tecnológica, que provavelmente provocará uma mudança social tão séria quanto as duas grandes inovações mencionadas – ou ainda maiores convulsões. Trata-se da digitalização e, com ela, a transformação digital da economia, da cultura, da política, da comunicação pública e privada, e provavelmente de quase todas as áreas da vida.[1] Palavras-chave para caracterizar o desenvolvimento técnico são, por exemplo, algoritmos, *Big Data*, inteligência artificial (IA), robótica e *blockchain*.

O termo "digitalização" refere-se inicialmente apenas às tecnologias da informação específicas que processam dados digitais e às infraestruturas (*software* e *hardware*) criadas para as tecnologias digitais. No entanto, o termo também representa a mudança fundamental nas condições de vida desencadeada pela sua utilização em todo o mundo. Permite a utilização de sistemas ciberfísicos para novos processos de produção

---

[1] Sobre transformação digital, ver *Bounfour*, Futures (2016); *Schwab*, Revolution (2016); *Cole*, Transformation (2017); *Keese*, Silicon (2017); as contribuições em: Stengel/van Looy/Wallaschkowski (ed.), Digitalzeitalter (2017); *Pfliegl/Seibt*, Transformation (2017); *Mayer-Schönberger/Ramge*, Das Digital (2017); *Rolf*, Weltmacht (2018); *Schneider*, Big Data-based capitalism (2018); as contribuições em: Kolany-Raiser/Heil/Orwar/Hoeren (ed.), Big Data (2018); *Zuboff*, Überwachungskapitalismus (2018); as contribuições em: Hill/Kugelmann/Martini (ed.), Digitalisierung (2018); de uma perspectiva filosófica: *Precht*, Jäger (2018); *Harari*, Homo Deus (2017).

em rede e automatizados (por exemplo, na indústria 4.0), alterações na forma como as pessoas vivem as suas vidas (por exemplo, na "casa inteligente"[2]), a criação e utilização de redes sociais (como o Google ou o Facebook) e outros novos serviços de comunicação (por exemplo, mensagens instantâneas), bem como novos sistemas de vigilância por empresas privadas e agências governamentais.

Os processos de mudança e adaptação afetam fundamentalmente todas as partes da sociedade.[3] A digitalização permite uma multiplicidade e variedade de novos modelos de negócio, bem como a sua utilização para criar valor. Isso muda as oportunidades de relações de influência e poder. Referimo-nos à transformação digital que está transformando a economia, a sociedade, a cultura e muito mais. Afetam indivíduos que atuam proativamente, mas também estão envolvidos passivamente nessas mudanças (indivíduos, cientistas, funcionários), empresas econômicas, associações e outras comunidades, bem como autoridades estatais ou interestaduais.

Um elemento do uso de técnicas digitais é o uso de *Big Data*.[4] O termo refere-se à dimensão e à diversidade dos dados que podem ser utilizados para a aplicação das tecnologias digitais, bem como às várias possibilidades de as combinar e avaliar e de as tratar pelas autoridades públicas e privadas em diferentes contextos. O *Big Data* é utilizado para controlar comportamentos individuais e coletivos, para registar tendências de desenvolvimento, para permitir novos tipos de produção e distribuição, bem como tarefas do Estado, mas também para novas formas de ilegalidade, especialmente o cibercrime.

---

[2] *Smart Home* (em inglês, pelo autor). Casas inteligentes referem-se às habitações que incorporam uma rede de comunicações que conecta os principais aparelhos e serviços e permite que eles sejam controlados, monitorados ou acessados remotamente (Nota dos tradutores).

[3] Os Ministérios Federais da Economia e Energia, do Trabalho e dos Assuntos Sociais, da Justiça e da Defesa do Consumidor da Alemanha publicaram conjuntamente uma descrição e comparação das tendências e desafios, bem como das oportunidades possíveis e dos riscos esperados: BMWi/BMAS/BMJV, Digitalpolitik (2017). Aliás, representativo de muitos, veja as contribuições na edição temática de e&i Elektrotechnik und Informationstechnik, Digitale Transformation (2017). Como exemplo de uma visão otimista, consulte Ramge/Mayer-Schönberger, Digital (2017). No final, diz: "Graças a uma riqueza de dados, nosso futuro não será apenas mais pessoal, eficiente e sustentável, mas, sobretudo, comunitário – e profundamente humano", p. 266.

[4] Veja em detalhes sobre este assunto abaixo no capítulo 2, D.

O potencial da digitalização e da utilização de *Big Data* está atualmente a ser ampliado de forma considerável pelos avanços da inteligência artificial.[5] Em termos gerais, isto se refere a métodos que permitem aos computadores lidar com tarefas tão complexas que requerem inteligência quando resolvidas por humanos. O computador torna-se, por assim dizer, um instrumento técnico "pensante" que pode trabalhar em problemas de forma independente e – em sistemas de aprendizagem – desenvolver ainda mais os programas aplicados de forma independente.

Novas qualificações-chave, como engenharia de *software*, segurança de TI, Cloud Computing ou Data Analytics estão se tornando importantes como resultado das mudanças. Em muitos setores, estão surgindo novas possibilidades de resolução de problemas com apoio digital, por exemplo no domínio do diagnóstico e terapia medicamentosa, da genética, da vida profissional (informatização, utilização de robôs), do controle dos sistemas de tráfego ou da monitorização dos espaços públicos, da meteorologia ou mesmo da influência de processos no mercado financeiro controlada por algoritmos. Ao mesmo tempo, os métodos estão mudando nos campos científicos em questão e novas ideias estão surgindo.[6]

É grande a probabilidade de que a Pandemia do Corona, eclodida mundialmente no ano de 2020, conduza a transformações com consequências permanentes, também no que se refere às áreas de aplicação das tecnologias digitais, acompanhada por mudanças de hábitos de vida. Já estão sendo cada vez mais utilizadas as tecnologias digitais, sob influência dos sistemas de aprendizagem, para analisar o curso da pandemia e sobretudo para superar os seus problemas.[7] Isso envolve, primeiramente,

---

[5] Sobre Inteligência Artificial, veja p. ex., *Alpaydin*, Machine Learning (2016); *Reichwald/ Pfisterer*, Autonomie (2016), 210. Para uma introdução compreensível aos problemas de inteligência artificial, *Russel/Norvig*, Künstliche Intelligenz (2012); *Stiemerling*, Künstliche Intelligenz (2015); *Jakobs*, Vernetzte Gesellschaft (2016); *Bitkom*, Künstliche Intelligenz (2017); *Ashley*, Artificial Intelligence (2017); *Lenzen*, Künstliche Intelligenz (2018); *Nemitz/Pfeffer*, Prinzip Mensch (2020); as contribuições em: Unger/von Ungern--Sternberg (ed.), Demokratie (2020); e em: Wischmeyer/Rademacher (ed.), Regulating (2018) e em: Ebers/Heinze/Krügel/Steinrötter (ed.), Rechtshandbuch (2020). Veja também: Bundesregierung, Strategie (2018).

[6] Sobre o impacto na ciência, representativo de muitos, veja *Wadephul*, Big Data (2018).

[7] A título de exemplo, a Machine Learning está sendo utilizada para lidar com a pandemia do Corona com os seguintes propósitos: para identificar grupos de risco, diagnosticar

o uso na epidemiologia e na virologia, abrangendo a análise e a prognose do curso da pandemia e o desenvolvimento de métodos de teste. Isso também vale para o desenvolvimento de medicamentos para a cura e para o fortalecimento do sistema imunológico. As experiências com o uso de tecnologias digitais e as consequências sociais de lidar com a Pandemia provavelmente impulsionarão mudanças transformadoras. Neste contexto, podemos citar, em face do isolamento obrigatório, o aumento do trabalho realizado em *Homeoffice*, a *Homeschooling* utilizada durante o período de fechamento das Escolas, o ensino à distância nas Universidades. Além disso, houve um aumento das reuniões *on-line* como videoconferências, *webinars* e outras formas de colaboração estruturadas eletronicamente entre pessoas que trabalham em diferentes locais. Essas práticas provavelmente terão efeitos duradouros, não apenas no sistema de educação, nas condições de trabalho e no mercado de trabalho, mas também na forma de cooperação mundial no âmbito da economia, por exemplo, na produção de bens e na configuração de redes de fornecimento.

De modo geral: a transformação digital traz consigo oportunidades para melhorar as condições de vida, mas também riscos para o bem-estar dos indivíduos e para a preservação de uma ordem social justa. Se e como as oportunidades oferecidas pela digitalização podem ser exploradas e os riscos minimizados, são questões que podem ser configuradas. Entre os atores de formação, incluem-se empresas econômicas, inovadores individuais, grupos de interesse, muitos usuários, mas também *hackers*. A criação de precauções para salvaguardar o bem-estar individual e público está nas mãos de todos os envolvidos. Ao mesmo tempo, esta é uma tarefa importante dos Estados. Para seu cumprimento, o meio de controle do Direito pode ser usado, entre outras opções.

B. ESTENDENDO A ATENÇÃO PARA ALÉM DA PROTEÇÃO DE DADOS

Este livro trata das possibilidades do Direito para uma abordagem responsável da digitalização. Como não estou familiarizado com o Direito brasileiro, não posso abordar a ordem jurídica brasileira. O meu campo de

---

pacientes, desenvolver de forma mais rápida medicamentos, para prever a propagação do vírus, compreender melhor os vírus e verificar de onde surge um vírus.

atuação é antes o Direito alemão, que me é familiar, e o Direito da União Europeia (UE), que também é decisivo para a Alemanha. Até o momento, no que se refere ao direito comparado no campo do direito da informática, percebi que nos diferentes sistemas jurídicos os problemas causados pelas tecnologias digitais são estruturalmente comparáveis. Isso não é menos importante devido ao alcance transnacional ou global do uso das tecnologias digitais e aos modelos de negócio desenvolvidos e utilizados com a sua ajuda. As abordagens de soluções, tanto quanto disponíveis, mostram muitos paralelos, apesar das diferenças nas tradições culturais legais e nos procedimentos legais dos diferentes países, e criam ideias para o aprofundamento do pensamento. Espero, portanto, que meu estudo, que é baseado na área jurídica alemã, também possa contribuir com os leitores brasileiros ou portugueses já familiarizados com o direito europeu. Também me sinto encorajado pelo fato de que a legislação brasileira, e agora também a nova lei brasileira de proteção de dados, tem adotado com frequência sugestões da legislação europeia e alemã.

No entanto, este livro não se limita à proteção de dados. Nas últimas décadas, contudo, a discussão pública, incluindo também a atenção do Direito em face do advento das tecnologias digitais e do seu uso, se concentrou inicialmente, não apenas na Alemanha, ao tema da proteção de dados por meio do Direito. O foco tem sido a preocupação com a expansão da vigilância estatal, e mais tarde também com o abuso e uso indevido de dados pessoais por parte do setor privado. Na Alemanha, um debate sobre os riscos envolvidos, que havia sido realizado na década de 1980, traçou o rumo. Referia-se à realização de um censo no qual os dados pessoais eram coletados anonimamente para fins estatísticos e processados por computadores. Tratava-se do registro do nome, do endereço, do tipo de sustento e ocupação dos envolvidos no censo. Este foi um assunto relativamente inofensivo em comparação com o uso atual de computadores. O censo seria realizado em 1983, próximo ao ano simbólico de 1984, data que serviu como título do famoso livro de George Orwell sobre "Big Brother" – um sistema de vigilância e repressão estatal. Essa discussão despertou uma parte da opinião pública, incluindo muitos estudantes, e trouxe para a agenda pública a questão dos possíveis riscos do uso do computador para a sociedade.

Como resultado de várias reclamações constitucionais, o assunto foi encaminhado ao Tribunal Constitucional Federal Alemão, que em uma *landmark decision* forneceu a base para o direito à autodeterminação informacional, o que influenciou significativamente o desenvolvimento do direito de proteção de dados na Alemanha e em outras partes da Europa.[8] Hoje, a questão da proteção de dados pessoais atrai a atenção de todo o mundo. Em 2018, entrou em vigor o Regulamento Básico de Proteção de Dados (RGPD pelo acrônimo em português[9]) para a área de aplicação da União Europeia, que harmoniza os princípios essenciais da proteção de dados em toda a UE e os torna vinculativos.[10] Entretanto, a proteção de dados também é uma questão importante fora da Europa.

Atualmente, a proteção pelo Direito não pode ser limitada à proteção de dados individuais e pessoais. A necessidade de ajudar a moldar futuros desenvolvimentos por meio da lei afeta basicamente todos os usos possíveis das tecnologias digitais. A visão deve ser ampliada tanto em termos sociopolíticos como jurídicos, ou seja, para incluir as oportunidades e os riscos da digitalização no Estado e na sociedade. Tendo em vista a amplitude da área temática, isso não pode ser feito de forma abrangente neste livro, mas pode ser feito usando exemplos importantes.

C. IMPACTO EM TODO O ORDENAMENTO JURÍDICO

A transformação digital desenvolveu-se inicialmente com base em estruturas ultrapassadas, incluindo a ordem anterior do Estado, da economia e da sociedade. Encontrou e continua encontrando um sistema jurídico que se expandiu no curso do desenvolvimento histórico: Por exemplo, o respectivo Direito Público nacional, o Direito Civil e o Direito Penal, incluindo as diversas áreas especiais como o Direito Médico ou o Direito do Mercado Financeiro. Em vista da globalização dos desenvolvimentos, o Direito Europeu, o Direito Transnacional e o

---

[8] Decisões do Tribunal Constitucional Federal (BVerfGE) 65, 1. Para mais detalhes, ver abaixo o capítulo 4, A.III.

[9] Pelo acrônimo em inglês GDPR – General Data Protection Regulation. DSGVO (Datenschutz-Grundverordnung) pelo acrônimo em alemão (Nota dos tradutores).

[10] Regulamento (UE) 2016/679 do Parlamento Europeu e do Conselho, de 27 de Abril de 2016, relativo à protecção das pessoas singulares no que diz respeito ao tratamento de dados pessoais, à livre circulação desses dados e que revoga a Directiva 95/46/CE (Datenschutz-Grundverordnung), ABl L 119 de 9 de Maio de 2016, pp. 1 ss. Posteriormente, a Lei Federal Alemã de Proteção de Dados foi revisada – BDSG (nova), ver Bundesgesetzblatt (BGBl) I (2017), n. 44, p. 2.092.

Direito Internacional também são afetados. Na medida em que o sistema legal contém competências e diretrizes para configurar a ordem social, isso também afeta o agora importante processo da transformação digital e seus resultados.

D. OBJETIVOS VALORATIVOS RELEVANTES

As inovações provocam respostas à questão de se e em que medida as regras legais tradicionais são adequadas para lidar com a situação problemática alterada e para a realização otimizada dos novos objetivos valorativos já ancorados na ordem jurídica e social ou mesmo importantes sob as condições alteradas. Os objetivos importantes incluem a proteção da liberdade individual, a manutenção dos princípios do Estado de Direito, o funcionamento da ordem democrática, mas também a promoção do desenvolvimento econômico e tecnológico e a viabilização das inovações necessárias para tal. Objetivos mais concretos são, por exemplo: Proteção da personalidade, igualdade de oportunidades, responsabilidade pelas consequências, segurança, proteção contra o controle inconsciente, a discriminação e o legado prejudicial.

Uma questão central é: como podem ser alcançados os objetivos de bem-estar público, para além das oportunidades para a sociedade como um todo e para os indivíduos no uso da digitalização, tendo em vista os riscos envolvidos? Até que ponto precisamos de conceitos e instrumentos de regulação jurídica mudados ou mesmo fundamentalmente novos, possivelmente até novos modos de governança?[11] Além dos modos tradicionais de governança amplamente utilizados no mercado, hierarquia, negociação e rede, o controle baseado em algoritmos de comportamento e estruturas está agora sendo adicionado como um novo tipo de modo de governança – a esse respeito, falamos também de *Algorithmic Regulation*.[12] Essa modalidade pode ser acoplada a outras modalidades de governança (*governance mix*).

---

[11] As pesquisas de governança tratam de diferentes modos de governança. Da rica literatura, faz-se referência a *Schuppert*, Governance-Forschung (2005); *Schuppert*, Governance (2011); *Hoffmann-Riem*, Governance-Perspektive (2011).

[12] *Yeung*, Algorithmic Regulation (2017). O autor define: "Algorithmic regulation refers to decision-making systems that regulate a domain of activity in order to manage risk or alter behaviour through continual computational generation of knowledge

Em cada caso, deve-se sempre levar em conta que a digitalização está associada a oportunidades de inovação sustentável, de modo que também se deve ter cuidado na configuração legislativa para garantir que o potencial de inovação não seja perdido. No entanto, também deve ser levado em conta que os desenvolvimentos inovadores muitas vezes ocorrem por sobreposição ou mesmo destruição de abordagens e modelos de negócios tradicionais (inovação disruptiva).[13] Também é preciso ter em mente que não se trata de inovações tecnológicas, mas, também, em grande medida, de inovações sociais.[14] Isso ilustra, por exemplo, a importância das redes sociais na formação não só de processos de comunicação, mas também de oportunidades de desenvolvimento individual e social em quase todas as áreas.

E. SOBRE O MOTIVO E A CONCEPÇÃO DESTE LIVRO

Os desafios que isso representa para o Direito são o tema deste livro. Tendo em vista as dimensões globais da digitalização, tais desafios existem em todos os sistemas jurídicos. Entretanto, as respostas devem ser buscadas e encontradas nos respectivos ordenamentos jurídicos nacionais – a menos que sejam fornecidas por atos jurídicos transnacionais ou mesmo globais, especialmente acordos internacionais. Na Europa – ou, mais precisamente, na área da União Europeia – os atos jurídicos, especialmente os regulamentos e diretrizes da UE, também devem ser observados pelos Estados-membros da UE. Os regulamentos da UE são diretamente aplicáveis nos Estados-membros, as diretivas exigem a sua conclusão pela legislação nacional.

Globalmente, as diferenças na abordagem jurídica dos vários Estados são muito maiores do que dentro da UE. A maior diferença provavelmente se encontra na China (ver capítulo 2, I, abaixo). No entanto, o sistema legal americano, importante para as ações dos oligopolistas globais, como as empresas americanas Google/Alphabet, Facebook, Amazon, Ebay e

---

by systematically collecting data ... emitted directly from numerous dynamic components pertaining to the regulated environment in order to identify and, if necessary, automatically refine ... the system's operation to attain a pre-specified goal". Vide também: *Braun Binder*, Algorithmic Regulation (2018); *Musiani*, Governance (2013).

[13] Formativo para o termo: *Christensen*, Innovator's Dilemma (2011).
[14] Para este termo, veja *Zapf*, Innovationen (1989).

Microsoft, também difere em muitos aspectos do da UE e de seus Estados-membros. Entretanto, processos de ajuste podem ser observados, em parte também exigidos pelas empresas globalmente ativas mencionadas acima, que estão trabalhando para um marco legal que seja o mais uniforme possível nos diversos submercados, a fim de facilitar suas atividades.

É também importante notar que os países individuais estão, pelo menos em parte, seguindo modelos estrangeiros na criação da estrutura legal para o setor digital. Exemplos disso podem ser encontrados, em particular, na lei de proteção de dados. Por exemplo, a California Consumer Privacy Act 2018 (CCPA), que foi recentemente criada na Califórnia,[15] baseia-se em parte em modelos da regulamentação básica da UE sobre proteção de dados. A nova Lei Geral de Proteção de Dados (LGPD)[16] brasileira, que entrou em vigor na sua parte substancial em setembro de 2020, também se baseia em modelos europeus, incluindo os da lei alemã e, sobretudo, na regulamentação básica de proteção de dados da UE.

As interdependências econômicas, culturais e políticas transnacionais no campo dos serviços digitais e modelos de negócios e as oportunidades de aprendizado mútuo significam que os estudos científicos também são frequentemente caracterizados por temas e questões transnacionais. Isso inclui cada vez mais discussões e análises jurídicas.

Portanto, aceitei com prazer a sugestão feita pelo professor *Ingo Sarlet* de publicar alguns dos meus trabalhos mais recentes sobre digitalização no Brasil, em tradução para o português, com base no direito alemão e europeu. Isso foi feito inicialmente em artigos de periódicos, que formam agora a base do livro aqui apresentado – abreviado, atualizado e parcialmente reformulado. Como esses artigos foram publicados em diferentes revistas, alguns de seus conteúdos se sobrepõem, ou seja, onde as informações eram importantes para a compreensão, ainda que eu já tenha feito comentários sobre isso em outros artigos. Para evitar duplicações, tais afirmações foram abreviadas em grande parte neste livro. No entanto, tenho mantido algumas repetições no interesse da legibilidade.

---

[15] Assembly Bill n. 375.
[16] Lei 13.079/2018. Para a situação legal no campo da proteção de dados, ver *Schreiber*, Right (2020).

A área temática da digitalização é muito ampla e complexa para ser analisada de forma abrangente neste livro. Em vez disso, deve ser mostrado, a partir de campos específicos do problema, que na minha avaliação são exemplificativos, o quão diversos são os desafios para o Direito que decorrem da digitalização. Ao mesmo tempo, é possível discutir as formas pelas quais o Direito pode ser usado para tentar evitar, na medida do possível, o crescimento descontrolado e tomar precauções para proteger os interesses individuais e coletivos e os bens jurídicos associados.

Em particular, é tratada a influência do Direito no controle do comportamento baseado em algoritmos. Isso também será usado como uma oportunidade para trabalhar de forma generalizada as particularidades dos mercados digitais e o significado da transformação digital para a vida dos cidadãos. Em termos mais gerais: as oportunidades de melhoria das condições de vida associadas à digitalização, mas também os novos riscos de desenvolvimentos indesejáveis e danos duradouros, serão examinados a título de exemplo.

§ 2º
NOÇÕES BÁSICAS

Nesta seção, explico conceitos básicos importantes e cito circunstâncias associadas relevantes da digitalização.

A. ALGORITMOS

As sociedades humanas conhecem uma multiplicidade de regras,[1] especialmente aquelas que visam influenciar o comportamento. Na atual sociedade da informação e do conhecimento, as regras técnicas contidas nos algoritmos digitais estão se tornando cada vez mais importantes, além das regras legais e sociais. Isso diz respeito ao controle do comportamento humano, mas também em geral à formação da ordem social, ao desenvolvimento econômico e social e muito mais.[2]

O termo algoritmo é antigo. Inicialmente, ele foi usado para designar apenas uma regra de ação clara que é usada para resolver certos problemas em etapas individuais definidas.[3] As pessoas utilizam tais procedimentos em suas atividades diárias. Há muito tempo as máquinas têm sido tecnicamente controladas por algoritmos. Algoritmos são indispensáveis em quase todas as áreas da sociedade, mas especialmente para a comunicação digital e o funcionamento das modernas infraestruturas de comunicação, incluindo a Internet.

---

[1] O grande número do "Word of Rules" foi descrito muitas vezes; vide: *Schuppert*, World (2016).

[2] A respeito, vide preferencialmente: *Ziewietz*, Governing Algorithms (2016); *Just/Latzer*, Governance (2016); *Latzer/Hollnbuchner/Just/Saurwein*, Algorithmic Selection (2016). Para ilustrar as dimensões em questão, vide, a título de exemplo, os artigos em: Himma/Tavani (ed.), Handbook (2008); e em: van den Hoven/Vermaas/van de Poel (ed.), Handbook (2015).

[3] Como introdução de compreensão geral às propriedades e possibilidades dos algoritmos, vide: *Drösser*, Algorithmen (2016).

Para uso em computadores, os algoritmos são escritos em linguagem digital processável por máquina e a respectiva tarefa é processada com a ajuda de um número finito de etapas individuais predefinidas. Típica é a estrutura determinística da programação. Na maioria dos casos – como nos exemplos discutidos neste trabalho – os algoritmos individuais são partes de sistemas algorítmicos complexos. Eles consistem em *software* (programas) e *hardware* e muitas vezes estão ligados a outros componentes de *software*.

"Algorithms have come to shape our daily lives and realities". Com estas palavras, começa uma contribuição científica de vários autores sobre o uso de algoritmos.[4] Os autores ilustram essa tese da seguinte forma: algoritmos mudam nossa percepção do mundo, afetam nosso comportamento influenciando decisões e são uma importante fonte de ordem social. Grande parte de nossas atividades diárias em geral e nosso consumo de mídia em particular são cada vez mais influenciados por algoritmos que funcionam nos bastidores. Algoritmos são usados para monitorar nosso comportamento e interesses e para prever nossas necessidades e ações futuras. Eles orientam nossas ações e assim determinam, entre outras coisas, o sucesso econômico dos produtos e serviços. Eles formam a base técnico-funcional de novos serviços e modelos de negócios que se sobrepõem ou deslocam os modelos de negócios tradicionais.

Os campos em que os sistemas algorítmicos são importantes são múltiplos. Palavras-chave específicas incluem a Internet das Coisas; produção industrial usando sistemas ciberfísicos; robótica incluindo carros automotores; portais de avaliação; computação em nuvem; gestão de fluxos financeiros; diagnósticos médicos; espionagem e sabotagem; ou o controle digital de serviços existenciais de interesse geral (por exemplo, nas áreas de energia e transporte).

---

[4] *Latzer/Hollnbuchner/Just/Saurwein*, Algorithmic Selection (2016), p. 395. A passagem citada acima no texto é uma tradução. Na tabela 19.1 (p. 399) encontram-se listadas possibilidades de aplicação de algoritmos, especialmente no âmbito da internet, na forma de palavras-chaves e breves explanações. Importantes vocábulos são: Search Applications; Aggregation Applications; Observation/Surveillance Applications; Prognosis/Forecast Applications; Filtering Application; Recommendation Applications; Scoring Applications; Content Production Applications; Allocation Applications.

Os algoritmos são cada vez mais utilizados não só em áreas privadas/comerciais, mas também no cumprimento de tarefas governamentais.[5] Exemplos de tais usos são no governo eletrônico[6] ou na administração da justiça (e-justiça, *Legal Technology*). Algoritmos também são importantes para medidas de vigilância privada e estatal, como a espionagem por serviços secretos.

As diversas áreas de aplicação também se referem ao uso de diferentes sistemas, redes e atores sociotécnicos. O uso de algoritmos abre oportunidades consideráveis em vários – quase todos – campos do desenvolvimento social. No entanto, esta descoberta também é acompanhada por consideráveis áreas problemáticas, como os riscos de manipulação de comportamentos, ameaças à proteção da privacidade ou da propriedade intelectual, aumento da vulnerabilidade até mesmo de Instituições vitais (como os serviços de interesse geral) e muito mais. Como em outros campos da inovação, o setor de Tecnologia da Informação (TI) também está preocupado com a correta adequação da abertura à inovação e da responsabilidade pela inovação.[7]

B. DADOS

O uso de técnicas digitais requer dados em forma digitalizada. Na literatura da teoria da informação, os dados[8] são entendidos como sinais ou símbolos de mensagens que podem ser formalizados e (arbitrariamente) reproduzidos e facilmente transportados com a ajuda de meios técnicos adequados. Dados como tais não têm significado. Entretanto, podem ser portadores de informações, ou seja, de "informações codificadas". O significado é atribuído a eles quando entram em um processo de comunicação de informações por um remetente e geração de informações pelo destinatário, ou seja, tornam-se o objeto

---

[5] Vide especialmente: *Leenes*, Techno-Regulation (2012), pp. 142, 155 ss., 158; *Just/Latzer*, Governance (2016), pp. 160 ss.
[6] A respeito: Bundesregierung, Digitale Verwaltung, BT-Drucks. 18/3074 (2014); *Eifert*, Electronic Government (2006); *Köhl/Lenk/Löbel/Schuppen/Viehstädt*, Stein-Hardenberg (2014).
[7] Sobre este par de conceitos vide: *Hoffmann-Riem*, Innovationsoffenheit (2006).
[8] Para mais detalhes veja *Vesting*, Bedeutung (2012).

de comunicação. Essa comunicação pode ocorrer entre humanos, mas também entre humanos e máquinas ou entre máquinas.

I. Dados considerados pessoais

Deve-se notar, no entanto, que o conceito de dados é definido de forma mais restrita na chamada lei de proteção de dados como um direito à proteção da personalidade, nomeadamente em termos de conteúdo como informação de um tipo específico. Por exemplo, o Art. 4º, N. 1, do RGPD afirma que "dados pessoais" na acepção deste Regulamento significa "qualquer informação relativa a uma pessoa singular identificada ou identificável". Uma pessoa singular que possa ser identificada, direta ou indiretamente, em particular por referência a um identificador como um nome, um número de identificação, dados de localização, um identificador *on-line* ou um ou mais fatores específicos da identidade física, fisiológica, genética, mental, econômica, cultural ou social dessa pessoa singular.

II. Dados não considerados pessoais

No entanto, as tecnologias digitais não se limitam ao tratamento de dados pessoais, mas cada vez mais utilizam dados não pessoais.[9] Esses incluem dados que eram originalmente pessoais, mas perderam essa qualidade temporária ou permanentemente, por exemplo, através da desanonimização efetiva. A ampliação do poder das técnicas de desanonimização dá razão, entretanto, para não se considerar suficiente apenas a anonimização inicial, na medida em que há possibilidades de desanonimização.[10] Em qualquer caso, o conceito de relação pessoal também deve ser estendido para dados inicialmente anônimos, mas não anonimizáveis ou posteriormente anonimizados. Em algumas áreas – por exemplo, em pesquisa no setor de saúde – a manutenção da referência pessoal, ou pelo menos o campo de aplicação envolvido, pode ser um pré-requisito para a avaliação correta dos resultados obtidos com sua ajuda.

---

[9] Sobre eles – e sobre as perguntas de acesso vinculadas a eles – v., por todos, Schweitzer, Datenzugang (2019).
[10] Cf. Roßnagel, Big Data (2013); Boehme-Neßler, Das Ende (2016), p. 421 e ss.

Para o tratamento jurídico de dados não pessoais – ao contrário dos dados pessoais na forma de lei de proteção de dados – não há codificação(ões) abrangente(s).[11] Afinal, as normas setoriais relativas às diversas áreas em causa também contêm normas sobre o tratamento de dados não pessoais. O mesmo se aplica a novos dados obtidos através de processamento sem referência pessoal (em particular derivados de dados), bem como a dados agregados que foram despojados de sua referência pessoal anterior. Para algumas partes da economia, os dados industriais, incluindo dados de máquina,[12] são particularmente importantes, como aqueles que são coletados durante a produção de bens ou sua venda. Existem também os chamados dados sintéticos,[13] ou seja, conjuntos de dados que são equivalentes aos conjuntos de dados iniciais em termos de suas informações estatísticas e estruturas, cujos dados definitivamente não podem ser rastreados até os valores iniciais.

Os assim chamados dados abertos (de acesso livre) (*Open Data*)[14] também podem estar disponíveis para processamento, independentemente de qualquer referência pessoal. Igualmente podem ser incluídos dados do âmbito da Administração Pública,[15] em especial aqueles que se tornam acessíveis mediante o recurso das possibilidades de obtenção de informação oficial com base nas leis de liberdade de informação.[16] É de se referir ainda os dados abertos disponibilizados por particulares, compartilhados por várias pessoas e especialmente acessíveis através dos mercados de compartilhamento de dados.[17]

---

[11] No entanto, os dados não considerados pessoais podem estar abrangidos pela proteção da esfera privada, neste sentido EuGH Rs. C-673/17, EuGRZ 2019, 486, número de margem 69 e ss. Cf., também, BGH NJW 2020, 2540, número de margem 61.

[12] Cf., por todos, Wiebe/Schur, Spannungsverhältnis (2007); Wiebe, Protection of industrial data (2016), p. 878 e ss.

[13] Cf. https://www.stiftung-nv.de/sites/default/files/synthetische_daten.pdf.in.

[14] Sobre o tema, ver a Diretiva (EU) 2019/1024 do Parlamento e Conselho europeus, de 20 de junho de 2019, sobre dados abertos e a aplicação contínua de informações do setor público.

[15] A título de exemplo, ver o panorama geral in: Bertelsmann Stiftung, Musterkatalog (2020).

[16] Cf. a lei para a regulação do acesso às informações da União. Existem também leis correspondentes ao nível dos Estados federados.

[17] Sobre interesses e possibilidades do Data Sharing, v. Richter/Slowinski, Data Sharing Economy (2019).

III. Combinação de dados pessoais e de dados não considerados pessoais

Diferentes tipos de dados podem ser usados para combinações específicas e para diferentes propósitos. Na maioria das áreas de aplicação de tecnologias digitais na indústria, pesquisa, comércio ou mercados de capitais, o uso de dados não pessoais supera o uso de dados pessoais.

O conhecimento adquirido com a combinação de diferentes dados é uma base essencial para novos conhecimentos e para o sucesso econômico das empresas que utilizam as tecnologias digitais para análises, previsões, consultas, decisões de produção, estratégias de negócios etc. Esse conhecimento também pode ser importante para agências governamentais.

Para ilustrar a importância da interação de diferentes tipos de dados, será descrito o exemplo (ainda muito simples) de coleta e processamento de dados em um moderno veículo de passeio equipado com sistemas algorítmicos.[18] Aqui, dados não pessoais são frequentemente combinados com dados pessoais. Modelos de veículos mais novos (especialmente aqueles que estão familiarizados com as funções de direção autônoma) coletam vários conjuntos de dados – do estado do próprio veículo, o comportamento do motorista, sua constituição física ao dirigir, as condições ambientais em que o veículo está localizado, dentre outros. Diferentes atores podem estar interessados nestes dados, que não têm nenhuma referência pessoal desde o início ou são, pelo menos, fáceis de anonimizar. Isso inclui o proprietário ou o próprio motorista do veículo, por exemplo, porque ele ou ela pode avaliar a segurança individual ou pelo menos a de seu veículo. Mas o fornecedor do sistema de navegação embutido também pode ter interesse no acesso, por exemplo, para determinar rotas de direção particularmente favoráveis ou informações de direção sobre sua própria base de clientes por meio da apuração contínua de dados. O mesmo se aplica às companhias de seguros, por exemplo, para serem capazes de avaliar riscos específicos de seguro e projetar modelos de contrato correspondentes (por exem-

---

[18] As formas e variedades dos dados em questão ilustram a lista relacionada para fins de condução automatizada de veículos em rede, in: Hornung, Ökonomische Verwertung (2019). Zum rechtlichen Umgang mit und dem wirtschaftlichen Wert von Automobildaten v. Hornung/Goeble, Data Ownership (2015).

plo, modelos *pay as you drive*) ou para determinar as causas de um acidente de trânsito com o objetivo de verificar se um evento segurado ocorreu. As agências governamentais também podem estar interessadas nestes dados, por exemplo, a fim de serem capazes de regular o tráfego rodoviário de forma particularmente eficiente com sua ajuda, para pesquisar resultados sobre o comportamento do transporte e, portanto, a necessidade de transporte público local, mas também, por exemplo, para efetivamente combater o crime e auxiliar o sistema aduaneiro. Esses diferentes interesses – cuja respectiva justificativa não será examinada aqui – não estão necessariamente alinhados.

C. INTELIGÊNCIA ARTIFICIAL, EM PARTICULAR ALGORITMOS DE APRENDIZAGEM

Atualmente, as capacidades computacionais e de análise dos computadores estão sendo expandidas e as possibilidades de aplicação e desempenho dos algoritmos estão crescendo e mudando rapidamente. A chamada inteligência artificial é particularmente importante para isso.[19] Esse termo refere-se em particular ao esforço de reproduzir digitalmente estruturas de decisão semelhantes às humanas, ou seja, de projetar um computador de tal forma e, em particular, de programá-lo usando as chamadas redes neurais[20] de tal forma que possa processar os problemas da maneira mais independente possível e, se necessário, desenvolver ainda mais os programas utilizados.

A IA é utilizada, por exemplo, em sistemas de busca, em plataformas e robôs de comunicação, no reconhecimento facial e da fala, em sistemas inteligentes de orientação de tráfego, em decisões administrativas ou judiciais automatizadas, em sistemas automatizados de assistência veicular, em diagnósticos e terapias médicas, na *Smart Home*, em sistemas de produção ciberfísica (Indústria 4.0), mas também no setor militar. O desenvolvimento de sistemas de análise e tomada de decisão baseados em algoritmos trabalhando com IA também permite novas formas de monitoramento e pesquisa sobre as condições de vida e o controle do comportamento, mas também novos tipos de atividade criminosa.

---

[19] Veja as provas acima (nota de rodapé 5).
[20] Refere-se a redes de neurônios artificiais, que são simuladas por redes neurais naturais.

O uso da inteligência artificial para o desenvolvimento de sistemas de aprendizagem está sendo promovido atualmente. Isto inclui a chamada máquina de aprendizagem.[21] É usada para reconhecer padrões, avaliar imagens, traduzir linguagem em textos, apoiar decisões (como pontuação, ranking, previsão). Visa também o domínio de tarefas particularmente complexas, como a produção industrial com a ajuda de robôs ou a avaliação de imagens de raios X em medicina e outras. Mas os algoritmos podem fazer ainda mais.[22]

Cada vez mais, os sistemas de aprendizagem algorítmica são capazes de se adaptar a novas situações problemáticas de forma independente e de continuar a escrever seus próprios programas. Os algoritmos de aprendizagem são assim programados não só para resolver problemas específicos, mas também para aprender como os problemas são resolvidos.[23] Eles devem então ser capazes de se desenvolver independentemente da programação humana. Falamos de *Deep Learning*[24] quando o sistema aprende a compreender inter-relações, estruturas e arquiteturas sem intervenção humana adicional, de tal forma que pode melhorar seu desempenho de forma independente. A capacidade de aprendizagem do sistema condiciona assim seu processo de forma independente. As etapas individuais como tais permanecem deterministicamente controladas, mas existem em grande número e muitas vezes estão dinamicamente ligadas umas às outras, de modo que é difícil ou, em muitos casos, quase impossível reconstruir a determinação. Tais programas, que dependem da capacidade de aprender, são utilizados, por exemplo, no processamento de imagem e fala, robótica e prognóstico.

A programação humana que antes era necessária para a programação de algoritmos e sistemas algorítmicos complexos está se tornando cada vez menos importante nos sistemas de aprendizagem, com a consequência de que os passos individuais e sua interação, bem como a lógica utilizada para eles, não são mais compreensíveis para os programadores. Andrew

---

[21] *Bishop*, Pattern Recognition (2008); *Müller/Guido*, Machine Learning (2017).
[22] Da rica literatura ver *Tutt*, FDA (2017), e *Wischmeyer*, Regulierung (2018).
[23] Veja *Tutt*, FDA (2017), p. 85.
[24] *Goodfellow/Bengio/Courville*, Deep learning (2016); *Müller-Hengstenberg/Kirn*, (Software-)Agenten (2014); *Stalder*, Kultur (2016), 177 ss.; *Wischmeyer*, Regulierung (2018), pp. 11-14 e *passim*.

Tutt formula o seguinte sobre tais sistemas de aprendizagem: "Even if we can fully describe what makes them work, the actual mechanisms by which they implement their solutions are likely to remain opaque: difficult to predict and sometimes difficult to explain. And as they become more complex and more autonomous, that difficulty will increase".

Isso também aborda o problema da falta de controle humano do desenvolvimento futuro autodirigido de programas. Mesmo os programadores podem perder a transparência e a rastreabilidade dos processos. Possibilidades de supervisão humana ou mesmo de contra-ação em caso de desenvolvimentos equivocados ou mesmo catástrofes são tornadas mais difíceis ou mesmo omitidas.[25] Não surpreende, portanto, que nos últimos tempos tenha havido cada vez mais alertas do uso ilimitado da inteligência artificial, inclusive de atores que impulsionaram o desenvolvimento da inteligência artificial no decorrer de suas histórias de vida e a utilizaram intensamente para fins comerciais.[26]

D. *BIG DATA*

I. Sobre o termo e exemplos de uso

O termo *Big Data*[27] refere-se a situações em que as tecnologias digitais são utilizadas para lidar com grandes e diversas quantidades de dados e às várias possibilidades de combinação, avaliação e processamento desses dados por autoridades privadas e públicas em diferentes contextos. Cinco características são frequentemente utilizadas para identificar *Big Data*: Os cinco "Vs". As possibilidades de acesso a enormes quantidades de dados digitais (*High Volume*), de diferentes tipos e

---

[25] Por exemplo, *Tutt*, FDA (2017), p. 85, aponta para riscos significativos para os indivíduos e a sociedade no caso de os algoritmos de aprendizagem produzirem erros ou serem indevidamente utilizados.

[26] Menção deve ser feita ao cofundador da PayPal e proprietário da Tesla, Elon Musk, o fundador da Microsoft, Bill Gates, ou o cofundador da Apple, Steve Woznak. Comprovado por *Scherer*, Regulating p. 355. Há também críticas fundamentais ao desenvolvimento. A título de exemplo, é feita referência às obras especificamente alarmante escritas por *Bostrom*, Superintelligence (2013) e *Tegmark*, Life 3.0 (2017); *Harari*, Homo Deus (2017); *Colwin*, Breakdown (2018).

[27] Para *Big Data*, ver entre muitos, *Taeger* (ed.) Big Data (2014); Executive Office of the President, Seizing Opportunities (2014); *Mayer-Schönberger/Cukier*, Big Data (2013); Hoeren (ed.), Phänomene (2019).

qualidade, assim como diferentes formas de coleta, armazenamento e acesso (*High Variety*), e a alta velocidade do seu processamento (*High Velocity*). O uso da inteligência artificial em particular torna possível novas e altamente eficientes formas de processamento de dados, bem como a verificação de sua consistência e garantia de qualidade (*Veracity*). Além disso, os *Big Data* são objeto e base de novos modelos de negócios e de possibilidades para diversas atividades de valor agregado (*Value*).

Big Data é utilizado para diversos fins, tais como controle de comportamentos individuais e coletivos, registro de tendências de desenvolvimento, possibilitando novos tipos de produção e distribuição e cumprimento de tarefas estatais, mas também para novas formas de ilegalidade, especialmente crimes cibernéticos. Exemplos de aplicações para o uso de *Big Data* são: comunicação eletrônica (por exemplo, com *smartphones*); interação e comunicação em mídias sociais; tecnologias de rede (*smart home*, medidor inteligente); sistemas de assistência linguística como o Alexa da Amazon; vigilância eletrônica; uso de cartões de crédito ou de clientes; mobilidade inteligente etc.

II. *Big Data Analytics*

Big Data Analytics é de particular importância para a avaliação de dados e a expansão das possibilidades de uso de dados, especialmente com a ajuda da inteligência artificial (frequentemente utiliza-se apenas o termo em inglês: *Big Data Analytics*). Nesse sentido, diferentes procedimentos analíticos são utilizados para diferentes fins:

- A análise descritiva é utilizada para peneirar e preparar o material para fins de avaliação. Um campo de exemplo é o uso de *Big Data* para *Data Mining*[28] e para registro e sistematização dos dados (especialmente priorização, classificação e filtragem).[29]

---

[28] Para este fim, entre outros, ver *Petersohn*, Data Mining (2005); *Hofstetter*, Big Data (2016), p. 88 ss.; *Radlanski*, Einwilligung (2016), pp. 25-28.

[29] Para o problema da análise preditiva, consulte os seguintes artigos em: *Hoffmann-Riem* (ed.), Regulative Herausforderungen (2018): *Hermstrüwer*, Skizze (2018); *Dreyer*, Predictive Analytics (2018); *Singelnstein*, Strafverfolgung (2018); e *Rademacher*, Predictive Policing (2017).

- A análise preditiva visa identificar indicadores para uma possível relação causal – ainda em grande parte desligada de um processo de entendimento – mas (pelo menos até agora apenas) sob a forma de correlações estatisticamente significativas;[30] nesta base, os eventos devem ser previstos com uma certa probabilidade. O objetivo é fornecer ideias para o comportamento humano e, por exemplo, identificar tendências de desenvolvimento e padrões de comportamento a fim de prever comportamentos futuros e, com base nisso, ser capaz de tomar decisões na forma de Tomada de Decisão Automatizada (ADM). A análise preditiva pode ser usada, por exemplo, para registrar as preferências e desejos do consumidor (*Predictive Consumer Interests*) ou para *Predictive Policing*.[31]
- A análise prescritiva visa a recomendações de ação, a fim de utilizar conhecimentos descritivos e preditivos para atingir objetivos específicos, tais como seleção personalizada em preços ou estratégias e táticas para influenciar atitudes e comportamentos, incluindo a influência na formação da opinião pública, bem como na percepção e apoio/prevenção de desenvolvimentos sociais.

O *Big Data Analytics* visa a expansão e utilização do conhecimento gerado por dados de todos os tipos em uma infinidade de campos de aplicação, principalmente por meio do uso da inteligência artificial. Ele permite muito mais do que a coleta, armazenamento e utilização de dados pessoais, que é o foco do Direito tradicional de proteção de dados.

Os métodos de análise permitem um uso muito amplo de *Big Data*, tanto por atores estatais quanto privados. Isso envolve tanto oportunidades quanto riscos. O desenvolvimento posterior de aplicações de *Big Data* permite um potencial enorme aumento de conhecimento, pois agora é possível ler e classificar bases de dados confusas com comparativamente pouco esforço. Por outro lado, o uso de tecnologias digitais utilizando *Big Data* e IA também pode criar riscos consideráveis para relevantes bens jurídicos individuais e coletivos.

---

[30] Par mais informações, veja *Mayer-Schönberger/Cukier*, Big Data (2013).
[31] Ver capítulo 5, A.III, abaixo.

E. SOBRE A NATUREZA ESPECIAL DOS DADOS DIGITAIS COMO BEM ECONÔMICO: COMPARAÇÃO ENTRE PETRÓLEO BRUTO E DADOS BRUTOS

Nas discussões públicas, os dados digitais são muitas vezes metaforicamente descritos como uma espécie de petróleo bruto da sociedade moderna.[32] Por um lado, isto pretende ilustrar a importância dos dados para a economia e a sociedade. Por outro lado, a comparação alude à diversidade de usos possíveis tanto do petróleo quanto dos dados. Ao mesmo tempo, são apontadas as enormes possibilidades tecnológicas, econômicas, políticas, sociais, dentre outras, decorrentes da disponibilidade dessas "matérias-primas", geralmente ligadas a mudanças em diversas áreas sociais.[33] A comparação com o petróleo bruto destina-se especialmente a ilustrar o potencial presumivelmente ainda maior dos dados digitais.

A seguinte justaposição – bastante metafórica – de petróleo bruto e dados digitais tem um objetivo diferente: ela serve para ilustrar as características especiais dos dados – e de modo algum apenas de dados pessoais. Eles são utilizados como produtos ou fatores de produção, de tal forma que criam oportunidades para a economia e para a sociedade que antes não existiam.

As seis teses a seguir enfatizam acima de tudo as diferenças entre o petróleo bruto e os dados digitais.

- Ao contrário do petróleo – e do gás natural –, os dados podem ser produzidos em segundos e o fornecimento de dados digitais na sociedade da informação basicamente não é limitado. Em particular, o processamento de dados não faz uso de um "tesouro" que foi formado em infinita pré-história e cuja utilização é finita. Ao contrário, o estoque de dados está sendo expandido em todo

---

[32] Exemplos do uso desta metáfora podem ser encontrados em *Spitz*, Daten (2017), pp. 9-13.

[33] Mais próximo da comparação da importância do petróleo bruto e dos dados em diferentes áreas sociais, veja *Spitz*, Daten (2017). *Spitz* pergunta em particular (mas não somente) se/e em que medida os processos desencadeados pelo petróleo bruto – incluído a concentração de poder – oferecem razões para aprender lições para lidar com dados.

o mundo diariamente – por um lado, por aqueles que estão aproveitando os benefícios da digitalização e estão constantemente produzindo novos dados de diferentes tipos, mas também pelo fato de que os dados podem ser coletados em diferentes contextos e usados para gerar mais dados (incluindo derivados de dados).

- Os dados não são escondidos em camadas profundas de rocha e não requerem perfuração complicada ou mesmo perigosa. Existem praticamente em todos os lugares e são tecnicamente fáceis de gravar e armazenar. Há um grande número de pequenos e grandes "tanques" de dados ao redor do mundo – desde computadores individuais até os bancos de dados de várias empresas e agências governamentais, passando pelos *mainframes* dos provedores de nuvens. A maioria dos tanques deste tipo está se enchendo a cada dia e o valor de muitos dos tesouros de dados existentes também está aumentando, principalmente por meio de reabastecimento e novos métodos de avaliação. O mesmo se aplica ao valor dos dados preenchidos de novo no contexto dos dados já existentes.

- Os dados brutos devem ser processados de forma similar ao petróleo bruto para que possam ser utilizados. Em todos os lugares há pequenas, mas também grandes "refinarias" de dados, inclusive nas mãos de empresas particularmente poderosas, como Google, Facebook, Microsoft ou Amazon, bem como empresas de nuvem de dados especiais, mas também órgãos governamentais, como a Agência Nacional de Segurança dos EUA (NSA) ou outros serviços secretos. O processamento de dados cria mais conhecimento que transmite poder, não apenas nos mercados econômicos, mas pelo menos potencialmente em quase todas as áreas de ação social.

- Assim como o petróleo bruto pode ser refinado para produzir produtos de maior qualidade, novas tecnologias, como o uso de formas altamente desenvolvidas de inteligência artificial, tornam possível a criação de novos tipos de produtos "refinados" com novo valor agregado. Os mesmos dados – ao contrário do petróleo – podem ser alimentados com diferentes "refinamentos". O produto "refinado" também pode ser utilizado como matéria--prima para outros "refinamentos" relacionados a dados.

- Ao contrário do petróleo ou gás, o uso de dados – incluindo sua coleta e processamento legal e ilegal por serviços secretos do Estado ou terceiros privados – não implica em seu consumo (a chamada não rivalidade de consumo). Por meio do processamento, o valor dos tesouros de dados pode até aumentar e eles podem ser usados para muitos outros fins. Com o tempo, entretanto, certos dados podem perder sua atualidade ou utilidade, mas podem se tornar importantes novamente no contexto de outros usos.

Os dados digitais não são visíveis ao olho humano devido à sua desmaterialização, ao contrário do petróleo. O fluxo e a utilização dos dados não é, portanto, visível a terceiros ou apenas com esforço técnico especial. O valor agregado a ser ganho com o processamento e uso pode ser igualmente invisível. Isso facilita que as empresas escondam esse valor agregado e quaisquer lucros que dele possam advir, por exemplo, das autoridades fiscais. Isso também aumenta o potencial de lucro. As características especiais dos dados digitais e a forma como são tratados, como ilustrado desta forma, são pontos de referência para sua particular importância econômica, mas também política, cultural, ecológica e social em muitas áreas da vida social. Elas também facilitam a inovação de diversas formas e são uma das causas de mudanças estruturais em muitas áreas afetadas pela digitalização. As características especiais têm uma influência considerável na economia da Internet e, portanto, no problema dos legados consideráveis no setor de TI, que serão tratados mais detalhadamente a seguir (capítulo 4, B.II, abaixo). Em particular, podem ser observadas assimetrias consideráveis nas possibilidades de utilização dos tesouros de dados, por exemplo, no esclarecimento da questão se para a utilização dos dados é fornecida uma contraprestação adequada, se todos ou quais partes interessadas têm acesso aos dados, se eles são tratados de forma responsável e se os diferentes interesses dos membros da sociedade são levados em conta de forma justa por meio da utilização dos dados.

F. ARQUITETURAS DE DECISÃO

Um importante impulso para a discussão sobre o significado dos algoritmos no controle do comportamento e sua relação com a regulação legal foi dado por *Lawrence Lessig*[34] – inspirado no trabalho preliminar, especialmente por *Joel Reidenberg*[35] – com seu livro "Code and Other Laws of Cyberspace", publicado em 1999. Ele usa o termo código em sentido amplo, em particular ele não o limita – como outros frequentemente fazem[36] – a *software* e *hardware* de computador ou a sistemas específicos de controle técnico.[37] Refere-se – e a esse respeito utiliza em inglês uma grafia com "C" maiúsculo – à arquitetura de decisão da Internet, que é configurada por *hardware* e *software* e sua interação.[38] Isso estende a visão além dos algoritmos isolados para os contextos de seu uso.[39] A relação dos algoritmos não só com a interação de *software* e *hardware*, mas também com a sua incorporação em infraestruturas complexas e, portanto, indiretamente, a importância de outros requisitos funcionais e possíveis usos das tecnologias de informação e comunicação é esclarecida.

A ampliação da perspectiva facilita a abordagem específica dos diferentes papéis dos atores, tais como aqueles que programam algoritmos, projetam redes de computadores, constroem suas infraestruturas, desenvolvem modelos de negócios e oferecem serviços, mas também os dos usuários. Por sua vez, os atores estão integrados em contextos específicos de ação, como o mercado econômico, redes de outros atores, redes multiníveis etc.

Um olhar sobre a totalidade dos fatores que moldam o desenvolvimento e uso de algoritmos e o reconhecimento de seu poder de controle sugere um paralelo ao conceito de estruturas de controle utilizado na literatura jurisprudencial em língua alemã.[40] Este termo denota o conjunto de fatores decisórios previstos para a solução

---

[34] Vide *Lessig*, Code (1999/2001); id., Code. Version 2.0 (2006); vide especialmente também os artigos em: Dommering/Asscher (ed.), Coding, 2006; *Boehme-Neßler*, Unscharfes Recht (2008), p. 639; *Hildebrandt*, Smart Technologies (2016).
[35] *Reidenberg*, Lex informatica (1998), pp. 555, 568.
[36] Por exemplo: *Dommering*, Regulating Technology (2006).
[37] Não se trata de fenômenos como os caracterizados pelos conceitos de código de programação ou código-fonte. Vide *Dankert*, Normative Technologie (2015), p. 52.
[38] *Lessig*, Code. Version 2.0 (2006), p. 5. Vide também *Dommering*, Regulating Technology (2006). Aprofundando-se e diferenciando: *Ziewitz*. Governing Algorithms (2016).
[39] Com mais detalhes sobre a arquitetura da internet, vide: *Schewick*, Internet Architecture (2016), pp. 288 ss.
[40] Sobre o conceito de estruturas de controle, veja por exemplo *Trute/Kühlers/Pilniok*, Governance (2008); *Schuppert*, Verwaltungsorganisation, margem nº 26 ss.; *Hoffmann--Riem*, Innovation (2016), pp. 9 ss.

de problemas com o auxílio da lei, ou seja, além das normas legais formuladas em forma de texto, sua referência ao restante do sistema jurídico e, sobretudo, a outros fatores decisórios, incluindo procedimentos formais e informais, organizações, pessoal e recursos e seus respectivos contextos e diferentes níveis de impacto. Em sua interação, tais elementos individuais formam a arquitetura do espaço social disponível para regulamentação legal – tanto a legislação quanto a aplicação da lei.

Essa paralelização pretende deixar claro que regras baseadas em algoritmos, bem como regras legais, não devem ser consideradas isoladamente; cada uma delas faz parte de um conjunto de diferentes fatores que possibilitam e codeterminam sua aplicabilidade e funcionalidade para o controle do comportamento.

G. GOVERNANÇA POR E POR MEIO DE ALGORITMOS

A ligação dos algoritmos com outros fatores de controle sugere que questões sobre o surgimento, uso e efeitos dos algoritmos também devem ser abordadas do ponto de vista da governança.[41] O conceito de governança visa as formas e mecanismos de coordenação e controle social, econômico, político, mas também tecnológico. Os "modos de Governança" são: mercado, concorrência, negociação, rede, contrato ou controle digital. A pesquisa de governança questiona especialmente: como essas modalidades de Governança e seus desenvolvimentos concretos contribuem para alcançar objetivos socialmente desejáveis e evitar efeitos indesejáveis?

Importante é, por um lado, o modo de coordenação na delegação de informações e controle de comportamento (*Governance by Algorithms*).[42] Exemplos disso são listados abaixo (capítulo 8, A). A seleção e controle al-

---

[41] A ela em geral v. G.F. Schuppert, Governança e Legislação, 2011; *ders.* Alles Governance oder was?, 2011; Benz/Dose (ed.), Governance – Government in Complex Regulatory Systems, 2ª ed. 2010; W. Hoffmann-Riem, The Governance Perspective in Legal Innovation Research, 2011.

[42] Vide: *Just/Latzer*, Governance (2016); *Saurwein/Just/Latzer*, Governance (2015), p. 36; *Schulz/Dankert*, Governance By Things (2016).

gorítmico automatizado tem sido entendido recentemente como um modo de governança especial que complementa os modos de governança "usuais".

É feita uma distinção entre esta área de governança e a *Governance of Algorithms*.[43] Nesse sentido, a perspectiva de governança pergunta como os algoritmos são criados e como isso influencia a forma pela qual a seleção e o controle algorítmico são realizados.

Luciano Floridi[44] descreve as duas visões de forma abrangente, como segue: "Digital Governance is the practice of establishing and implementing policies, procedures and standards for the proper development, use and management of the infosphere. It is also a matter of convention and good coordination, sometimes neither moral nor immoral, neither legal or illegal. For example, through digital governance, a government agency or a company may (i) determine and control processes and methods used by data stewards and data custodians in order to improve the data quality, reliability, access, security and availability of its services; and (ii) devise effective procedures for decision-making and for the identification of accountabilities with respect to data-related processes".

No capítulo 3 será dado um enfoque especial à diferença entre controle por normas legais e controle por algoritmos. Ainda em aberto – e, portanto, um desafio particular para o futuro – está o esclarecimento de quais modos de governança e instrumentos de controle são adequados para o desenvolvimento de tais algoritmos, que ajudam a aproveitar as oportunidades para um maior desenvolvimento social, mas minimizam os riscos.

H. A CONEXÃO DO MUNDO FÍSICO COM O VIRTUAL: *OFF-LINE – ON-LINE – ON-LIFE*

Além desta apresentação de termos e características selecionadas, gostaria de ressaltar que o crescente entrelaçamento das áreas *on-line* e *off-line* é de crescente importância para a transformação digital na sociedade.

Por exemplo, a Internet, que é particularmente importante para o uso da tecnologia da informação e comunicação, não é, de forma alguma, apenas um espaço virtual. Ao contrário, as novas tecnologias penetram cada vez mais no espaço físico da sociedade. Isso é exempli-

---

[43] *Saurwein/Just/Latzer*, Governance (2015), p. 36.
[44] *Floridi*, Soft Ethics (2018).

ficado pelo seu uso na Internet das Coisas,[45] como o manuseio de processos cotidianos quando os aplicativos são usados como ajudas diárias no uso de objetos cotidianos "inteligentes" ou no controle de processos econômicos, por exemplo, na distribuição controlada por algoritmos de bens. Outro campo de exemplo é o desenvolvimento e aplicação de sistemas ciberfísicos[46] para produção (palavra-chave "Indústria 4.0").[47] A conexão cada vez mais digitalizada entre pessoas, processos, dados e coisas tornou-se até motivo para se falar da *Internet of Everything* – termo usado para descrever um ambiente em que tudo se comunica com tudo o mais. A onipresença de um ambiente digitalizado que pensa junto e à frente para as pessoas também é referida como "inteligência ambiental" (*Ambient Intelligence*).[48] As telecomunicações digitalizadas são atualmente muito mais do que um meio de troca de comunicação. É uma infraestrutura básica quase onipresente que pode e será utilizada para os mais diversos fins.

Em particular, a fim de compreender linguisticamente a interdependência das interações *on-line* e *off-line*, um novo termo poderia ser usado para descrever uma carreira: *on-life*.[49] O termo deixa claro que nossas vidas muitas vezes não estão nem *on-line* nem *off-line*, mas que um novo tipo de mundo – o mundo *on-life* – está começando a se formar. Neste mundo, os sistemas de computador podem, em grande parte, libertar as pessoas da necessidade de tomar decisões, ou seja, substituir as decisões humanas. Tal alívio de decisões é visto por mui-

---

[45] Sobre ela, cf., por todos, Taeger, Internet (2016).
[46] *Christl*, Überwachung (2014).
[47] A respeito, vide especialmente os artigos em: Sendler (ed.). Industrie 4.0 (2013).
[48] Para mais, dentre muitos, v. *Hofstetter*, Demokratie (2016), pp. 28 ss.
[49] Vide a respeito: *Floridi*, 4th Revolution (2015), pp 87 ss., 129 ss.; *Hildebrandt*, Smart Technologies (2016), pp. 41 ss., 77 ss., 263. *Hildebrandt* define o mundo *on-life* como: "The hybrid life world composed of and constituted by combination of software and hardware that determine information flows and **the** capability to perceive and cognise one's environment which is run by means of an information and communication infrastructure (ICI) capable of pre-emptive computing, based on its tapping into the digital unconscious of big data space". Ela define o termo "Digital Unconscious", que usa com frequência, como segue: "The largely invisible big data space on which the *on-life* world and its ICI of pre-emptive computing depend, where inferences are thrown and applied, largely beyond the ambit of conscious reflexion" (p. 261), v. também pp. 65 ss.

tos como uma grande oportunidade de ganho em qualidade de vida, mas também é criticado por outros, especialmente na medida em que os afetados não têm oportunidade de intervenção voluntária. *Mireille Hildebrandt* fala de *Pre-emptive Computing Systems* neste contexto.[50] O minar da reflexão consciente associada ao uso de tais tecnologias tem o efeito – segundo *Hildebrandt* – de que no mundo *on-life*, as pessoas estão frequentemente e cada vez mais se tornando *Digital Unconscious*,[51] objeto de controle inconsciente. Isso ameaça (ainda) corroer um princípio básico das sociedades modernas, a autonomia na ação. Embora a autonomia ainda seja legalmente garantida (na Constituição, por exemplo, no art. 2º, § 1º), seu exercício pode, de fato, ser prejudicado por controles externos tecnicamente sólidos, que não são ou são apenas dificilmente reconhecíveis como tal.

I. NÍVEIS DE EFICÁCIA

Para a realização do bem-estar individual e público, os efeitos associados às possíveis aplicações dos sistemas de tecnologia da informação nas diversas áreas sociais são particularmente importantes. Devido à sua diversidade, eles não podem ser tratados neste livro de forma diferenciada. No entanto, a gama de efeitos possíveis será brevemente delineada aqui.

Quando se trata da questão dos efeitos, a visão não deve se restringir aos serviços prestados diretamente com tecnologias digitais – como *output*. Também são importantes os efeitos causados pelo uso de sistemas de tecnologia da informação sobre os destinatários das decisões ou sobre terceiros afetados (*impact* como microefeitos). Além disso, pode ser apropriado registrar efeitos que vão além disso, incluindo efeitos de longo prazo nas áreas sociais afetadas ou na sociedade como um todo,

---

[50] Para a definição, vide *Hildebrandt*, Smart Technologies (2016), p. 263. Trata-se, em especial, de sistemas computadorizados que compreendem comportamentos, principalmente na forma de padrões comportamentais, avaliando previamente, no seguimento, possibilidades de comportamento e, simultaneamente, cuidando para que também seja cumprida a expectativa do comportamento correspondente.

[51] Sobre esta definição, vide *Hildebrandt*, Smart Technologies (2016), pp. 261, 263. Cf., ademais, os exemplos nas pp. 65 ss. (como Enhanced Targeting, Attention Management).

e esclarecer até que ponto eles são significativos para a lei e regulamentação (*outcome* como efeitos macro).

A título ilustrativo, cabe apenas ressaltar que uma série de novos serviços de base digital tem impacto não só sobre seus destinatários, mas muitas vezes também sobre terceiros, bem como sobre o funcionamento dos subsistemas sociais. Assim, existe um potencial considerável para influenciar os estilos de vida, experiências, orientações culturais, atenções e valores dos cidadãos, com possíveis efeitos na vida privada, no sistema educacional, no desenvolvimento da opinião pública e, sobretudo, com efeitos nos processos de decisão política.[52]

Efeitos específicos (distantes) em diferentes partes da sociedade também devem ser levados em conta. Por exemplo, a robótica usada para aumentar a eficiência e economizar custos nos processos de produção pode mudar maciçamente o mercado de trabalho e, especialmente, as condições de trabalho. Os novos canais de distribuição de mercadorias que podem ser adquiridas por meio de uma plataforma como a Amazon também mudam os mercados, por exemplo os do comércio varejista, e em conexão com isso a disponibilidade de lojas e prestadores de serviços no interior da cidade e, portanto, o tipo de interação social. A mediação imobiliária da AirBnb tem um impacto na disponibilidade de habitações alugadas para fins permanentes, mas também na indústria hoteleira. O controle algorítmico do que acontece nos mercados financeiros pode levar a desenvolvimentos imprevisíveis, tais como quedas ou saltos de preços etc.

É particularmente abrangente no seu significado para os três níveis de impacto acima mencionados (*output*, *outcome* e *impact*) quando são utilizados sistemas de tecnologia da informação, utilizando infraestruturas ultramodernas e tecnologias de ponta, para engenharia social extensiva ou para controlar a ordem econômica e estatal, bem como o comportamento individual e social. É para isso que o desenvolvimento na China está caminhando atualmente. Empresas de orientação comercial – incluindo sobretudo, mas não só, empresas de TI dominantes no mercado, como as do Grupo Alibaba (incluindo diversas plataformas de negociação e o amplamente utilizado sistema de pagamento *on-line*

---

[52] Vide, por exemplo, *Latzer/Hollnbuchner/Just/Saurwein*, Algorithmic Selection (2016), pp. 10 e *passim*.

Alipay) ou as da Tencent Holding (incluindo redes sociais, serviços de notícias, jogos *on-line*). Eles trabalham em estreita colaboração com instituições estatais e o Partido Comunista e coletam dados abrangentes e os vinculam para diversas avaliações. O objetivo é otimizar processos de mercado, alinhar o comportamento social das pessoas com certos valores (como honestidade, confiança, integridade, higiene, cumprimento da lei, responsabilidade na família etc.) e garantir a estabilidade social e estatal. Um abrangente Sistema de Pontuação Social/Sistema de Crédito Social (atualmente ainda em teste em projetos-piloto, mas já aplicado em grandes partes da China) está sendo desenvolvido na China como um todo.[53] Seria um reducionismo analisar a estrutura deste sistema – como se faz frequentemente na Europa – principalmente sob o aspecto do monitoramento das pessoas ou de analisá-las. Seus objetivos vão muito além disso

Agora é altamente improvável que encontre imitadores na Alemanha ou na Europa Ocidental, pelo menos não na extensão da engenharia social que a China está almejando. Portanto, não pode e não deve ser uma questão de olhar mais de perto e avaliar este sistema de crédito social. Sua menção pretende apenas ilustrar o potencial que reside nas novas tecnologias da informação e possibilidades de aplicação. As seguintes descrições ainda se limitam aos desafios legais e regulamentares sob as atuais condições estruturais na Alemanha e na UE.

---

[53] Quanto a isso, veja *Chen/Cheung*, Transparent Self (2017); *Creemers*, Social Credit System (2018); *Dai*, Reputation State (2018).

§ 3º
# SOBRE AS DIFERENÇAS ENTRE CONTROLE POR NORMAS LEGAIS E POR ALGORITMOS

Algoritmos foram descritos acima como regras digitais que são aplicadas automaticamente. Em contraste, as normas legais contêm regras em forma de texto que normalmente são interpretadas e aplicadas pelo ser humano. No entanto, também é possível transformar essas regras legais na forma de algoritmos.

A seguir, serão trabalhadas as diferenças entre a abordagem tradicional legal-normativa e digital, especialmente na área de controle de comportamento. Ao considerar a natureza especial do direito, me oriento principalmente pelo exemplo do Direito estatal legislado, especialmente o direito regulatório. Em outras áreas do direito, tais como o direito contratual, suas características especiais devem ser levadas em conta.

As diferenças entre as normas legais e os algoritmos podem ser identificadas sobretudo na consideração do tipo de regra, mas também nos procedimentos de geração e aplicação das regras e no que diz respeito aos atores envolvidos, bem como nas possibilidades de aplicação das regras.

A. DIFERENÇAS NO TIPO DE REGULAMENTO

Em relação ao tipo de regulamentação, a natureza da linguagem utilizada e os contextos em que ela é utilizada são de particular importância. Tratarei das questões relacionadas novamente e com maior profundidade no capítulo 10 – quando se tratar de *Legal Technology*.

I. Regras jurídicas como construções sociais

As normas jurídicas tradicionais contêm especificações formuladas em palavras, mas também a serem desenvolvidas por meio de outras especificações, para comportamentos permitidos, possíveis, necessários e proibidos[1] e, indiretamente, para os efeitos desencadeados por comportamentos em conformidade com as normas. Existem diferentes regras jurídicas – como competência e requisitos processuais, mas também orientações materiais (por exemplo, sobre liberdades civis) – de um lado para o estabelecimento de direito geral abstrato e, de outro, para a aplicação da lei a casos individuais, mas também para o monitoramento do cumprimento das regras e, se necessário, para a sanção de violações das regras.[2] Tais regras são produtos da ação humana, incluindo a ação humana coletiva (por exemplo, na legislação). Cada um deles segue sua própria racionalidade, que por sua vez se baseia nas exigências do sistema legal.[3] Acima de tudo, eles são dotados da força especial de vinculação da lei.

As regras legais criadas, escritas em linguagem humana, caracterizam-se muitas vezes não pela falta de clareza, mas pela necessidade de interpretação e abertura dos termos utilizados.[4] A aplicação de regras depende da interpretação do significado. As normas podem combinar vários termos, cada um dos quais, individualmente ou em combinação, requer interpretação e, ao mesmo tempo, referem-se implicitamente ao resto do sistema legal. A interpretação também é influenciada pela prática anterior, no caso do direito também pela sua sistematização, por exemplo, nos comentários jurídicos[5] ou na dogmática jurídica.[6] Depende do contexto da respectiva ação e, portanto, também do papel, habilidades e motivações dos atores, bem como de suas experiências pessoais ou institucionais e conhecimentos implícitos. O procedimento e/ou o resultado da interpretação e aplicação em um caso específico pode ser contestado, se necessário, por exemplo, mediante a interposição de

---

[1] Vide, preferencialmente, *Hoffmann-Riem*, Innovation (2016), pp. 38 ss.

[2] As particularidades das normas jurídicas são analisadas com mais detalhes, especialmente em teoria jurídica, dogmática do direito e sociologia do direito.

[3] Vide também, a exemplo da legislação parlamentar, *Hoffmann-Riem*, Innovation (2016), pp. 155 ss. ou em especial para o estabelecimento de regras em situações de crise pp. 172 ss.

[4] Remeto aqui à minha breve exposição em: *Hoffmann-Riem*, Innovation (2016), pp. 80 ss. com outras referências à bibliografia adicional.

[5] Sobre o significado prático da literatura de comentários, vide: *Wolf*, Entscheidungsroutinen (2016).

[6] A respeito, preferencialmente: *Brohm*, Dogmatik (1972); Stürner (ed.), Rechtsdogmatik (2010); *Schmidt-Aßmann*, Verwaltungsrechtliche Dogmatik (2013); *Bumke*, Rechtsdogmatik (2014); id., Rechtsdogmatik (2017).

recurso, para que o conteúdo normativo autoritário possa ser corrigido em processos posteriores, de acordo com outras regras. Com o passar do tempo, o conteúdo das normas pode muitas vezes ser alterado, mesmo que sua redação permaneça inalterada – por exemplo, por mudanças na interpretação ou pelo desenvolvimento posterior da lei.[7] Assim, é possível reagir de forma flexível a novos problemas ou condições de enquadramento alteradas – em particular, a premissas empíricas e prescritivas do regulamento legal.[8]

A abertura de interpretação dos termos e das normas descritas por tais termos, bem como a necessidade de interpretação de significado relacionada ao contexto e a orientação das normas para o respectivo caso individual, determinam as possibilidades de contingência dos resultados: muitas vezes, eles poderiam ser diferentes sem que isso tenha de ser uma expressão de arbitrariedade.

Os atos de interpretação de normas jurídicas gerais abstratas e sua concretização em normas de decisão[9] em um caso concreto, bem como sua aplicação, são construções sociais.[10] O surgimento dessas construções não é, contudo, um jogo arbitrário com a linguagem, mas um ato social orientado para uma situação e problema específico e inserido nas estruturas regulatórias específicas da lei – geralmente também em uma estrutura institucional específica. É realizada por certos atores (como advogados, funcionários administrativos, juízes e, naturalmente, particulares), que por sua vez tendem a atuar em determinados contextos organizacionais e culturais, utilizando procedimentos formais e informais e dependendo dos recursos disponíveis (tais como conhecimentos, valores ou tempo).

Na medida em que uma norma legal pode ser assumida como aberta à interpretação, a aplicação da lei não pode ser entendida como uma subsunção determinada por especificações inequívocas ou mesmo como uma

---

[7] Sobre o aperfeiçoamento do Direito em geral vide: Juristische Fakultät der Universität Heidelberg (ed.). Rechtsfortbildung (1986); Bumke (ed.), Richterrecht (2012); *Volkmann*, Rechtsfortbildung (2016).

[8] Sobre trais premissas vide: *Hoffmann-Riem*, Innovation (2016), pp. 523 ss., 527 ss. com outras referências.

[9] Sobre o conceito de norma decisória vide: *Müller/Christensen*, Methodik (2013), n° marginal 14, número de margem 233.

[10] Vide com mais detalhes: *Hoffmann-Riem*, Innovation (2016), pp. 57 ss., 79 ss. e *passim* com outras referências.

subsunção que apenas segue os princípios da lógica formal.[11] A aplicação da lei é produto da interação social, seja entre os presentes, seja pelo menos no confronto com preconceitos, sistematizações e propostas de interpretação criadas em outro lugar. É verdade que as normas legais contêm diretrizes para o procedimento e resultado da aplicação da lei que são reconhecidas como vinculativas. Entretanto, as normas só podem ser vinculativas dentro do escopo da natureza vinculativa de tais especificações. Isto é limitado e depende, por sua vez, de interpretações. Neste sentido, é também importante que a interpretação e aplicação de normas não sejam apenas moldadas por termos legais e regras de interpretação, mas também influenciadas por outros fatores decisórios – em particular pessoal, organização e recursos. Particularmente importantes são os requisitos processuais,[12] tais como disposições para o devido processo legal e outras formas de participação, bem como aqueles para a fundamentação/justificação de atos de regulação, interpretação e aplicação. Na medida em que o uso de tais fatores seja legalmente legitimado, as orientações decisórias veiculadas por intermédio deles também podem influenciar a interpretação e aplicação da lei. Desta forma, impressões culturais, experiências pessoais, culturas organizacionais, mas também a intuição/judicismo e o conhecimento implícito dos atores podem se tornar relevantes para a tomada de decisões, muitas vezes também o uso da heurística.[13]

Isso mostra a variedade de fatores ancorados nas estruturas regulatórias que influenciam e podem influenciar o manejo do Direito. Elas servem para garantir a legalidade da ação e, ao mesmo tempo, proporcionar a legitimação normativa.

II. Algoritmos como construções sociais e técnicas

Algoritmos contêm regras técnicas para a realização automática de uma tarefa. Eles são baseados em uma linguagem técnica específica,

---

[11] Vide a respeito: *Hoffmann-Riem*, Außerjurdisches Wissen (2016), pp. 12 ss. com demais referências. Vide também, especialmente: *Bryde*, Richterrecht (2015), p. 129: A vinculação legal não se consuma em um silogismo lógico.

[12] Sobre o crescente significado da procedimentalização para a proteção de interesses, vide as referências em *Hoffmann-Riem*, Innovation (2016), pp. 382 ss.

[13] Sobre o mencionado acima, vide minha breve exposição em: *Hoffmann-Riem*, Innovation (2016), §§ 7 E, 8, 9.

não textual. O chamado código binário utilizado para isso representa informações por sequências de dois símbolos diferentes, como 1 e 0, que podem ser representados por sinais eletrônicos ou ópticos. A clareza destes símbolos e a descrição dos passos individuais predefinidos é um requisito para o seu uso em computadores. O uso concreto de algoritmos para lidar com problemas não é um ato de interação social. Os resultados não são construções sociais, mas técnicas.[14]

Entretanto, os próprios algoritmos – pelo menos no ponto de partida – são criados por humanos. Neste sentido, são – como outras técnicas/tecnologias – construções sociais criadas em determinados contextos.[15] Isso também se aplica à criação de algoritmos altamente desenvolvidos, que podem então "aprender" e se programar de forma independente.[16]

O desenvolvimento de algoritmos muitas vezes, embora nem sempre – por exemplo, em empresas comerciais –, é integrado a processos complexos de desenvolvimento de *software*.[17] Estes visam a realização de problemas concretos, a elaboração de requisitos para a solução do problema, a concepção da arquitetura do *software*, a realização técnica de TI por codificação, o uso prático do *software* e, se necessário, a sua revisão após experiências em teste ou operação real. Diferentes jogadores ou equipes maiores são regularmente envolvidos neste processo, mesmo que a implementação técnica seja, em última instância, realizada por desenvolvedores de *software* ou programadores. Tal desenvolvimento de *software* não é um ato puramente técnico – ou mesmo neutro[18] –, mas um ato de organização social no qual objetivos e avaliações são processados; ele pode ser orientado para experiências anteriores e possíveis consequências e pode exigir seleções. Neste sentido, existem paralelos estruturais à criação de normas legais. Uma diferença central, entretanto, é que os fatores que influenciam o desenvolvimento dos algoritmos

---

[14] Com mais detalhes: *Schulz/Dankert*, Governance by Things (2016), seção II.3.B.
[15] *Latour*, Science (2003). Sobre a noção de construção social de tecnologias, vide, especialmente, *Dommering*, Regulating Technology (2006), pp. 3 ss.
[16] Veja já acima, no capítulo 2, C, e em mais detalhes abaixo, no capítulo 10, A.II.
[17] A respeito: *Pfeifer/Schmitt*, Qualitätsmanagement (2014).
[18] O fato de a tecnologia nunca ser neutra é salientado, a título de exemplo, por *Koops*, Normative Technology (2008), p. 157; *Leenes*, Techno-Regulation (2012), p. 144.

não precisam ser, e em princípio não são, normas legais. Teremos que voltar a isso.[19]

Os algoritmos desenvolvidos devem conter comandos de voz inequívocos que permitam resolver problemas – usando *hardware* específico – em passos predefinidos. Na medida em que a criação dos algoritmos é influenciada pela experiência passada ou os propósitos e valores buscados foram desenvolvidos (construídos) em determinados contextos, as conclusões tiradas a partir disso estão agora incorporadas na tecnologia de forma descontextualizada.

Deve-se notar novamente que alguns algoritmos são tão complexos que dificilmente podem ser "compreendidos pelos humanos" como um todo e, portanto, seu modo de operação só pode ser entendido de forma limitada.[20] Eles então agem como uma caixa preta. Nos países de língua anglo-saxônica, por exemplo, eles são chamados de *opaque*, *inscrutable artefacts*.

O fator humano não é excluído para a solução de um problema concreto com a ajuda de algoritmos, na medida em que ainda é necessária informação que não é tecnicamente gerada, mas fornecida por pessoas/organizações como *input*. Neste sentido, uma certa recontextualização pode ocorrer no processo de aplicação concreta, ou seja, uma centralização na solução de um problema concreto com contextos específicos. No entanto, o seu processamento utilizando os algoritmos é então um processo exclusivamente técnico.

Para a aplicação, o chamado *Agent* da informática assume o comando. Os agentes de *software* "agem" quando recebem informações do ambiente e executam ações.[21] Os agentes são descritos como "inteligentes" se trabalham de forma autônoma e assíncrona (independente da entrada humana); eles têm vários requisitos básicos, incluindo a percepção sensível ao contexto de seu ambiente dentro dos limites de suas possibilidades, um mecanismo para tirar conclusões, a capacidade de agir de forma direcionada e a capacidade de se comunicar ou cooperar, uns com os outros ou com os humanos. Também podem ser

---

[19] Veja abaixo, no capítulo 10, A.II.
[20] Cf. *Schulz/Dankert*, Informationsintermediäre (2016), p. 66.
[21] Vide, especialmente, *Russell/Norvig*, Künstliche Intelligenz (2012), pp. 14, 25.

partes dos chamados sistemas multiagentes (MAS). Os agentes podem ser de diferentes graus de complexidade, por exemplo, capacitado para aprender ou adaptativo.[22] Embora tais agentes sejam criados por humanos, eles podem ser capazes de se emancipar de seu "patrono humano" e encontrar maneiras independentes de resolver problemas e adaptar-se às circunstâncias em mudança.[23-24] Entretanto, eles não são (pelo menos até agora) capazes de ação humana ou social e o uso dos fatores de decisão "brandos" que podem ser usados na aplicação regular de regras pelo ser humano – tais como conhecimento implícito, intuição/ julgamento ou empatia.[25] Os procedimentos típicos para a legislação e sua aplicação podem ser simulados com a ajuda de algoritmos, mas não podem ser totalmente "copiados" em termos de conteúdo. Isto pode ter a vantagem de que motivos ocultos (inclusive os legalmente inadmissíveis), que nunca podem ser descartados no comportamento humano, são eliminados, mas também pode obstruir as possibilidades de uma solução flexível e adequada à situação e ao problema. Além disso, o aconselhamento coletivo, o aconselhamento de grupos dinâmicos ou a negociação de soluções cooperativas só podem ser simulados de forma algorítmica até certo ponto.

B. DIFERENÇAS NAS ABORDAGENS PARA A CRIAÇÃO DE REGRAS LEGAIS E DIGITALIZADAS

Em primeiro lugar, são considerados os processos de criação da lei, por um lado, e os algoritmos não legais, por outro.

---

[22] Agente "racional" é considerado aquele que "se comporta de tal maneira a conseguir o melhor resultado ou, caso haja incertezas, o melhor resultado esperado". Assim, *Russell/Norvig*, Künstliche Intelligenz (2012), p. 25.

[23] Assim: *Hildebrandt*, Smart Technologies (2016), pp. 22 ss.

[24] Agentes especialmente desenvolvidos – os chamados "Complete Agents" – podem "sobreviver" inclusive fora de sistemas computacionais. Vide *Hildebrandt*, Smart Technologies (2016), p. 27.

[25] Caso – trabalha-se nisto atualmente sob a palavra-chave Web 3.0 (vide, p.ex., *Weinberger*, Too Big (2013); Pelegrini/Blumauer (ed.), Semantic Web (2006); *Bunz*, Revolution (2012)) – seja possível no futuro empregar computadores para a interpretação do sentido das informações (ou seja, gerar algoritmos para atribuições de significado humanas), isso se aproximaria da ação humana, mas teria uma outra qualidade diferente da interpretação do sentido e da tomada de decisões pelo homem, baseadas na interação social e/ou integradas socialmente e dirigidas a ela.

A legislação em geral, e especialmente o Direito criado pela autoridade pública aqui considerado, está integrada em certas estruturas regulatórias ou de tomada de decisão, incluindo orientações de conteúdo e requisitos de qualidade orientados para o bem comum, assim como responsabilidades, procedimentos e formas de ação (capítulo 2, F). Tais estruturas destinam-se a garantir a funcionalidade do sistema jurídico e, portanto, também a legalidade. Existem também estruturas legais independentes de regulação e tomada de decisão para as ações dos atores privados, incluindo as empresas. Estes também são influenciados pelo sistema jurídico geralmente vinculante – como o direito contratual, trabalhista e societário.

O desenvolvimento de *software* pelas empresas é – dentro da estrutura legal – um ato empresarial de auto-organização que na maioria das vezes é orientado principalmente e legitimamente para objetivos autodefinidos. A atuação para fins empresariais é tipicamente (não necessariamente exclusiva) uma abordagem de acordo com a racionalidade econômica e os interesses específicos da empresa.[26-27]

Não regulamentado por lei, pelo menos não por lei legitimada pelo poder Público, é que pessoas dentro de uma empresa definem o problema a ser resolvido, desenham o conceito da solução do problema, para qual desenvolvimento de *software* e programação são especificamente utilizados, que qualificações devem ter, a que instruções estão sujeitos, que objetivos perseguem, que máximas e que critérios aplicam ou que seletividades incorporam.[28-29]

Não se pode descartar que a criação de algoritmos possa estar sujeita a requisitos e estímulos similares aos utilizados na legislação. No entanto, isso não é certo.[30] Em particular, o desenvolvimento de *software*

---

[26] *Koops*, Normative Technology (2008), p. 161, fala, nesse ponto, da "invisible hand of the market or of society".

[27] Esses interesses incluem, ou podem incluir, em qualquer caso, levar em conta os interesses de outros – no caso de serviços sociais, por exemplo, os interesses dos usuários – ou o interesse geral.

[28] Cf. os estudos de caso de: *Kesan/Shah*, Deconstructing Code (2003/2004).

[29] Na medida em que se exige desenvolver para tanto uma ética especial – cf. vários artigos em: Himma/Tavani (ed.), Handbook (2008).

[30] Assim *Koops*, Normative Technology (2008), p. 161: "The rule as embedded in technology can hardly ever be the same as the rule established by the legislature". Koops diferencia entre "law in the books" e "law in technology".

empresarial não é o produto de um procedimento que é regido pelo Estado de Direito e geralmente não é transparente, especialmente um procedimento que pode ser controlado por terceiros. Embora a participação das partes afetadas ou de terceiros não seja, em princípio, excluída, ela quase nunca é feita na prática. Uma exceção é o desenvolvimento de *software* por *crowdsourcing*. Mas também aqui a participação de terceiros não é realizada em procedimentos legalmente independentes; nem está sujeita a qualquer controle democrático pelo Estado de direito.

Durante o desenvolvimento/programação do *software*, naturalmente também devem ser levados em conta os requisitos legais, desde que existam, para que os problemas sejam resolvidos com a ajuda dos algoritmos. Isso também é feito em muitos programas, por exemplo, em sistemas de *software* SAP e também pode incluir a proteção de dados ou requisitos legais relacionados a direitos autorais.[31] Para garantir o cumprimento, eles devem ser integrados aos algoritmos. Se e em que medida os algoritmos integram requisitos legais de forma qualitativamente exigente também depende de se e em que medida fatores de controle que têm efeito semelhante na programação se tornam decisivos como na criação de leis (especialmente do Poder Público). Este não é regularmente o caso. Além disso, em vista da falta de transparência, o cumprimento dos requisitos legais é difícil ou impossível de ser monitorado por terceiros. Isso porque os algoritmos geralmente não requerem divulgação de acordo com a lei atual. Pelo contrário: Algoritmos são normalmente – mas não os de *software* de código aberto – tratados como segredos comerciais.[32-33]

---

[31] O art. 25 do Regulamento de Base da União Europeia relativo à proteção de dados prevê uma obrigação legal de implementar diretrizes legais relativas à proteção de dados por meio da concepção de tecnologias e predefinições respeitadoras da proteção de dados. A respeito: *Hunzinger*, Datenschutz (2016).

[32] A respeito, cf. também BGHZ [Coletânea de decisões do Tribunal Federal de Justiça da Alemanha para causas cíveis] 200, 38. Aqui, a fórmula de "score" instituída para a prova da idoneidade creditícia de uma pessoa foi tratada como segredo comercial, evocando-se a correspondente vontade do legislador, mas também a dos autores da Diretriz da União Europeia relativa à Proteção de Dados (considerando 41). Sobre a falta de transparência e as assimetrias daí resultantes v. *Dankert*, Normative Technologie (2015), p. 62.

[33] O fato de algoritmos não serem divulgados não é um mandamento obrigatório, mas bem compreensível nos âmbitos em que seu conhecimento possibilita sua utilização

A natureza especial da programação foi ilustrada acima usando o exemplo da atividade empreendedora. Por uma questão de completude, deve-se mencionar novamente que os algoritmos também são desenvolvidos e utilizados em muitas outras áreas, como, por exemplo, pelo Estado no governo eletrônico ou nas ações de monitoramento de equipamentos. Aqui, também, ainda existem apenas regras legais limitadas que regem o processo de programação.

C. DIFERENÇAS NA APLICAÇÃO DE NORMAS LEGAIS E REGRAS BASEADAS EXCLUSIVAMENTE EM ALGORITMOS

O efeito das regras depende da observância delas.[34] No caso de normas legais, isso regularmente pressupõe uma decisão correspondente do destinatário da norma, se necessário sua execução por meio de sanções. No entanto, em um caso específico, o destinatário não precisa se orientar pelo objetivo de cumprir uma norma de direito; ele também pode agir na consciência de uma exigência exclusivamente social ou moralmente vinculante. Se ele os ignorar, poderá ser sancionado socialmente. Se ao mesmo tempo ele violar uma regra legal, haverá possíveis sanções legais (como medidas administrativas ou consequências criminais).

A decisão sobre o cumprimento de uma norma contida em normas legais requer um ato de aplicação da lei, ou seja, a referência da norma abstratamente geral a um problema concreto. Foi apontado acima (A.II) que este é um processo de construção social, independentemente do seu caráter jurídico. Na medida em que estão envolvidas instâncias especiais de aplicação da lei – como autoridades administrativas ou tribunais – as pessoas afetadas pela norma normalmente estão envolvidas nos processos correspondentes (por exemplo, por meio de direitos

---

por "oportunistas" ou pontos fracos da programação são aproveitados intencionalmente, por exemplo por meio de falsificação dos resultados de busca. Mas o que não deve excluir divulgar, em todo caso, as máximas empregadas na programação de algoritmos e os critérios subjacentes e estes serem passíveis de verificação (um ponto de reflexão muito débil encontra-se no art. 13, § 2, letra "f" do Regulamento de Base da União Europeia relativo à proteção de dados) ou certificar algoritmos de controle do comportamento no interesse da garantia de qualidade do Estado de Direito.

[34] Fatores determinantes da observância ou violação de normas são objeto da pesquisa envolvendo a eficácia ou efetividade. A respeito, cf. preferencialmente: Hill/Hof (ed.), Wirkungsforschung (2000); Cottier/Estermann/Wrase (ed.), Wie wirkt Recht (2010).

de iniciativa, audiência judicial etc.). Neste sentido, eles também estão cientes da aplicação da lei e podem influenciar o resultado, se necessário. Entretanto, se a lei for aplicada na área não acessível de uma empresa – o que muitas vezes acontece com o controle tecnológico baseado em algoritmos – essa possibilidade não se aplica.

A aplicação de regras na forma de algoritmos é – como explicado – em última análise um processo técnico. Na medida em que a capacidade de uma pessoa já está limitada pela tecnologia, não é sequer necessário que os interessados estejam cientes das regras embutidas nos algoritmos para controlar o processo.[35] Também não há a possibilidade de escolher entre opções comportamentais. Nem têm a chance de decidir se querem ou não se comportar em conformidade com as regras: porque o controle não é feito por meio das especificações típicas nas categorias de permitido/não permitido ou do dever ser, mas diretamente pela limitação da capacidade (factual).[36] Tais regras são *self-executing*.[37] Isso terá que ser discutido novamente (capítulo 10, B.II).

---

[35] *Leenes*, Techno-Regulation (2012), p. 156.
[36] Vide: *Koops*, Normative Technology (2008), p. 159: A tecnologia normativa "influences how people *can* behave, while law influences how people *should* behave". Vide também *Dankert*, Normative Technologie (2015), pp. 52 ss. com nota 17.
[37] Cf., preferencialmente, *Schulz/Dankert*, Informationsintermediäre (2016), seção II.3.B.

§ 4º
POSSIBILIDADES PARA A PROTEÇÃO DE RELEVANTES BENS JURÍDICOS INDIVIDUAIS E COLETIVOS

No que diz respeito tanto ao aproveitamento de oportunidades como à prevenção ou minimização de riscos, é necessário perguntar se os instrumentos legais existentes são suficientes para lidar com as tecnologias digitais ou se é necessário mudar o sistema jurídico para novas soluções visando à proteção dos interesses em questão. As possibilidades e necessidades regulamentares devem ser analisadas para cada área específica, tendo em vista as oportunidades e riscos nas respectivas áreas e as condições de enquadramento aí aplicáveis. O arcabouço legal para as reações aos desenvolvimentos é proporcionado pelos princípios constitucionais do Estado de direito e do Estado de bem-estar e, principalmente, pela proteção das liberdades civis. Para poder fazer uso das garantias de liberdade, não basta apenas sua ancoragem normativa; também deve haver oportunidades para exercê-las de fato. A proteção da liberdade, portanto, inclui também a garantia dos requisitos extralegais para o uso da liberdade.

É necessário salvaguardar não só o direito de exercer a liberdade, mas também a proteção contra as consequências do uso da liberdade por outros. Isso inclui também a garantia de proteção contra as consequências danosas do uso das liberdades individuais, ou seja, os direitos de terceiros, mas também a lesão de interesses legais coletivamente significativos. Estes últimos incluem o funcionamento da democracia, uma ordem de comunicação pluralista, proteção contra manipulações, prevenção de assimetrias de poder, mas também a prevenção de tipos indesejáveis de fragmentação social e efeitos de intimidação, que podem surgir da vigilância, por exemplo. Nesse sentido, o Estado tem o dever de garantir a possibilidade de realizar a liberdade.[1]

A. PROTEÇÃO POR MEIO DE DIREITOS E LIBERDADES FUNDAMENTAIS

Para a proteção de bens jurídicos, incluindo a proteção da autonomia, são de particular importância os direitos humanos e fundamentais. As seguintes observações aplicam precauções para garantir a liberdade, especialmente em relação a mudanças que foram iniciadas pela digitalização ou que, de qualquer forma, são também importantes para ela.

I. Direitos fundamentais relevantes

Os direitos de liberdade são particularmente padronizados nas constituições nacionais – na Alemanha na Lei Fundamental (Grundgesetz [GG]), mas também na Carta dos Direitos Fundamentais da UE e na Convenção Europeia de Direitos Humanos, assim como em acordos internacionais como os pactos de direitos humanos da ONU. No campo dos tópicos aqui tratados, eles não se limitam a certas formas de origem dos dados e métodos de processamento dos mesmos. Por esta razão, as garantias que existem há algum tempo – no que diz respeito à comunicação no sentido mais amplo – referem-se a todas as formas de comunicação, incluindo a comunicação digital. As informações também são protegidas se não se destinarem a ser comunicadas a terceiros, mas sim a permanecer no computador do próprio usuário. Direitos humanos e liberdades civis também são especificamente aplicáveis à geração, análise e uso de dados, especialmente na forma de *Big Data*. Os direitos de liberdade são também o parâmetro para a avaliação jurídica das consequências fora do próprio processo de comunicação, tais como as consequências de lidar com a seleção e controle algorítmico do comportamento ou as consequências da utilização dos modelos de negócio utilizados no setor de TI.

A proteção da dignidade humana, o princípio da igualdade, a liberdade de comunicação, a proteção da personalidade, a liberdade profis-

---

[1] Para a tarefa de garantia e as peculiaridades do estado de garantia, consultar, entre outros, *Schuppert*, Gewährleistungsstaat (2005); *Schulze-Fielitz*, Grundmodi (2012), nota de margem 154 ss.

sional, a liberdade de religião ou a garantia de propriedade aplicam-se de forma transversal e não se limitam ao uso de tecnologias convencionais. Assim, como já foi mencionado, não há motivo para acrescentar a fórmula de que todas as normas de proteção da liberdade e dos direitos humanos devem abranger também as comunicações digitais, o uso de infraestruturas digitais e *Big Data, Big Data Analytics* ou, especificamente, o uso de instrumentos de controle de comportamento digital.

Também não há necessidade de uma ordem jurídica específica para assegurar que as autorizações de restrição da liberdade contidas na respectiva constituição nacional e nas garantias europeias de direitos fundamentais possam e, quando apropriado, devam também ser utilizadas no domínio das comunicações digitais, a fim de proteger os afetados ou, de forma mais geral, para evitar riscos associados à transformação digital. No entanto, também se deve perguntar se e em que medida as áreas de proteção das liberdades civis, assim como as restrições à liberdade e seu uso, por exemplo, em leis, fazem justiça às novas possibilidades de digitalização ou exigem modificações.

A princípio, é útil que as disposições sobre direitos fundamentais, mesmo que tenham uma longa tradição, sejam interpretadas dinamicamente ao longo do tempo, com o objetivo de garantir que suas premissas permaneçam relevantes diante de realidades em transformação.[2] Para tanto, será analisado em que medida as premissas empíricas e prescritivas em que se baseiam as liberdades civis continuam a ser decisivas diante das mudanças – aqui no ambiente técnico, social ou econômico – e em que medida as mudanças nas premissas podem ou mesmo devem levar a ajustes na proteção dos direitos fundamentais.[3] Entretanto, não é de forma alguma certo que tais possibilidades do sistema jurídico de reagir com flexibilidade aos novos desenvolvimentos sejam plenamente capazes de lidar com as convulsões fundamentais atualmente trazidas pela transformação digital da sociedade. Se este não for o caso, há necessidade de mudança no sistema jurídico escrito.

---

[2] Cf., *Eisenberger*, Innovation (2016). Veja mais abaixo *Hoffmann-Riem*, Innovation (2016) pp. 80 ss.
[3] Para o significado das premissas empíricas e normativas e como lidar com as suas mudanças, ver, por exemplo *Hoffmann-Riem*, Innovation (2016), pp. 108-130 e *passim*.

II. Em especial: Efeito horizontal da proteção da liberdade e a tarefa de desenvolver as possibilidades de exercício da liberdade

Nos tempos modernos, os direitos fundamentais têm sido concebidos principalmente como direitos de defesa dos seus titulares contra a intervenção do Estado. Este significado ainda é importante para a comunicação digitalizada e suas consequências. Entretanto, há também a questão de se os direitos fundamentais também são significativos e efetivos na relação entre privados.

A transformação digital com suas amplas possibilidades – incluindo, por exemplo, exploração, monitoramento e controle do comportamento humano – está sendo realizada atualmente, em aspectos significativos, por empresas privadas, que podem exercer considerável influência sobre as liberdades de outros indivíduos privados e as condições reais de uso da liberdade, e que o fazem tendo em vista seus próprios interesses.[4] Alguns atores (como os principais intermediários de informação) têm (também) poder de interferir nos direitos fundamentais de outros, o que pode ser funcionalmente comparável ao poder das instituições estatais.

A extensão da proteção dos direitos fundamentais às relações dos particulares entre si[5] e, portanto, também em favor de terceiros cuja liberdade possa ser restringida pelo uso privado do poder é particularmente importante para a realização da liberdade, se a responsabilidade pela salvaguarda do bem comum tiver sido em grande parte deixada ao mercado econômico e, portanto, quando apropriado, a empresas relativamente poderosas. É o caso, por exemplo, no campo das infraestruturas de telecomunicações e de muitos serviços processados por intermédio delas. Mas, mesmo fora dessas condições concretas de enquadramento, é de particular importância neste caso que a transformação digital afete

---

[4] Sobre a prática, ver por todos *Christl*, Überwachung (2014).

[5] Em relação ao alcance da obrigação de direitos fundamentais, comparar a redação das decisões do Tribunal Constitucional Federal – ainda que em outros contextos: "Os particulares (podem), evidentemente, através dos efeitos indiretos de terceiros nos direitos fundamentais, estar também sujeitos a uma obrigação semelhante ou igual ao Estado, independentemente dos seus próprios direitos fundamentais, especialmente se de fato se converterem numa posição comparável de obrigação ou garantidor como o Estado tem tradicionalmente observado", BVerfGE 128, 226, 248. Da mesma forma, o Tribunal Constitucional Federal no *Harari*, Homo Deus (2017).

toda a sociedade, ou seja, também aquelas áreas que permaneceram relativamente inalteradas sob aspectos regulatórios, de modo que pode ser necessário adaptar a área de liberdade à nova situação.

Do ponto de vista jurídico, a seguinte questão, que há muito tem sido de fundamental importância, tem sido tratada com efeito duradouro na jurisprudência alemã e tem sido examinada em maior profundidade pela jurisprudência: Em que medida os direitos de liberdade em questão contêm, além do seu conteúdo subjetivo-jurídico para a proteção dos indivíduos, também mandados objetivos-jurídicos aos detentores do Poder Público para garantir a proteção específica da Liberdade, não apenas na direção da defesa contra a intervenção do Estado, mas também no efeito horizontal das relações entre indivíduos privados ou no que diz respeito ao desenvolvimento e, quando apropriado, à formação da ordem social da realização da liberdade, mesmo em condições alteradas?[6]

No direito constitucional alemão, foi reconhecido durante muitas décadas que, além da sua função de direitos de defesa contra o Estado, as normas de direitos fundamentais contêm instruções objetivas e juridicamente fundamentadas ao Estado para especificar a possibilidade de uso da liberdade e proteger a liberdade, também em relação às ameaças de particulares (o chamado efeito perante terceiros ou horizontal dos direitos fundamentais).[7] Estes mandados são dirigidos a todos os detentores do Poder Público no âmbito dos seus respectivos campos de responsabilidade e também ao legislador, que pode e, se necessário, deve criar disposições no sistema jurídico para a proteção efetiva dos direitos fundamentais, inclusive no efeito horizontal. Para este efeito horizontal dos direitos fundamentais (ou seja, seu efeito diretamente entre os particulares), os seguintes fatores desempenham um papel decisivo: o desequilíbrio entre as partes contrárias, o significado social de certos serviços ou o poder social de um dos lados.[8] No final de 2019, o

---

[6] Cf., *Hoffmann-Riem*, Innovation (2016) pp. 538-542, 679-683, com sugestões adicionais de literatura.
[7] A decisão do Tribunal Constitucional Federal é fundamental, BVerfGE 7, 198, 203 ss. Sobrepondo o tema ao chamado efeito entre terceiros ou eficácia horizontal, entre muitos, cf., *Merten/Papier*, Drittwirkung (2006); *Stinner*, Staatliche Schutzpflichten (2018).
[8] Cf., BVerfGE 148, 267, 280, nota de rodapé 32 com outras referências; também pode ser encontrado em: Neue Juristische Wochenschrift (2020), p. 300, nota de rodapé 77.

tribunal se referiu a isso no setor de TI com as seguintes palavras: "Os efeitos das possibilidades técnicas do processamento de dados estão se tornando cada vez mais importantes para o relacionamento entre os particulares. Em todas as áreas da vida, os serviços básicos para o público em geral estão sendo cada vez mais prestados por empresas privadas, muitas vezes poderosas, com base em extensas coletas de dados pessoais e medidas de processamento de dados. Essas empresas desempenham um papel decisivo na formação da opinião pública, na geração e restrição de oportunidades, na participação na vida social ou mesmo em tarefas elementares da vida diária. Os indivíduos dificilmente terão outra escolha senão a de revelar em grande medida seus dados pessoais para as empresas, caso não queiram ser excluídos desses serviços básicos. Diante da capacidade de manipulação, reprodução e das possibilidades de divulgação praticamente ilimitadas dos dados, tanto em termos de tempo como de espaço, bem como sua imprevisível capacidade de recombinação em procedimentos de processamento não transparentes por meio de algoritmos incompreensíveis, os indivíduos podem ser expostos a dependências de longo alcance ou condições contratuais impositivas. Estes desenvolvimentos podem, portanto, representar uma profunda ameaça ao desenvolvimento da personalidade. O direito à autodeterminação informativa deve neutralizá-los".[9]

Na atual jurisprudência do Tribunal Constitucional alemão, constata-se que o mesmo está considerando igualmente estender a dimensão de direito objetivo dos direitos fundamentais na relação dos particulares na direção da possibilidade de efeitos diretos, pelo menos no que diz respeito aos poderosos atores no campo da comunicação digital. Tais considerações foram encaminhadas aos operadores de redes sociais na Internet pela Segunda Câmara do Primeiro Senado, em 2019.[10] Entretanto, o tribunal formulou a questão apenas quanto a se e, em caso afirmativo, quais requisitos legais surgem em relação a uma obrigação direta de exercer direitos fundamentais "para operadores de redes sociais na Internet" (especificamente Facebook) "dependendo, por exemplo, do grau de sua posição dominante no mercado, da orientação da

---

[9] BVerfG, em: Neue Juristische Wochenschrift (2020), p. 300, nota de rodapé 85.
[10] BVerfG, em: Neue Juristische Wochenschrift (2019), p. 1935, nota de rodapé 15; com referência a BVerfGE 148, 267, 283 s.

plataforma, do grau de afinidade com essa plataforma e dos interesses afetados dos operadores da plataforma e outros terceiros". No entanto, isso ainda não foi conclusivamente esclarecido na jurisprudência do Tribunal Constitucional Alemão. Deve-se acrescentar que o conteúdo objetivo-jurídico dos direitos fundamentais e humanos e as abordagens a seu efeito horizontal não se encontram apenas nas normas alemãs de direitos fundamentais, mas cada vez mais – embora geralmente de forma mais fraca – também nos sistemas jurídicos estrangeiros,[11] no âmbito da Carta dos Direitos Fundamentais da União Europeia e em parte no Tratado sobre o Funcionamento da União Europeia (TFEU) e na Convenção Europeia de Direitos Humanos. No entanto, eles também são reconhecidos em acordos internacionais individuais.[12]

Exemplos atuais (embora tematicamente limitados) de uma lei voltada para garantir a liberdade são a RGPD, que está em vigor na UE desde maio de 2018, e – especialmente na Alemanha – a Lei Federal de Proteção de Dados (BDSG)[13] (nova), que foi revista em 2017 e é aplicável a partir da mesma data que o RGPD.[14]

As características especiais de *Big Data* e IA e as aplicações que elas moldam só são levadas em conta de forma limitada nas normas emitidas até o momento.[15] Continua sendo uma tarefa a ser dominada para adaptar as liberdades civis (não apenas aquelas relativas à proteção de dados) aos novos potenciais – ou seja, também às possibilidades inovadoras – de digitalização e, em particular, à utilização de *Big Data*, ao mesmo tempo em que se leva em conta as ameaças aos interesses legais

---

[11] Em referência ao exemplo específico da Áustria, ver *Heißl*, Grundrechtskollisionen (2017), pp. 34-38 ss.

[12] Cf., *Marauhn*, Sicherung (2015); *Fischer-Lescano*, Kampf (2014); *Schliesky/Hoffmann/Luch/Borchers*, Schutzpflichten (2014); *Marsch*, Datenschutzgrundrecht (2018).

[13] Cf., versão em inglês em: https://www.gesetze-im-internet.de/englisch_bdsg/index.html (*link* permanente) (Nota dos tradutores).

[14] Para essas novas bases jurídicas, ver as fundamentações de prova na nota 10. O RGPD e a BDSG devem ser tratados no contexto. É provável que isso conduza a dificuldades práticas consideráveis na futura proteção de dados, nomeadamente devido à complexidade das construções e a muitos requisitos pormenorizados e em aberto, bem como a muitas cláusulas de abertura. Para este último, ver, por exemplo, *Roßnagel*, Gesetzgebung (2017), 27.

[15] Cf., *Hornung/Herfurth*, Datenschutz (2017); e *Hornung*, Erosion (2018).

que são possíveis ao mesmo tempo. Isso pode ser conseguido em parte pela interpretação de padrões já emitidos (como o RGPD) ou – quando isso não for suficiente – por meio da alteração de padrões antigos ou da criação de novos padrões.

Tendo em vista a importância da digitalização em quase todas as áreas da sociedade, surgem muitas outras questões diferentes quando se utilizam algoritmos em diferentes campos. Tais questões incluem perguntas sobre a necessidade de novas regulamentações legais. Eles são apenas mencionados aqui, mas não discutidos em detalhes. Dizem respeito, por exemplo, ao princípio da neutralidade da rede[16], ao direito à anonimização da comunicação pessoal[17] e à proteção contra a desanonimização, à redefinição da relação entre as esferas privada e pública, mas também a diversas aplicações nas diversas áreas sociais. A garantia de autonomia individual e coletiva é particularmente importante na transformação digital.[18]

III. Em especial: Inovações em Direitos Fundamentais

Existem possibilidades de proteção dos interesses jurídicos individuais e coletivos na interpretação e aplicação de normas constitucionais, incluindo, em particular, normas sobre direitos fundamentais. Assim, é possível reagir de forma inovadora às mudanças na sociedade e às ameaças à liberdade associadas. Isso pode ser observado de forma particularmente intensa na jurisprudência do Tribunal Constitucional Federal (Bundesverfassungsgericht – BVerfG). Por exemplo, este tribunal ampliou o âmbito de proteção dos direitos fundamentais ao reconhecer o conteúdo jurídico objetivo desses direitos.[19] Por essa razão, a maioria dos direitos fundamentais na Alemanha também se aplica no efeito horizontal entre atores não estatais, mas basicamente apenas na medida em que isso é transmitido e especificado com mais detalhes por leis ou pela interpretação das leis existentes.

---

[16] Cf., *Werkmeister/Hermstrüwer*, Netzneutralität (2015) (com dicas interessantes). A Comissão Federal dos EUA abandonou esse princípio em dezembro de 2017, cf., *Dietz*, Netzneutralität (2017).

[17] Sobre o problema de criptografia, ver por todos: *Petrlic/Manny*, Websites (2017).

[18] Para o significado de autonomia em geral, consulte Bumke/Röthel (ed.), Autonomie (2016). Cf., por exemplo, *Eifert*, Autonomie (2016).

[19] Veja nota de rodapé 102.

O Tribunal Constitucional Federal também tem sido inovador na interpretação e aplicação dos direitos básicos individuais.[20] Assim, tem interpretado a garantia da liberdade geral de ação (artigo 2.1 da Lei Fundamental) não só em termos da garantia do livre desenvolvimento da personalidade, mas também como um direito fundamental independente que preenche as lacunas ainda existentes: Deve ser sempre consultado quando uma determinada área da vida não é coberta por um dos direitos fundamentais especialmente garantidos.[21] No presente contexto é particularmente importante reconhecer o "direito geral da personalidade" com base numa sinopse da proteção do livre desenvolvimento da personalidade (artigo 2.1 da Lei Fundamental) com a proteção da dignidade humana (artigo 1.1 da Lei Fundamental).[22] Esta construção foi posteriormente utilizada também como base do "direito fundamental à autodeterminação informacional".[23] Em particular, esse direito fundamental inclui o direito do indivíduo a decidir sobre a divulgação e utilização dos seus dados pessoais.[24] Essa garantia de direitos fundamentais tornou-se a base para a estruturação mais detalhada do moderno Direito de proteção de dados na Alemanha, especialmente em resposta aos novos desenvolvimentos tecnológicos.[25]

Ao mesmo tempo, também teve impacto na evolução de outros sistemas jurídicos, incluindo a legislação da UE e as disposições da Carta dos Direitos Fundamentais da UE (especialmente o artigo 8º).

No entanto, como se verificou que ainda existiam lacunas na proteção desse direito fundamental, o Tribunal Constitucional Federal formulou uma nova definição de direitos fundamentais em 2008, por ocasião da revisão de uma lei para permitir buscas estatais *on-line* ou vigilância de telecomunicações de origem – combinada com a possibilidade de colocar vírus (os chamados *malwares*) em computadores com

---

[20] Para inovações em direitos fundamentais, consulte *Hornung*, Grundrechtsinnovationen (2015); *Hoffmann-Riem*, Innovation (2016) §§ 34, 35.
[21] Cf., BVerfGE 6, 32, 37.
[22] Ver por exemplo BVerfGE 34, 238, 245 ss.
[23] Cf., BVerfGE 65, 1.
[24] Cf., BVerfGE 65, 1, 41 ss.
[25] Sobre a interação entre as mudanças tecnológicas e as reações aos direitos fundamentais, ver *Hoffmann-Riem*, Innovation (2016), § 35.

a finalidade de espionagem e, se necessário, manipulação dos mesmos. Isso foi designado de "direito fundamental para garantir a confidencialidade e a integridade dos sistemas de tecnologia da informação".[26] Frequentemente, isso é abreviado para direitos fundamentais de TI (às vezes também, mas, na minha opinião, de forma muito restrita, para direitos fundamentais de informática).

O tribunal havia assumido que as premissas empíricas da tradicional proteção dos direitos fundamentais haviam sido alteradas pelas novas tecnologias e que o direito fundamental à autodeterminação informacional, orientado principalmente para a proteção contra a invasão de direitos pessoais individuais concretos, posteriormente não era mais suficiente. Na visão do Tribunal Constitucional Alemão, a proteção da liberdade também deve se aplicar ao nível do sistema quando se utilizam novos e cada vez mais complexos sistemas de tecnologia da informação que ampliam as possibilidades de análise, e deve ser estendida, em particular, para garantir a integridade e a confidencialidade dos próprios sistemas de tecnologia da informação, independentemente de intervenções individuais concretas na comunicação. Desta forma, a funcionalidade técnica e social dos sistemas de tecnologia da informação como requisito para sua utilização autônoma para diferentes fins deve ser assegurada. Em 2016, o tribunal declarou ainda, em decisão sobre a constitucionalidade da lei da Polícia Federal Criminal,[27] que os sistemas de informática protegidos incluem não só os computadores utilizados pelos próprios interessados, mas também os sistemas de informática que funcionam em rede com computadores externos, por exemplo, quando se utilizam as chamadas *Clouds*.[28] Neste contexto, enfatizou expressamente que os dados armazenados em servidores externos com legítima expectativa de confidencialidade são cobertos pela proteção.

Essas garantias de direitos fundamentais mencionadas acima não são consideradas como "novos" direitos fundamentais, que são, em certa medida, livremente inventados pelo tribunal, mas como concre-

---

[26] BVerfGE 120, 274, 313; 141, 220, 264 f.; 220 ss., 268 ss., 303 ss. A partir da rica literatura sobre este direito fundamental, cf., *Hauser*, IT-Grundrecht (2015); *Wehage*, Grundrecht (2013).
[27] BVerfGE 141, 220, 303 ss.
[28] BVerfGE 141, 220, 304.

tizações e, ao mesmo tempo, novos desenvolvimentos de uma garantia de liberdade, que, em princípio, já está contida nos artigos 1º e 2º da Lei Fundamental, que preservam o significado da proteção tradicional dos direitos fundamentais também em vista das novas possibilidades tecnológicas. Assim como essas normas de direitos fundamentais, o direito fundamental delas decorrente de garantir a confidencialidade e integridade dos sistemas de tecnologia da informação também contém dimensões de proteção subjetivo-legal e objetivo-legal.[29]

Embora o conteúdo da garantia do direito fundamental de informática tenha sido especificado pelo Tribunal Constitucional Alemão no decorrer de uma decisão sobre reclamações constitucionais dirigidas à proteção de dados pessoais, a garantia dos direitos fundamentais também tem um efeito reflexivo sobre a proteção de dados não pessoais: Se o sistema de tecnologia da informação é protegido por uma parede de proteção legal contra intervenções como a instalação de *malware* ou outros tipos de manipulação do *software*, isso também tem um efeito limitador reflexo na possibilidade de acesso aos dados não pessoais disponíveis no sistema.

O Tribunal de Justiça Europeu (TJE)[30] também utilizou uma construção inovadora – a extensão da proteção da liberdade – em sua decisão Google, que foi emitida em resposta a uma decisão da autoridade espanhola de proteção de dados (Agencia española de Protección de Datos), para justificar uma nova definição de direitos fundamentais, que foi tratada ali como expressão do artigo 8º da Carta dos Direitos Fundamentais da União Europeia (desde então muitas vezes referido como o "direito fundamental a ser esquecido").[31] O art. 8º é o direito à proteção de dados pessoais.

Em outros contextos, também pode surgir a questão de se a proteção da liberdade diante das mudanças técnicas, sociais ou econômicas pode ser assegurada apenas pelos instrumentos jurídicos tradicionais ou se

---

[29] Cf., *Hoffmann-Riem*, Innovation (2016), pp. 575-576.
[30] Cf., Court of Justice of the European Union (CJEU), https://curia.europa.eu/jcms/jcms/j_6/en/ (*link* permanente) (nota dos tradutores).
[31] Veja também as decisões do Tribunal Constitucional Federal alemão de 6 de novembro de 2019: NJW 2010, 300 e ss; NJW 2020, 314 ss. Cf., também, as decisões do Tribunal Federal de Justiça alemão (BGH), de 27.07.2020, VI ZR 405/18 e ZR 476, 18.

são necessárias novas salvaguardas. Em particular, o que é necessário é a proteção de áreas coletivas de liberdade e a proteção dos titulares de direitos fundamentais, em especial a proteção da autonomia, que vão além da tradicional proteção dos direitos fundamentais e inclui o tratamento de assimetrias de poder. Na medida em que tal proteção não pode ser derivada apenas dos direitos fundamentais, as disposições sobre objetivos estatais são acrescentadas como orientações normativas, em particular os princípios da democracia, do Estado de direito e do Estado de bem-estar (Artigo 20 da Constituição). Por sua vez, estes contêm mandados para assegurar o funcionamento da ordem constitucional no interesse da proteção dos interesses legais coletivos e individuais.

Continuará a haver a necessidade de decisões inovadoras como as mencionadas pelo Tribunal Constitucional Alemão no futuro. Sempre haverá ocasiões para questionar se e em que medida as mudanças técnicas e sociais podem levar a novas oportunidades de uso que são fundamentalmente dignas de apoio, mas também a novos riscos que não podem mais ser adequadamente tratados pelos instrumentos legais convencionais de proteção à liberdade, mesmo que sejam interpretados de forma dinâmica.

Os candidatos a tais considerações são atualmente, por exemplo, procedimentos automatizados[32] para intervenções em interesses legais ou, mais genericamente, para decisões juridicamente vinculativas (como um exemplo ainda insatisfatório de perfilagem, ver Art. 22 do RGPD). Regulamentos sobre procedimentos administrativos automatizados também foram incorporados além do campo da proteção de dados no direito processual administrativo alemão, no direito tributário e no direito social[33] (ver, abaixo, capítulo 10, B.I.2), mas eles não parecem ser a última palavra por nenhum meio.

---

[32] Cf., *Martini/Nink*, Persönlichkeitsschutz (2017). Ver também: *Ernst*, Algorithmische Entscheidungsfindung (2017); *Braun Binder*, Algorithmic Regulation (2018); *Hoffmann-Riem*, Digitale Transformation (2019).

[33] Em particular deve ser feita menção aos §§ 3a, 24 Secção. 1, 35a, 37 Secção. 2-4 e § 41 Secção 2 Def. 2 IIa Verwaltungsverfahrensgesetz. Além disso em especial § 155 Secção 6 do Abgabenordnung e § 31a do Sozialgesetzbuches X para referir. Decisões automatizadas também são abordadas no RGPD (Art. 22). [Atente-se que o livro X do Sozialgesetzbuch (SGB X) trata da Administração Social e Proteção de Dados Sociais, notadamente com a redação de 15 de agosto de 2019 (Nota dos tradutores)].

Em particular, existem muitos campos com problemas não resolvidos, como o uso de robótica ou o uso controlado à distância de telediagnóstico e terapia em medicina. Também devem ser mencionadas as muitas possibilidades de fundir o mundo físico e virtual (*on-life*) e para (muitas vezes para as pessoas afetadas) o controle inconsciente do comportamento.[34] Aqui, espera-se uma regulamentação legal adequada, que também pode exigir novas bases no nível dos direitos fundamentais. Não se pode descartar que os tribunais também tenham que participar de soluções inovadoras.

B. DIFICULDADES ESTRUTURAIS NA CONCEPÇÃO DE UMA PROTEÇÃO JURÍDICA EFICAZ

O direito é, naturalmente, apenas um dos vários meios possíveis de influenciar o desenvolvimento. Mas, mesmo em tempos de digitalização, a eficácia da lei não pode ser renunciada. Novos desafios surgem devido às características especiais da tecnologia em relação ao âmbito de seu uso e aos modelos de negócio utilizados. A seção seguinte abordará, a título de exemplo, as razões particularmente importantes para dificuldades na regulamentação bem sucedida e, portanto, as razões para desafios especiais.

I. Convergência e demarcação

As tecnologias digitais e as infraestruturas disponíveis para a sua utilização, bem como os serviços que prestam, são por vezes utilizadas de forma espacialmente limitada (por exemplo, regional ou nacional), mas muitas vezes também de forma transnacional e em rede global.[35] Isso também se aplica a muitos dos serviços prestados com tecnologia digitalizada.

Além dessas (e outras) delimitações, é preciso levar em conta uma variedade de convergências,[36] o que também dificulta encontrar o ponto de partida certo para a intervenção regulatória. No setor de TI, por

---

[34] Para o mundo *on-life* confira o capítulo 2, H.
[35] Para as manifestações de desterritorialização e possível reterritorialização e os problemas que lhe são associados (nomeadamente em matéria de direito público), ver Cornils, Entterritorialisierung (2017); no que respeita às conclusões das delimitações, ver também – neste contexto, entre outros – *Vesting*, Digitale Entgrenzung (2017).
[36] Sobre esses, por todos (utilizando o exemplo da Internet), ver *Pille*, Meinungsmacht (2016), pp. 55-58.

exemplo, as fronteiras entre *hardware, software* e *orgware*[37], entre fornecedores e consumidores, e entre serviços e seu transporte utilizando infraestruturas de TI estão se tornando tênues. A comunicação privada e pública estão cada vez mais entrelaçadas. As ideias tradicionais sobre privacidade e publicidade estão se desgastando, e a necessidade de proteção específica de privacidade está até sendo questionada em alguns casos – como por apoiadores do chamado movimento pós-privacidade.[38]

Acima de tudo, fenômenos de dissolução de fronteiras podem levar a consideráveis flancos abertos na proteção jurídica, na medida em que – como é habitual – a lei está ligada ao estabelecimento de fronteiras, por exemplo, regionalmente (seja no âmbito nacional ou comunitário), e na medida em que também é limitada no seu escopo. Em princípio, a legislação transnacional ou globalmente aplicável, como o direito internacional, também está disponível. Seu âmbito geográfico de aplicação pode ser amplo. O direito internacional, entretanto, está objetivamente relacionado apenas a setores individuais – por exemplo, o direito comercial mundial e questões individuais de direito autoral[39] – e muitas vezes é limitado em sua força vinculativa e sancionabilidade.

O direito internacional ainda não cobre todos os desafios relevantes e atualmente é, em certa medida, inoperante, particularmente na área de regulamentação aqui tratada. Os pontos de referência territoriais, inclusive nacionais, para a regulamentação jurídica são, muitas vezes, mas nem sempre, dados em relação às atividades transnacionais ou globais das empresas de TI. É positivo – mas de forma alguma suficiente – que o art. 3º do RGPD amplie o âmbito territorial de aplicação da lei europeia de proteção de dados e, ao fazê-lo, o vincule na medida em que os dados

---

[37] *Orgware* delineia categorias fundamentais para projetos de TI que não concernem ao campo do *hardware* ou do *software*, mas são indispensáveis para alcançar os objetivos do projeto. Este "espaço de organização" inclui, entre outros, guias do usuário, críticas de concepções e projetos de TI, bem como requisitos de segurança. Em algumas situações muito específicas, os métodos na gestão de projetos na área de TI podem ser denominados de *orgware* (Nota dos tradutores).

[38] Para isso, ver, por todos, *Heller*, Post-privacy (2011). Crítica a tal posição: *Schaar*, Privatsphäre (2007). Diferenciando: *Klar*, Privatsphäre (2013); *Boehme-Neßler*, Zwei Welten (2015), pp. 24-27; sobre o problema, ver também as contribuições em Hill/Schliesky (ed.), Privatheit (2014).

[39] Veja por todos *Drexl*, Regulierung (2016).

pessoais sejam tratados "no contexto das atividades de um ramo de um responsável pelo tratamento ou de um processador estabelecido na União, independentemente de o tratamento ocorrer na União".[40] Este princípio (o chamado princípio do mercado) não deve se limitar à lei de proteção de dados, mas deve ser estendido a outras ameaças aos interesses legais ligados à digitalização, incluindo a violação de interesses legais coletivos.[41]

Entretanto, a regulamentação pública na área de digitalização muitas vezes encontra resistência considerável por parte das empresas de TI, que tentam impedir ou desarmar a regulamentação na medida do possível. Eles também têm oportunidades de fugir às regras que foram criadas, por exemplo, selecionando a sede de uma empresa ou dividindo-a, deslocando o foco de suas atividades para outras partes de um grupo, tornando seus procedimentos comerciais não transparentes ou projetando uma tecnologia difícil de ser reconhecida por terceiros. Estes últimos também são regularmente difíceis de entender e em grande parte não estão sujeitos a controle público.

II. Complexidade[42]

A transformação digital aumentou a complexidade do campo regulatório. A seguir, algumas reflexões sobre o tema.

Além dos algoritmos relativamente simples, os sistemas algorítmicos com capacidade de aprendizado, e seu respectivo uso para vários fins, estão se tornando cada vez mais difundidos. Associado a isto está o aumento da complexidade de lidar com algoritmos e com as tarefas a serem realizadas, e as informações necessárias a tanto, principalmente,

---

[40] Para obter mais informações, M. *Klar*, em: Kühling/Buchner (ed.), Datenschutz--Grundverordnung: Kommentar, 2. ed. (2018), comentário sobre o artigo 3; *Hornung*, em: Simitis/Hornung/Spiecker genannt Döhmann (ed.), Datenschutzrecht (2019), comentário sobre o artigo 3. A extensão do RGPD ao âmbito territorial da lei europeia de proteção de dados (art. 3 do RGPD) levou a melhorias. O TJE já havia feito uma extensão correspondente na decisão do Google (nota de rodapé 382).

[41] Os efeitos no campo da sociedade e, portanto, também a influência sobre as estruturas sociais, não podem ser descritos aqui, para mais detalhes, cf., *Christl*, Überwachung (2014). Veja também na ciência política *Schneider*, Big Data-based capitalism (2018). Nesse volume deve também ser feita referência às outras contribuições.

[42] Neste sentido, v., por exemplo, Ebers, in: Ebers/Heinze/Krügel/Steinrtter (ed.), Regulierung (2020), § 3, número de margem 10 e ss.

as operações de processamento. O surgimento de novas tecnologias de informação e possíveis usos, incluindo sistemas que neste ínterim têm sido utilizados como objetos do cotidiano (*smartphones*, *tablets*, sistemas de busca, bancos de dados, robôs, *blockchain* etc.), aumenta a complexidade de lidar com as possibilidades da transformação digital. Isso também está aumentando devido à crescente rede de diferentes sistemas e seus componentes de *hardware* e *software*, não apenas, mas com o aumento de problemas com a rede global e, portanto, processamento de dados em regiões remotas e em diferentes nuvens (mais detalhes em D). Além disso, a velocidade do cálculo aumenta. Deve ser mencionado apenas o desempenho dos computadores quânticos em desenvolvimento, nomeadamente aqueles processadores cuja função se baseia nas leis da mecânica quântica.[43] A complexidade também aumenta com o número e a diversidade dos atores envolvidos. Isso torna mais difícil atribuir as responsabilidades e, assim, por exemplo, fazer cumprir as obrigações. Em caso de falha funcional de instituições ou infraestruturas, também não é fácil determinar se a causa foi o *hardware*, o *software*, o tipo de serviço ou a informação introduzida para tratamento.

Esta complexidade associada à tecnologia e à variedade de utilizações possíveis tem impacto na complexidade das possibilidades de asseguração de oportunidades e proteção contra riscos, por exemplo através de infraestruturas técnicas, mas também de precauções jurídicas.

III. Desconstituição/desmaterialização

Os dados indispensáveis para a digitalização – ao contrário das coisas que podem ser atribuídas à propriedade no sistema jurídico – não são objetos fisicamente tangíveis. Eles não são visíveis aos olhos humanos. No entanto, eles podem ser gravados e usados para vários fins.

A desmaterialização influencia a maneira como o valor agregado prático ou econômico é obtido por meio do processamento e uso de dados, bem como o uso de modelos de negócios que muitas vezes são difíceis de entender. As estruturas criadas por sistemas algorítmicos para a coleta, uso e processamento posterior de dados, incluindo as especificações e avaliações embutidas no *software* para controlar o com-

---

[43] Sobre elas, v. Homeister, Quantum Computing (2018).

portamento, também são completamente invisíveis. A título de exemplo, é feita referência às explicações no item 9 D sobre a prática de curatela do comportamento social por meio de regulamentos sociotécnicos, que são, entre outras coisas, inscritos em algoritmos de estruturação de processos e orientados para a ação.

Outra característica da transformação digital e do tipo de regulação adequada a ela é o fato de que um grande número de produtos físicos é desconstituído em sua substância material por meio da transferência de suas possibilidades de desempenho em dados.[44] Por exemplo, ingressos físicos ou cartões de embarque são substituídos por códigos em *smartphones*. No caixa do supermercado, a conta é paga sem dinheiro usando um *chip*. Portadores analógicos de música e textos ou imagens (como discos, filmes ou fotos) são compensados por ofertas *on-line* correspondentes, e assim por diante.

IV. Abertura para o futuro

O fato de o desenvolvimento tecnológico, especialmente no caso da IA, estar avançando a um ritmo acelerado, e de ser difícil prever em termos de novos processos e problemas associados, especialmente as consequências sociais em sentido amplo, tudo isto também dificulta a reconfiguração regulatória. O objetivo de permitir, ou mesmo estimular, inovações desejáveis, entra cada vez mais em conflito com o objetivo adicional de evitar riscos associados. Isto pode exigir mais avaliações prospectivas e retrospectivas de impacto, não só da utilização da própria tecnologia, mas também de outras consequências. Deve haver a possibilidade de revisão de processos e resultados inovadores no caso de ocorrerem consequências indesejáveis, assim como para tais consequências não se desdobrarem.

V. Intransparências

Os problemas específicos da regulamentação bem-sucedida e da garantia do seu sucesso surgem da transparência limitada, ou melhor, da falta de transparência, de muitas abordagens à utilização de sistemas algorítmicos. Isto tem consequências especialmente no que diz respeito

---

[44] Acerca dos exemplos, comparar Rolf, Weltmacht vereinigte Daten (2018), p. 35 e ss.

à responsabilidade e à possibilidade de controle e revisão dos riscos. Este fato igualmente desempenha um papel significativo no desenvolvimento das relações de poder no curso da transformação digital.

Seguem-se mais adiante explicações sobre a necessidade de mais transparência (§ 6 A V, B VII).

VI. Legado

1. Explicações da área de economia da Internet

As possibilidades transfronteiriças de transformação digital facilitaram o estabelecimento de posições de poder globais e sua concentração em algumas poucas corporações. Isso é particularmente verdade para os chamados *Big Five* (Facebook, Google, Microsoft, Amazon, Apple),[45] que conseguiram formar oligopólios globais em importantes submercados e ocupar outros segmentos de mercado – também *cross-media*.

Explicações para a concentração do poder de mercado no setor de TI podem ser encontradas em análises da economia da Internet.[46] Nesse sentido, os economistas identificaram particularidades nas estruturas de mercado que se relacionam principalmente com três áreas temáticas.

O objeto da atividade econômica são os chamados bens de informação. Os efeitos de rede são associados a eles.[47] É típico destes bens que, mesmo com altos custos fixos de sua produção, os custos médios de produção e reprodução da informação caiam infinitamente, uma vez que apenas baixos custos variáveis são incorridos e os bens não se desgastam em grande parte durante o consumo. Se os bens de rede são utilizados por redes de comunicação – neste caso telecomunicações –, também é importante notar que quanto maior o número de pessoas que já estão conectadas à rede e a utilizam, maior o benefício para os consumidores e, sobretudo, para as próprias empresas. Isso é chamado de efeitos diretos de rede, que permitem às empresas de sucesso obter aumentos exponen-

---

[45] Existem, no entanto, outros jogadores poderosos, como o Grupo Chinês Alibaba, especializado no comércio eletrônico em particular.

[46] Sobre ele, veja *Peters*, Internet-Ökonomie (2010); *Clement/Schreiber*, Internet-Ökonomie (2013); *Zuboff*, Überwachungskapitalismus (2018).

[47] A respeito deles, veja, *Engert*, Regelungen (2013), com referências à literatura da área da economia e problemas de regulação jurídica.

ciais de valor. Além disso, podem ocorrer efeitos indiretos de rede, que não resultam de relações de comunicação direta, mas do envolvimento de terceiros – como empresas do setor publicitário – que também têm vantagens consideráveis quando o número de consumidores aumenta. Os bens de rede permitem as chamadas economias de escala.

As empresas bem-sucedidas – este é o segundo aspecto – têm a perspectiva de lucros particularmente elevados e, como resultado, a possibilidade de utilizá-las para penetrar em áreas de atividade vizinhas ou mais distantes e, assim, fortalecer mutuamente sua posição no mercado (efeitos de conglomerado). A combinação de diferentes produtos e serviços pode aumentar seu valor para os usuários, mas também pode levar ao fechamento do mercado com a consequência de que a concorrência é eliminada.

O terceiro efeito importante é a natureza multilateral dos mercados,[48] ou seja, a possibilidade de ligar as atividades de diferentes atores com diferentes campos de atividade. Assim, operadores de plataforma, consumidores, anunciantes e provedores de conteúdo podem operar em diferentes campos de atividade inter-relacionados e há possibilidades de formar relações econômicas de intercâmbio de forma assimétrica.

Isso pode ser observado particularmente bem na relação triangular entre um mecanismo de busca, usuários e anunciantes. Tornou-se comum na Internet que muitos serviços sejam prestados aparentemente de forma gratuita, ou seja, sem qualquer contrapartida monetária por parte dos usuários. No entanto, eles prestam um serviço em retorno ao operador do sistema de busca, simplesmente ficando atentos às ofertas. Além disso, oferecem às empresas a possibilidade de armazenar os dados surgidos durante o processo de comunicação, se necessário também as informações que podem ser encontradas no conteúdo da comunicação, e utilizá-los não só para a otimização da própria oferta, mas também para outros fins, mas também para repassá-los a terceiros, por exemplo, para vendê-los mediante pagamento. Também pode ser combinado com outros dados e, portanto, utilizado para outros fins.[49]

---

[48] Quanto a essa questão, veja, de modo geral, *Reiss/Günther*, Mehrseitige Märkte (2010); *Cennano/Santaló*, Platform Competition (2013).
[49] Sobre as múltiplas possibilidades e os consequentes aumentos de poder, ver *Zuboff*, Überwachungskapitalismus (2018).

Tendo em vista em que os serviços estão associados a medidas de acompanhamento publicitário – como é habitual nas redes sociais, por exemplo –, a atenção dos usuários de busca é simultaneamente atraída para as mensagens publicitárias, para que as empresas anunciantes tenham oportunidades publicitárias. Em troca, as empresas de publicidade pagam uma taxa à empresa de TI.

Os dados de conexão e conteúdo gerados durante o processo de uso obviamente têm um alto valor – como pode ser visto, por exemplo, a partir dos imensos lucros obtidos com o uso do mecanismo de busca Google –, mas os usuários não são recompensados por isso. Afinal, eles podem utilizar os serviços gratuitamente.[50] Entretanto, essa vantagem é – financeiramente falando – muito menor em geral do que as possibilidades de empresas e terceiros explorarem os dados.

Aproveitando as características econômicas descritas acima, as posições de poder podem ser consolidadas e, com a ajuda dos altos lucros, expandidas cada vez mais, para que haja poucas chances de uma correção por meio das forças de mercado. A aquisição de *startups* inovadoras e voltadas para o futuro também contribui para a expansão do poder, sem que isso seja restringido por medidas estatais de controle de fusões.

A economista Shoshana Zuboff tem analisado o desenvolvimento a partir de uma perspectiva fundamental e muito crítica.[51] Central para sua análise é a inegável observação de que as tecnologias de informação digital são adequadas e usadas para coletar dados comportamentais em larga escala sobre os usuários de serviços, que são apenas parcialmente necessários e usados para melhorar produtos e serviços. Em vez disso, eles estão se tornando um valioso meio de produção por direito próprio. Ela chama esse superávit de superávit comportamental (*Behavioral Surplus*),[52] que em particular tem um alto valor preditivo. É derivado do comportamento *on-line* (navegação, busca, redes sociais), em que cada movimento, cada conversa, cada expressão facial, cada som, cada texto, cada imagem é ou será acessível à arquitetura de extração onipresente. Para mim, no entanto, o termo "*Surveillance*/vigilância" parece enganador para este procedimen-

---

[50] Para alternativas a esta construção, que não é de forma alguma vantajosa para o usuário, veja *Hacker/Petkova*, Reining (2017), pp. 16 ss.
[51] *Zuboff*, Überwachungskapitalismus (2018).
[52] *Zuboff*, Überwachungskapitalismus (2018), pp. 85 ss.

to, na medida em que é normalmente utilizado em estreita ligação com a ideia de vigilância de pessoas ou processos individuais como base possível para medidas dirigidas contra eles. Central para sua análise, entretanto, é a exploração do comportamento para uma variedade de propósitos, que é completamente desvinculado ou pelo menos pode ser desvinculado das pessoas ou circunstâncias que são especificamente registradas.

No início de seu livro, Zuboff descreve a estrutura que designa uma nova forma de capitalismo, como a seguir: "Primeiro, uma nova configuração de mercado que reivindica a experiência humana como matéria-prima livre para suas operações comerciais ocultas de extração, previsão e venda; segundo, uma lógica econômica parasitária em que a produção de bens e serviços está subordinada a uma nova arquitetura global de modificação comportamental; terceiro, um formato de capitalismo diverso do comum, caracterizado por uma concentração de riqueza, conhecimento e poder sem precedentes na história humana; (...) sexto, a origem de um poder instrumental que reivindica governar a sociedade e enfrentar a democracia de mercado com desafios surpreendentes; (...) oitavo, uma expropriação crítica de direitos humanos, melhor entendida como um golpe de Estado de cima – uma derrubada da soberania popular". São palavras fortes, que eu gostaria de deixar aqui sem comentários.

2. A aplicabilidade limitada da Lei Antitruste

A Lei Antitruste, normalmente usada como lei de limitação de poder, só é aplicável de forma limitada no setor de TI para fins de controle. Como é sabido, não existe uma lei antitruste globalmente eficaz, e a lei antitruste nacional e comunitária provou ser apenas parcialmente eficaz no setor de TI, em vista de suas particularidades. É verdade que a UE e algumas autoridades nacionais de proteção de dados iniciaram processos de cartel contra empresas individuais – por exemplo contra o Google – e, onde não foram encontradas soluções amigáveis, aplicaram multas.[53] Entretanto, muitas aquisições ou fusões com empresas iniciantes ou inovadoras de médio porte pelos *Big Five* permanecem fora do

---

[53] Notas sobre o processo contra a Google em *Schneider*, Innovationsoffene Regulierung (2017). No entanto, a lei antitruste só pode ser usada em determinadas situações.

alcance da lei antitruste, por exemplo, se – como acontece regularmente com as aquisições usuais – os critérios para aceitação do caso, que são importantes para o controle de fusões, não tiverem sido atendidos.[54] Entretanto, mesmo quando aplicável, a legislação antitruste é, de acordo com sua finalidade básica, apenas de uso limitado para regulamentação, incluindo a limitação de poder, nas áreas de TI.[55] É um direito de assegurar o funcionamento dos mercados econômicos e evitar o abuso do poder de mercado. Para tanto, utiliza disposições do direito da concorrência e é, portanto, um meio de limitar o uso do poder econômico. Entretanto, não é um direito específico de limitar outros poderes (por exemplo, político, cultural, social etc.). A aplicação de objetivos de bem-estar público como a proteção da autonomia (por exemplo, liberdade de manipulação), equidade de acesso, prevenção de discriminação ou formação de opinião pública voltada para a representação e promoção da pluralidade social não são objetivos específicos do direito dos cartéis. A realização de tais objetivos também não é automaticamente assegurada pelas precauções da legislação antitruste. No entanto, um mercado em funcionamento pode contribuir para a sua realização, mas apenas no âmbito do seu desempenho, que é limitado sob as condições da transformação digital global. O sucesso da regulação neste campo requer novos conceitos e instrumentos para conter o poder, não apenas o poder econômico do mercado, e criar melhores possibilidades para a implementação de objetivos de interesse público.

A realização dessa tarefa exige uma interação dos instrumentos do direito da concorrência com os de outras leis regulatórias, o que pos-

---

[54] No entanto, a 9ª alteração da Lei Contra as Restrições de Concorrência (Gesetz gegen Wettbewerbsbeschränkungen – GWB) melhorou a proteção contra o abuso de poder de mercado na Alemanha, tendo em vista as consequências da digitalização e do controle reforçado das concentrações. Assim, o § 18, n. 2, a, 3, da GWB, com a redação que lhe foi dada em 1º de junho de 2016, prevê que a assunção de um mercado não exclui a prestação de um serviço sem encargos. Além disso, serão alargados os critérios aplicáveis aos mercados e redes multifacetados para a avaliação da posição do mercado. No entanto, estes são apenas os primeiros passos de um mais aperfeiçoado controle antitruste. (Uma versão em inglês da GWB em: http://www.gesetze-im-internet.de/englisch_gwb/index.html – nota dos tradutores), são ampliados. No entanto, estas são apenas abordagens iniciais para melhorar o controle antitruste.

[55] Sobre as possibilidades (limitadas) para o efeito, cf., *Höppner*, Medienkartellrecht (2016).

sibilita ou pelo menos pode possibilitar a proteção de interesses legais em outras dimensões (ver também o capítulo 7, C, abaixo). O uso das tecnologias digitais deve, portanto, levar em conta a multipolaridade específica e a dimensionalidade dos objetivos e instrumentos consagrados no ordenamento jurídico.[56]

---

[56] Cf., *Schneider*, Innovationsoffene Regulierung (2017). *Schneider* reivindica nomeadamente por uma lei multifinal e multidimensional relativa ao tráfego de dados. Ao fazê-lo, há que ultrapassar uma limitação da ênfase na proteção de dados e ter em conta outros objetivos regulamentares. A abordagem parece-me correta, mas, na minha opinião, o termo "lei de tráfego de dados" é demasiado restrito.

§ 5º
CONTROLE DIGITAL DO COMPORTAMENTO

A título de ilustração, a seção seguinte apresenta um exemplo do uso de sistemas algorítmicos que tem atraído muita atenção do público, ou seja, o controle digital do comportamento e o impacto na experiência humana e na transmissão de valores, dentre outros.

A. EXEMPLOS

Se algoritmos são usados especificamente para controlar o comportamento e para influenciar experiências e atitudes, o termo tecnorregulação (ou Tecnologias Reguladoras/Tecnoregulação) é frequentemente usado.[1-2] Prefiro o termo (mais amplo) "tecnorregulação", porque nos contextos legais importantes para o meu trabalho o termo regulação não é geralmente usado para designar o controle pelo Direito. O fato de o controle técnico aqui referido ter um forte componente normativo é em parte expresso quando falamos em "tecnologia normativa".[3]

---

[1] Vide especialmente: *Koops*, Normative Technology (2008), p. 158, *Bauer/Latzer*, Handbook (2016); *Leenes*, Techno-Regulation (2012), p. 149; *Dankert*, Normative Technologie (2015).

[2] Cf. a título de exemplo os artigos em Brownsword/Yeung (ed.), Regulating Technologies (2008), bem como *Leenes*, Techno-Regulation (2012), pp. 146 ss.

[3] Cf. *Koops*, Normative Technologie (2008), pp. 157 ss.; *Leenes*, Techno-Regulation (2012), pp. 150 ss. Todavia, não há uniformidade no emprego dos conceitos. A fim de se evitar a impressão errônea de que o atributo "normativo" se refere tão somente a tecnologias para a implementação de fins jurídico-normativos, seria preferível utilizar, em vez disso, o conceito mais amplo de "tecnologia prescritiva", que também abrange diretrizes socionormativas. Sobre o acesso comparativo a elementos normativos em normas jurídicas e artefatos técnicos, vide *Oermann/Ziebarth*, Interpreting code (2015).

A seguir vou dar alguns exemplos para ilustração.[4] Vou deixar de fora muitas áreas que também são importantes para a digitalização, como a já mencionada Internet das Coisas[5], mas também as possibilidades da chamada computação ubíqua.

I. Controle comportamental por meio de intermediários de informação

Uma área socialmente muito importante de controle tecnológico relacionado ao comportamento é a seleção e controle do acesso à informação por intermediários de informação na área de serviços sociais na Internet (por exemplo, por meio de mecanismos de busca ou plataformas de comunicação).[6] Os meios tradicionais também filtram informações e influenciam o nível de informação social, bem como os valores e comportamentos das pessoas.[7] No entanto, as possibilidades de controle da tecnologia digital vão quantitativa e qualitativamente muito além das formas tradicionais de influência da mídia.

Aqui serão nomeados apenas alguns exemplos de controle tecnológico digital. Estes incluem o controle do *Newsfeed*[8] das plataformas de comunicação utilizando algoritmos de *ranking* e a filtragem e posicionamento de possíveis resultados de busca. Outro exemplo é a utilização da função Autocomplete[9] nos sistemas de busca de uma forma que muitas vezes não é reconhecível pelos usuários. O controle tecnológico também está envolvido quando as opções disponíveis em princípio são reduzidas a uma única ou poucas opções de comportamento posterior, determinando o corredor disponível para ação posterior – incluindo predefinições/ *Defaults*. Da mesma maneira, existem medidas de influência de tal forma

---

[4] A respeito, vide por exemplo: *Radlanksi*, Einwilligung (2016), p. 33; *Jöns*, Daten (2016), pp. 22 ss.
[5] Vide supra nota 51.
[6] Vide *Schulz/Dankert*, Informationsintermediäre (2016).
[7] Pode-se remeter aqui, de maneira geral, à pesquisa no campo da mídia, e.g. sobre Agenda Setting e Gatekeeper. Vide especialmente: *Beck*, Kommunikationswissenschaft (2017); *Bonfadelli/Friemel*, Medienwirkungsforschung (2017); *Rössler*, Agenda Setting (1997). Vide também: *Schulz/Held*, Suchmaschinen (2005).
[8] Com *News feed* caracteriza-se uma técnica de publicação na internet de páginas de notícias, fóruns ou blogs em formatos padronizados.
[9] Sobre a mesma, vide especialmente: *Kastl*, Algorithmen (2014), pp. 205 ss.

que as opções comportamentais – por exemplo, ao comprar um determinado produto *on-line* – não são excluídas pelo controle orientado por algoritmos, mas a possibilidade é limitada ao reconhecimento de todas as opções disponíveis, para evitar o controle indireto, ou pelo menos para escolher entre todas as opções abertas para comportamento.

Um exemplo particularmente comum é a filtragem pessoal do acesso à informação. O ponto de partida é muitas vezes a criação de perfis de usuários (*Profiling*). De acordo com o Art. 4, N. 4, do Regulamento Básico de Protecção de Dados da UE, o perfil refere-se a "qualquer tratamento automatizado de dados pessoais que consista em utilizar dados pessoais para avaliar certos aspectos pessoais relativos a uma pessoa singular, em particular com vista a analisar ou prever aspectos relativos ao desempenho do trabalho, situação econômica, saúde, preferências pessoais, interesses, confiabilidade, conduta, localização ou deslocamento dessa pessoa singular".

Para criar um perfil, são utilizados algoritmos para avaliar especificamente informações sobre comportamentos anteriores, que são coletadas, por exemplo, quando usuários de serviços sociais buscam determinados fatos, clicam em *links* para plataformas de comunicação etc., a fim de determinar valores, atitudes – incluindo orientações sexuais ou situações específicas da vida – etc., a partir de tais ações com a ajuda de algoritmos. Também pode ser utilizado para designar o interessado para um grupo de pessoas com características semelhantes desenvolvidas pelo reconhecimento de padrões com o objetivo de agrupar.[10] Baseia-se em descobertas sobre correlações e não sobre causalidades. O reconhecimento, geração e cobertura da demanda com controle algorítmico é usado em particular para reconhecer e prever os interesses e desejos dos grupos de usuários – como um campo de aplicação do *clustering* de dados (por exemplo: *Predictive Consumer Intentions/Interests*)[11] e, com base nisso,

---

[10] Tais procedimentos analíticos – que são realizados com base em fatores como idade, sexo, estado civil, profissão, local de residência e afins – põem em perigo a autodeterminação das pessoas em causa, que normalmente não têm conhecimento disso, mas que, em última análise, são tratadas como se os dados pessoais tivessem sido coletados pelo sistema. Aferir a problemática em *Roßnagel*, Datenschutz: (2016); *Roßnagel/Nebel*, Selbstbestimmung (2015).

[11] A respeito, vide: *Šehić/Regers/Hence*, Internet of Things (2015); *Hofstetter*, Demokratie (2016), pp. 393 ss. e *passim*.

para fornecer aos usuários – especificamente: as pessoas designadas aos grupos de usuários – publicidade comercial direcionada, propaganda eleitoral ou outras informações e para dar incentivos comportamentais notados ou inconscientes (também pelos chamados *Nudges*[12]). As premissas determinadas pelo algoritmo também são parcialmente utilizadas para *Dynamic Pricing*, ou seja, para ajustar os preços das mercadorias oferecidas – por exemplo, no comércio eletrônico – ou de uma reserva de voo, dependendo da vontade de pagamento dos clientes do tipo em questão, conforme assumido pela avaliação dos dados.

Por parte das empresas, a filtragem de informações é muitas vezes baseada na suposição de que a maioria dos usuários tem uma certa tendência a querer permanecer em um determinado meio de comunicação, em uma espécie de zona de conforto comunicativo. *Eli Pariser*[13] cunhou o termo *Filter Bubble* para descrever isso. Com a ajuda de algoritmos, esta abordagem pode ser usada para influenciar (ou paternizar) o comportamento de tomada de decisão quando a informação é tomada e processada indiretamente – ali, por exemplo, complementada por mensagens publicitárias direcionadas. Desta forma, por exemplo, decisões concretas sobre uso e compra podem e devem ser influenciadas. Além disso, o desenvolvimento de valores, o desdobramento de emoções, o processamento de experiências e preferências podem ser influenciados, até o abandono da curiosidade pelo inesperado.[14] Em que medida este é o caso, também é provável que seja influenciado por se e em que medida os usuários obtêm informações de diferentes fontes, incluindo a comunicação *face to face*, e, portanto, contrapesos informativos. Há ainda uma necessidade considerável de mais pesquisas. Entretanto, não está de forma alguma descartado que a filtragem de informações e a seleção personalizada também possam ter impacto na sociedade como um todo, tais como a manutenção ou mudança do *status quo*, a fragmentação social, o fortalecimento das correntes de opinião, a autocapacitação de grupos socialmente marginalizados e o alargamento das chamadas

---

[12] Sobre eles (como "cutucadas"), vide em geral: *Thaler/Sunstein*, Nudge (2017).
[13] *Pariser*, Filter Bubble (2011). Vide também *Flaxman/Goel/Rao*, Filter Bubbles (2016).
[14] Com mais detalhes sobre a orientação dos sistemas de busca por meio da personalização: *Jürgens/Stark/Magen*, Gefangen (2014), pp. 109. Vide também de forma abrangente *Pille*, Meinungsmacht (2016).

clivagens digitais.¹⁵ Também deve ser feita referência às possibilidades de utilização dessa filtragem de informações para fins de propaganda ou para manipulação de atitudes e comportamentos.¹⁶⁻¹⁷

II. Influência no comportamento político eleitoral

As possibilidades de influência baseadas em algoritmos também podem ser usadas para influenciar o comportamento político eleitoral/voto.¹⁸ Um exemplo é a utilização de *bots* em 2016 na campanha para o referendo sobre a retirada do Reino Unido da UE ("*Brexit*").¹⁹

*Bots*²⁰ são "atores" técnicos controlados por computador em redes sociais que realizam certas tarefas repetitivas automaticamente e sem a necessidade de interação com comunicadores humanos. Na comunicação pela Internet, eles podem se comportar como usuários humanos e, por exemplo, enviar solicitações de contato ou destruir continuamente (o chamado *Trolling*) as comunicações de outros por contribuições provocatórias ou deliberadamente falsas (*Fake News*). Eles também podem compartilhar automaticamente as mensagens dos outros, ampliando assim o alcance das mensagens e dando a aparência de uma ampla aprovação. Eles podem ser usados em arenas políticas, mas também de outras formas, por exemplo, como *bots* publicitários. Eles podem estimular comportamentos como o que *Elisabeth Noelle-Neumann* caracterizou para a comunicação política tradicional com a imagem da

---

[15] Cf. as referências em: *Jürgens/Stark/Magin*, Gefangen (2014), pp. 97, 109, bem como *Büchi/Just/Latzer*, Modeling (2015). Illustrative: *Zielcke*, Entwirklichung (2016).

[16] Cf. *Dankert*, Normative Technologie (2015), p. 70 com notas 123-125.

[17] Semelhantes possibilidades obtêm relevância especial em ditaduras: a digitalização pode ser aplicada sob vários aspectos para estabilizar ditaduras (por exemplo, na China), mas também para desestabilizá-las (exemplo: Primavera Árabe).

[18] Exemplos são a utilização de redes sociais nas campanhas eleitorais norte-americanas em 2008 e 2012 do presidente Obama e, em 2016, pelos candidatos à presidência Clinton e Trump. Vide especialmente: *Hurtz*, Maschine (2016). Vide também *Richter*, Wahl (2013), ver nota 3; *Stalder*, Kultur (2016), pp. 223 ss. Para o chamado *targeting* de certos grupos de eleitores – como os indecisos –, o chamado Ocean Method of Cambridge Analytica é particularmente importante. Sobre sua utilização em campanhas eleitorais, veja o relatório em: https://www.dasmagazin.ch/2016/12/03/ich-habe-nur--gezeigt-dass-es-die-bombe-gibt/.

[19] Sobre esse tema, vide: *Howard/Kollany*, Computational Propaganda (2016), pp. 6 ss.

[20] Mais sobre aplicações e problemas, vide: *Dankert/Dreyer*, Social Bots (2017).

espiral de silêncio.²¹ Para o receptor, uma opinião é apresentada como a opinião majoritária, com a consequência (também assumida pela teoria da espiral de silêncio) de que outros se sentem inibidos de não seguir o *mainstream* ou pelo menos de expressar seu contraopinião, ou seja, de ficar calados sobre ela. Tal comportamento parece ter tido um impacto sobre o clima de opinião na decisão *Brexit* na Grã-Bretanha.

III. Policiamento preditivo

A avaliação preditiva dos dados (ver, acima, capítulo 2, D.II), por exemplo, é a base do chamado *Predictive Policing*.²² Refere-se à avaliação de dados pessoais ou estatísticas disponíveis publicamente, perfis de vítimas etc., com o objetivo de identificar a probabilidade de crimes em locais específicos, em ocasiões específicas ou para grupos específicos de infratores.²³ Na medida em que serve para prevenir o crime por dissuasão, é um controle indireto do comportamento dos infratores potenciais. Na medida em que os resultados analíticos e prognósticos servem como base para as táticas e estratégias de trabalho da polícia criminal, os algoritmos também influenciam indiretamente o comportamento das autoridades públicas, por exemplo, no planejamento e implementação operacional.

IV. Uso da *Legal Technology*

Algoritmos também podem ser utilizados em contextos legais. Os esforços e discussões que visam a isso são conduzidos sob o guarda-chuva conceitual da Análise Jurídica, da *Legal Technology* ou da Legal Tech. Em alguns países, especialmente nos EUA, já existem muitas áreas da *Legal Technology* na prática.²⁴ Recentemente, tais esforços também

---

[21] *Noelle-Neumann*, Schweigespirale (1980).

[22] Vide a respeito, por exemplo, o relatório publicado pelo Serviço Nacional de Investigação da Baixa Saxônia: *Gluba*, Predictive Policing (2014), com indicações bibliográficas detalhadas; *Radlanski*, Einwilligung (2016), pp. 27 ss.; *Legnaro/Kretschmann*, Polizieren (2015); *Hofmann*, Predictive Policing (2020); Wischmeyer, Predictive Policing (2019).

[23] Sobre a persecução penal automatizada e a análise predicativa, cf. especialmente: *Meinecke*, Automatisierte Strafverfolgung (2014), pp. 193 ss.

[24] Vide especialmente: *Ruhl/Katz*, Legal Complexity (2015); *Davis*, Legal Innovation (2015). A "Legal Tech" está obtendo importância no espaço anglo-saxônico, especialmente no registro do complexo e confuso acervo da *Case Law*.

têm sido observados, e cada vez mais, na Alemanha.[25] Por exemplo, na continuação de abordagens anteriores à automação em direito, isso envolve a crescente digitalização da comunicação jurídica – como já está planejado e praticado na Alemanha, em certa medida, por meio da autorização de manutenção de registros eletrônicos, registros administrativos eletrônicos ou outras formas de administração eletrônica.[26] Os defensores da *Legal Technology*, porém, não se preocupam apenas em substituir formulários em papel por comunicação *on-line*, mas também com novas formas de coleta e pesquisa de dados ou, de forma mais geral, com o uso de programas de processamento de dados para o maior número possível de tipos de trabalho jurídico. São coletadas informações sobre a legislação, mas também a prestação de consultoria jurídica *on-line*. Possíveis aplicações da *Legal Technology* também existem para prever decisões judiciais pela avaliação de decisões anteriores ou para desenvolver programas de utilização e tratamento de contratos (padrão), especialmente *Smart Contracts*.[27-28] A *Legal Technology*[29] deve ser utilizável tanto por advogados profissionais quanto, em geral, pelo cidadão como "usuário final". Outro campo potencial (particularmente problemático) de aplicação é a decisão digital de processos judiciais[30]

---

[25] *Rabe/Wacker/Oberle/Baumamn/Funk*, Recht ex machina (2012); *Frese*, Recht (2015); The Boston Consulting Group/Bucerius Law School, Legal Technology (2016). Vide também os artigos de *Kaulartz*, *Kuhlmann* e *Schmittmann* em: Taeger (ed.), Smart World (2016); Schulz/Schunder-Hartung (ed.), Recht (2019); *Wagner*, Legal Tech (2020); mais antigo: *Ring*, Rechtsfindungssysteme (1992). Mais evidências no capítulo 10.

[26] Neste contexto, podemos citar especialmente a Lei de promoção da Administração eletrônica (E-Government-Gesetz, EGovG), mas também o uso fortalecido da eletrônica no judiciário. Da rica literatura sobre tais leis, cf. *Roßnagel*, E-Government-Gesetz (2013); *Berlit*, Elektronische Verwaltungsakte (2015), respectivamente com outras referências.

[27] Sobre os Smart Contracts, vide especialmente: *Kaulartz*, Smart Contracts (2016); *Kuhlmann*, Legal Tech (2016), pp. 1.045 ss.

[28] Aqui é utilizado o chamado princípio do *Blockchain* – presumivelmente um tipo de tecnologia universal do século XXI. Ela é, por exemplo, base da utilização da moeda *on-line* Bitcoin e também é usada na imposição de contratos a prestações ou para o débito de contraprestações para a utilização *on-line* de obras protegidas por direito autoral, como a música.

[29] Assim *Kuhlmann*, Legal Tech (2016), pp. 1.039 ss.

[30] Isso é considerado possível por *Engel*, Subsumtionsautomat 2.0 (2014), p. 1.098.

que utilizam *software* digital. O[31] uso da *Legal Technology* também é possível em áreas de resolução de disputas *on-line*.[32]

Os campos de aplicação da tecnologia legal também incluem o bloqueio de conteúdos indesejáveis, como pornografia infantil, discurso de ódio (*Hate Speech*) ou conteúdo racista na Internet (*Contenct Curation*[33]). Tal controle tecnológico pode servir à aplicação de requisitos legais – como proibições com potencial para processo penal – ou de objetivos éticos/morais ou políticos, ou seja, também pode ser realizado independentemente de regulamentação legal, mas pode apoiá-lo ou substituí-lo se necessário, mas também prejudicá-lo;[34] pode também – pelo menos funcionalmente – ter o efeito da censura.

Discutirei a *Legal Technology* com mais detalhes no final deste livro (ver capítulo 10, abaixo).

V. Alívio comportamental por meio da "condução autônoma"

Um exemplo muito discutido de controle tecnológico é possível graças ao veículo automatizado atualmente em desenvolvimento e teste. Na medida em que este veículo deve participar automaticamente do tráfego rodoviário e aliviar totalmente o motorista, o comportamento humano é substituído pela tecnologia. Atualmente, porém, além de testes puros, apenas modelos estão em uso que automatizam apenas parcialmente o processo de condução, ou onde o veículo é totalmente automatizado, mas ainda se espera que o motorista observe os movimentos do veículo e seu entorno e intervenha em situações problemáticas – em outras palavras, que continue a arcar com a responsabilidade do motorista. O

---

[31] Criticamente sobre este emprego da tecnologia jurídica: *Kotsoglou*, Subsumtionsautomat 2.0 (2014), referindo-se especialmente à dependência contextual específica da aplicação do Direito (especialmente p. 454), com resposta de *Engel*, Subsumtionsautomat 2.0 (2014) e palavras finais de *Kotsoglou*, Schlusswort (2014).

[32] Vide *Grupp*, Legal Tech (2014)

[33] Vide *Dankert*, Normative Technologie (2015), pp. 56 ss. Isso e como aqui no momento ainda em grande parte – mesmo que de forma completamente intransparente – também os humanos são usados para a Cura de Conteúdo, mostram claramente *Grassegger/Krause*, Netz (2012).

[34] Sobre esta última possibilidade, vide o exemplo da invalidação da proteção ao menor no Facebook: *Dankert*, Normative Technologie (2015), p. 56, em notas 35-36.

fato de muitas questões, especialmente questões de responsabilidade, ainda estarem em aberto, só deve ser mencionado aqui, mas não deve ser mais elaborado.[35]

Um problema particular é a questão de saber se e em que medida é possível determinar antecipadamente as ações requeridas pelo veículo, de tal forma que as soluções para todas as situações – mesmo as surpreendentes – sejam fornecidas digitalmente. Programar a reação do carro autônomo em situações de dilema é particularmente difícil.[36] Um exemplo padrão é uma situação de trânsito em que um acidente com consequências fatais não pode ser evitado, não importa qual a variante escolhida – por exemplo, evitar uma colisão do carro com um ciclista mais velho, desviando para um grupo de jovens ou vice-versa. A lei não oferece uma solução para tal decisão. Um condutor humano teria de encontrar uma solução para esta situação, se necessário em violação da lei, mas com o objetivo de evitar danos mais graves. Não menos importante, questões filosóficas, morais e éticas difíceis são levantadas aqui.[37] Ao lidar com tais situações de dilema, a lei permite que certas soluções "brandas" sejam encontradas por decisão humana, por exemplo, marcando a situação escolhida como ilegal, mas não culpável. Mas será justificável pré-programar a decisão do dilema escolhendo uma das alternativas em um algoritmo? Os algoritmos devem poder decidir sobre a vida ou a morte?[38] O legislador poderia ou deveria esboçar soluções para isso, e como elas poderiam ser?

VI. Controle técnico por meio do *design*

Os tipos de controle de tecnologia permitidos por lei ou utilizados independentemente dela são a proteção de direitos e interesses – como a proteção de dados – por meio da configuração da tecnologia (exemplo:

---

[35] Vide especialmente: *Lutz*, Autonome Fahrzeuge (2015); *Schrader/Jänich/Reck*, Rechtsprobleme (2015), pp. 315 ss. Para informações gerais sobre responsabilidade na rede de sistemas autônomos, ver *Pieper*, Vernetzung (2016); *Zech*, Entscheidungen (2020).
[36] A respeito: *Weber*, Dilemmasituationen (2016).
[37] No final de 2016, o Ministro Federal dos Transportes e Infraestrutura Digital nomeou um comitê de ética presidido por *Udo Di Fabio* sobre condução automatizada, que deverá desenvolver diretrizes para a programação de sistemas de condução automatizada.
[38] Aqui, um certo paralelismo com a argumentação no BVerfGE 115, 118, 151 ss.

Privacy by Design[39] ou o uso de Tecnologias de Melhoria de Privacidade (PETs).[40] Outro exemplo, utilizado aqui em particular para apoiar o caráter imperativo do direito, é o Digital Rights Management (DRM)[41]. A proteção de direitos autorais [42] – por exemplo, para o conteúdo de um DVD – é feita diretamente através de bloqueio técnico de dublagem/cópia.[43]

O Technocontrol também é concebível como uma medida voluntária para ajudar as pessoas afetadas a cumprir as normas legais – por exemplo, um limite de velocidade – por meio de precauções técnicas. Um exemplo é o travamento eletrônico da condução quando a velocidade absoluta de condução é excedida, outro é o bloqueio de ignição por álcool.[44]

As possibilidades de uso da tecnologia para implementar o Direito – e em particular o controle da tecnologia por meio do *design* – provavelmente se tornará cada vez mais importante no futuro. Em tempos em que a proteção efetiva dos interesses por meio da proteção jurídica individual é cada vez mais difícil de ser praticada, quanto mais porque os perigos não são transparentes, a proteção legal por *design* ou, mais geralmente, a proteção do sistema pode cumprir uma importante função compensatória.[45] No entanto, não se deve ignorar que o controle da tecnologia também pode ser utilizado para fins normativamente indesejáveis.

---

[39] Ver, por exemplo, o artigo 25º do Regulamento de Proteção de Dados da UE. Geralmente em Regulamentos Baseados em Design: *Yeung*, Design-based Regulation (2011); *Dix*, Konzepte (2003); *Roßnagel*, Technik (2020) pp. 227 ss.

[40] Vide: Federrath (ed.), Design Issues (2001). *Flöter/Steinhorst*, Privacy Enhancing Technologies (2006); *Koops/Lips/Nouwt/Prins/Schellekens*, Self-Regulation (2006).

[41] *Leenes*, Techno-Regulation (2012); *Meyer*, DRM-Schutz (2014). Sobre a situação jurídica na Alemanha vide especialmente: *Müller*, em: Hoeren/Sieber/Holznagel (ed.), Multimedia-Recht (2015), números de margem 34 ss.

[42] Porém, há igualmente que se fazer referência ao risco de que a proteção digital não satisfaça necessariamente o caráter diferenciado de regras jurídicas, por exemplo, quando a GDD restringe a utilização de uma obra protegida por direitos autorais de forma mais rígida do que prevista na legislação sobre os direitos autorais.

[43] Outros exemplos em *Koops*, Nomative Technology (2008), p. 157.

[44] Sobre estes e outros exemplos vide *Kuhlmann*, Legal Tech (2016), pp. 1.046 ss.

[45] Veja também o capítulo 7, B.V.

B. SOBRE O RISCO DE EROSÃO DA VALIDADE DOS PRINCÍPIOS FUNDAMENTAIS DO ESTADO DE DIREITO

Estes exemplos de campos de controle de comportamento direto ou indireto apontam para um potencial de chances e riscos associados às novas tecnologias. Do ponto de vista jurisprudencial, é importante esclarecer se e em que medida a influência jurídica é possível e eficaz, a fim de garantir oportunidades avaliadas positivamente para seu uso ou para prevenir riscos. A esse respeito, limitar-me-ei a reproduzir as declarações de dois cientistas renomados.

Mireille Hildebrandt lida com uma extensa perda de regulamentação normativa legal por meio do controle da tecnologia digital em seu livro "Smart Regulation and the End(s) of Law", que é enriquecido com muitos exemplos. Ela brinca linguisticamente com a ambiguidade da palavra *End(s)*. Com o singular *End* ela se refere ao fim – a irrelevância – do direito tradicional no campo do tecnocontrole. Pelo plural *End(s)* ela entende princípios e valores normativos no direito tradicional, especialmente a justiça, a segurança jurídica e a orientação de propósito. O[46] uso do controle digitalizado, por exemplo, no campo das chamadas tecnologias inteligentes e, em particular, dos *Preemptive Computing Systems* que as caracterizam, ou seja, o tratamento de pessoas como objetos de controle inconsciente (ver capítulo 2, H, acima), ameaça pôr fim à orientação para tais princípios e valores legalmente concebidos, incluindo o enfraquecimento da autonomia.

Também poucos autores, formulando de forma radical, veem riscos consideráveis. Um exemplo é *Michael Latzer*, que – geralmente em coautoria com colegas – vê as oportunidades associadas às novas tecnologias, mas aponta para riscos particulares de perda de proteção associados às possibilidades dos algoritmos de influenciar a construção individual e social da realidade, conhecimento, valores, consciência e culturas e, portanto, também da opinião pública e da ordem social

---

[46] *Hildebrandt*, Smart Technologies (2016), pp. XII, 133 ss. Sobre outros valores de cunho normativo, vide os artigos em Van den Hoven/Vermaas/van de Poel (ed.), Handbook (2015). Vide, ademais, *Koops*, Normative Technology (2008), pp. 163 ss. Aprofundando o tema, *Hofstetter*, Demokratie (2016).

como um todo.⁴⁷ Também descreve os riscos de discriminação e manipulação encoberta⁴⁸. A ênfase é dada aos processos de seleção unilaterais associados ao domínio do setor privado, particularmente das empresas oligopolistas globalmente ativas.⁴⁹

Esta afirmação, que se baseia em particular no exemplo da Internet, mas não se limita ao conteúdo, pode ser complementada pela afirmação adicional de que os modelos de negócio utilizados para os serviços digitalizados e a forma como os algoritmos são utilizados levaram a consideráveis assimetrias estruturais em muitas áreas da sociedade,⁵⁰ que podem ter um efeito problemático na estrutura jurídica e social, econômica e democrática da sociedade.⁵¹⁻⁵²

No entanto, não deve ser feita referência apenas aos riscos decorrentes da prossecução de objetivos de negócio. Os riscos de proteção e manipulação jurídica também existem no uso da seleção e controle digital para atos governamentais, pelo menos se não estiverem sujeitos a controles constitucionais adequados – como é frequentemente o caso das atividades dos serviços secretos.⁵³

---

[47] Vide, por exemplo, *Latzer/Hollnbuchner/Just/Saurwein*, Algorithmic Selection (2016), pp. 10 e *passim*.

[48] Cf. *Latzer/Hollnbuchner/Just/Saurwein*, Algorithmic Selection (2016); e *Hildebrandt*, Smart Technologies (2016).

[49] Cf. – também sob consideração de outras partes interessadas – *Kesan/Shah*, Deconstructing Code (2003/2004), pp. 334 ss., 378 ss.: "lack of willingness to incorporate unprofitable social values in code".

[50] A respeito, vide os capítulos 5, B, e 7, C. Vide, ademais – com uma formulação em parte contundente – *Runde*, Digitalgesetz (2016), p. 17.

[51] Vide como uma área de exemplo dentre muitas a análise de: *Rolf/Sagawe*, Architektur (2015).

[52] A meu ver, há motivos para transferir a figura de inferioridade estrutural ou disparidade desenvolvida na jurisprudência do Tribunal Constitucional Federal (BVerfG, Neue Juristische Wochenschrift 2007, pp. 282, 287 para contratos com pessoas em posição muito débil para a área das condições de mercado caracterizada por oligopólios globais).

[53] Veja, por todos, *Neubert*, Grundrechtliche Schutzpflicht (2015).

§ 6º
DESAFIOS JURÍDICOS NO USO DE DADOS, EM ESPECIAL NO QUE DIZ RESPEITO A *BIG DATA* E IA

Na esperança de que o exemplo de controle de comportamento tenha ajudado a ilustrar os desafios jurídicos colocados pela digitalização, o capítulo seguinte terá uma abordagem mais geral. Neste sentido, repetições são em parte inevitáveis.

A seção 2, B se refere a diferentes formas de utilização do conceito de dados, especialmente na literatura da teoria da informação, por um lado, e na lei de proteção de dados, por outro. As seguintes observações se aplicam à perspectiva da lei de proteção de dados. O tratamento de dados pessoais é o principal foco das explicações. A importância crescente de dados não considerados pessoais será abordada mais tarde, de forma detalhada.

A. COLETA E USO DE DADOS

No que diz respeito à proteção de dados pessoais, a lei de proteção de dados faz parte da proteção legal da autonomia. É – como explicado acima (capítulo 4, A.III) – uma concretização da proteção da dignidade humana e da proteção da personalidade, especialmente sob a forma da proteção da autodeterminação informacional. Alguns de seus problemas e a necessidade de reavaliar seu campo de aplicação serão discutidos abaixo (sobre o conceito de dados pessoais, ver capítulo 2, B, acima).

Há muitas possibilidades de coleta de dados e posterior processamento pelas autoridades privadas e públicas.[1] Aqui, gostaríamos de destacar alguns tipos importantes de coleta e processamento de dados – um

---

[1] Muitos e ilustrativos exemplos podem ser encontrados em: *Zuboff*, Überwachungskapitalismus (2018).

exemplo é o chamado rastreamento *on-line*. Isso se refere à observação eletrônica (registro e avaliação) do comportamento digital de uma pessoa. Fontes para rastreamento são conteúdo de comunicação, mas também metadados (como o Hypertext Transfer Protocol [HTTP], endereços IP). O rastreamento é utilizado em particular como preparação para a criação de perfis[2], mas também para a segmentação. Uma definição do conceito de *Profiling* já foi acima indicado (capítulo 5, A.I). O termo *targeting* refere-se a uma abordagem a grupos-alvo, especialmente para fins de controle da informação, por exemplo, uma mensagem publicitária "feita sob medida".[3] Este *targeting* pode ser realizado pela própria empresa que coleta os dados ou por outra empresa que tenha adquirido os dados para seu próprio uso.[4] Como resultado da avaliação dos dados, também podem ser abertas possibilidades de filtragem pessoal de informações adicionais dadas aos usuários e, portanto, também possibilidades de influência indireta em suas experiências pessoais, atitudes e comportamentos.

Os dados coletados desta forma são frequentemente combinados (agregados) com outros conjuntos de dados e também são usados para análise de *Big Data* e aplicação em outras áreas temáticas e áreas de uso. Os dados também são frequentemente passados a outros interessados – incluindo corretores especiais de dados que podem comercializá-los junto com outros dados – e possivelmente também a órgãos governamentais, em parte devido a obrigações legais.

I. Requisitos gerais sobre a legalidade da coleta e processamento de dados

A lei de proteção de dados é uma abordagem tradicional – embora de conteúdo restrito – à proteção dos interesses legais e, portanto, tam-

---

[2] Uma definição de perfil pode ser encontrada no Art. 4, Nº. 4, do RGPD. Afirma que o perfil é "qualquer tratamento automatizado de dados pessoais que consiste na utilização de dados pessoais para avaliar certos aspectos pessoais relativos a uma pessoa singular, em particular para analisar ou prever aspectos relativos à gestão do trabalho, situação económica, saúde, preferências pessoais, interesses, confiança, conduta, paradeiro ou movimentos dessa pessoa singular".

[3] Cf., *Klever*, Behavioural Targeting (2009).

[4] Uma lista de dados que o Facebook recolhe para fins publicitários direcionados foi compilada por *Tischbein*, 98 Daten (2016). Esta lista é mostrada abaixo (nota de rodapé 215).

bém à limitação do uso do poder. O objeto é o "processamento" (Art. 4, N. 2, do RGPD), ou seja, em particular a coleta, armazenamento e outros usos de dados pessoais. A este respeito, uma proibição com a reserva de permissão se aplica, em princípio. A proibição é violada se uma disposição legal permitir essas atividades ou se a pessoa interessada tiver consentido. Uma outra porta de abertura para a licitude do processamento ocorre quando isso for necessário para a execução de um contrato do qual o envolvido seja parte ou para a implementação de medidas pré-contratuais tomadas a pedido do envolvido (Art. 6, § 1, b, do RGPD).

Na Alemanha, o tratamento de dados pessoais especificamente por uma entidade pública está sujeito à condição de que isso seja necessário para o desempenho da tarefa de competência do controlador ou no exercício da autoridade oficial investida no controlador (Seção 3 da BDSG (nova)). Dentro de limites, o consentimento também é utilizado no caso de coleta de dados por órgãos públicos.[5]

Estes regulamentos naturalmente também se aplicam ao tratamento de dados pessoais na área de *Big Data* (ver também II, abaixo). Entretanto, a *Big Data Analytics* também coleta dados para os quais uma referência pessoal não é dada ou não é estabelecida. A este respeito, não se aplicam as normas gerais de proteção de dados.[6]

II. Condicionamento da aplicabilidade da lei por termos e condições gerais, em particular: sobre a exigência de consentimento

Salvo disposição legal em contrário, os requisitos para a legalidade do levantamento, processamento e armazenamento de dados incluem o consentimento da pessoa em causa no seu direito. O art. 4º, N. 11, do RGPD

---

[5] Ver, também, para a Alemanha – relacionado com o tratamento de dados pela polícia e pelo sistema judiciário, *Schwichtenberg*, Kleine Schwester (2016).

[6] A fim de tornar os estoques de dados não pessoais mais facilmente acessíveis e, portanto, também para promover aplicações de *Big Data* no mercado interno digital (mas não para proteger contra a interferência de grandes aplicações de dados), foi promulgado o Regulamento da União Europeia 2018/1807 sobre uma estrutura para a livre circulação de dados não considerados pessoais na União Europeia (ver abaixo, nota de rodapé 13). Este regulamento serve à livre circulação de mercadorias e, portanto, não foi concebido como lei de proteção de dados.

define consentimento como "qualquer manifestação de vontade voluntária, informada e inequívoca no caso concreto, na forma de declaração ou qualquer outro ato afirmativo inequívoco pelo qual o titular dos dados signifique sua concordância com o tratamento dos dados pessoais que lhe dizem respeito". Tal consentimento[7] pode ser dado como um ato isolado, mas muitas vezes é exigido no curso do acordo com os termos e condições gerais de negócios (TCG) estabelecidos unilateralmente das empresas.

Com relação à natureza voluntária, o Art. 7°, § 4°, do RGPD declara: "Ao avaliar se o consentimento é dado voluntariamente, deve-se levar em conta, na medida do possível, o fato de que, inter alia, a execução de um contrato, incluindo a prestação de um serviço, depende do consentimento para o tratamento de dados pessoais que não são necessários para a execução de um contrato".

Os considerandos do RGPD tratam de algumas questões mais específicas da exigência do consentimento. Por exemplo, a terceira frase do n° 42 dos considerandos diz: "Só se deve assumir que o usuário (ou seja, a pessoa do usuário) deu seu consentimento voluntariamente se ele tiver uma escolha genuína ou livre e está, portanto, em condições de recusar ou retirar o consentimento sem sofrer desvantagens". O ponto 43 dos considerandos acrescenta: "Para garantir que o consentimento seja voluntário, ele deve ser dado em casos específicos em que haja um claro desequilíbrio entre o envolvido e a pessoa responsável, ... e, portanto, tendo em vista todas as circunstâncias do caso particular, é improvável que o consentimento tenha sido dado voluntariamente, ele não deve fornecer uma base legal válida. O consentimento não será considerado voluntário quando o consentimento não puder ser dado separadamente para diferentes operações de tratamento de dados pessoais, embora apropriado no caso particular, ou quando a execução de um contrato, incluindo a prestação de um serviço, estiver sujeita à concessão do consentimento, embora tal consentimento não seja necessário para a execução".

O caráter voluntário do consentimento é um elemento importante para a proteção da autonomia dos usuários. Entretanto, se determinados

---

[7] Ver Art. 4, N° 11, do RGPD para os requisitos para o consentimento legalmente eficaz. Para mais detalhes sobre legalidade, veja dentre muitos *Buchner/Kühling*, em: Kühling/Buchner (ed.), Datenschutz-Grundverordnung (2018), comentário sobre o Art. 7, número de margem 20 ss.

serviços são praticamente indispensáveis aos usuários por razões profissionais e pessoais importantes – por exemplo, para atuar no mundo do trabalho ou nas autoridades públicas ou para a participação social na comunicação – e se não existem serviços concorrentes de qualidade comparável, os usuários não têm praticamente outra escolha senão dar seu consentimento. O pressuposto de que eles dão seu consentimento voluntariamente é, então, ficção.

O Tribunal Constitucional Alemão também identificou este dilema e o formulou do seguinte modo: "Em todas as áreas da vida, serviços básicos para o público em geral estão sendo cada vez mais prestados por empresas privadas, muitas vezes poderosas, com base em extensas coletas de dados pessoais e medidas de processamento de dados. Os indivíduos dificilmente terão outra escolha senão a de revelar em grande medida seus dados pessoais para as empresas, caso não queiram ser excluídos desses serviços básicos. Diante da capacidade de manipulação, reprodução e de possibilidades de divulgação praticamente ilimitadas dos dados, tanto em termos de tempo como de espaço, bem como sua imprevisível capacidade de recombinação em procedimentos de processamento não transparentes por meio de algoritmos incompreensíveis, os indivíduos podem se tornar amplamente dependentes ou ficar expostos a condições contratuais impositivas"[8]. Ainda que aqui não se trate dos pressupostos para a validade de um consentimento do usuário, a importância das circunstâncias citadas devem ser levadas em consideração para a avaliação da natureza voluntária de um consentimento.

Também é importante para a validade de um consentimento saber se a coleta e o processamento de dados pelo fornecedor estão relacionados em conteúdo ao uso pretendido. Em geral, há também razões para interpretar as exigências do RGPD de forma restritiva, no sentido de que altas exigências são colocadas sobre a natureza voluntária dos dados.

Entretanto, não está claro se ou em que medida a padronização no RGPD deve ser entendida como uma proibição de acoplamento.[9] As

---

[8] BVerfG, Decisão de 6 de novembro de 2019; impresso em: Neue Juristische Wochenschrift (2020), p. 300, nota de rodapé 85.

[9] Particularmente, não existe um consenso se as prescrições do RGPD devem ser compreendidas "no sentido de uma proibição de acoplamento". Sobre a proibição de acoplamento, ver *Buchner/Kühling*, em: Kühling/Buchner (ed.), Datenschutz-

especificações não são muito precisas e podem dar origem a considerável controvérsia no futuro. Por exemplo, o Art. 7, § 4, do RGPD não define os requisitos da ação voluntária em si, mas apenas se refere a um indicador para sua avaliação que não é descrito com muita precisão. Da mesma forma, não está inequivocamente claro o que é usado para medir a necessidade de tratamento de dados pessoais para o cumprimento de um contrato. Na medida em que as empresas dão o seu consentimento para o levantamento, tratamento e armazenamento de dados pessoais pelo GCB em troca da concessão do direito de utilização de um serviço, ainda é necessário esclarecer se isso pode ser suficiente por si só para estabelecer que esse consentimento é necessário para o cumprimento do contrato. A rigor, isto deve ser negado. Afinal, o consentimento para o processamento de dados não é necessário para oferecer ou utilizar estes serviços como tal. As empresas, no entanto, indicarão que fizeram do próprio processamento de dados o objeto do contrato – nomeadamente como uma contrapartida. Se isto fosse reconhecido, a exigência voluntária estaria em grande parte vazia.

Também é importante para a proteção legal dos usuários que o consentimento exigido pelas empresas muitas vezes vá além da isenção das obrigações de proteção de dados no que diz respeito aos dados necessários para o processamento dos serviços. De fato, as empresas normalmente também exigem consentimento para o uso de outros dados, em alguns casos até mesmo para o aproveitamento de todos os dados e imagens disponíveis no sistema de tecnologia da informação do usuário. Além disso, geralmente não se faz distinção se o consentimento também pode levar à divulgação de dados pessoais de terceiros, tais como parceiros de comunicação, ou seja, dados sobre os quais a pessoa que dá o consentimento não tem direito de disposição.

Os Termos e Condições Gerais também preveem em parte – como no caso do Facebook – que os dados coletados podem ser combinados com os dados coletados por outros serviços do Grupo – no caso do Facebook, por exemplo, Instagram, WhatsApp etc. – assim como

---

-Grundverordnung (2018), número de margem 52 f. ao Art. 7; *Wolff/Brink*, em: BeckOK Datenschutzrecht, 28. ed. (2018), número de margem 40 e ss. do DS-GVO Art. 7 § 4; *Paal/Pauly*, Datenschutzgrundverordnung (2018), marginal n° 18 ss. do art. 7; também, *Dammann*, EU-Datenschutzgrundverordnung (2016), p. 311.

com dados das atividades do usuário na Internet fora do Facebook.[10] Posteriormente, todos esses dados podem ser utilizados, por exemplo, para criar perfis de usuários. Em vista do notável poder de mercado do Facebook e da falta generalizada de uma alternativa equivalente para o usuário dos serviços do Facebook, a Secretaria Federal de Combate aos Carteis da Alemanha chegou à conclusão de que a natureza voluntária do consentimento exigido pela lei de proteção de dados muitas vezes não é dada. Esta mesma Secretaria afirmou posteriormente uma violação da proibição de abuso sob a lei de cartéis contida na Seção 19 (1) da Lei contra as Restrições à Concorrência. O Facebook utiliza os perfis de usuários criados com a ajuda desses dados em particular para melhorar o espaço publicitário no Facebook. Em fevereiro de 2019, a Secretaria de Combate aos Carteis proibiu o Facebook de continuar a utilizar as partes relevantes de seus termos de uso. O Facebook contestou esta proibição no Tribunal. O Tribunal Regional Superior, que foi chamado a decidir sobre o assunto, anulou a proibição até que a decisão final fosse tomada. No entanto, o Tribunal Federal de Justiça anulou esta decisão.[11] A Suprema Corte Federal não tem dúvidas sérias sobre a posição dominante do Facebook e seu abuso. Os usuários não teriam a escolha "se querem usar a rede com uma personalização mais intensa da

---

[10] No comunicado de imprensa nº 080/2020 do Tribunal Federal de Justiça, a prática do Facebook é descrita do seguinte modo: "A rede social é financiada através de publicidade *on-line*. Neste sentido, uma publicidade pode ser inserida nas páginas do Facebook. Através de várias interfaces de programação fornecidas pelo Facebook (Facebook Business Tools), as empresas podem conectar com as páginas do Facebook sob diversas formas às suas próprias ou a outras páginas de internet ou aplicações para dispositivos móveis (Apps). Desta forma, os usuários do Facebook podem usar os plugins para expressar os seus interesses nestas páginas ou em determinados conteúdos (botão 'curtir' ou 'compartilhar'), ou fazer comentários e realizar um 'Facebook- login' em sites de terceiros com os seus dados de usuário registrados no Facebook. O sucesso da publicidade de uma empresa pode ser medido e analisado através de programas e funções de análise e medição oferecidos pelo Facebook. Com isso, não é apenas registrado o comportamento de usuários privados nas páginas do Facebook, mas também a chamada de páginas de terceiros através de interfaces correspondentes (Facebook Pixel), sem que o usuário para isso tenha que realizar qualquer ação. Através das funções analíticas e estatísticas do 'Facebook Analytics', as empresas recebem dados agregados sobre como os usuários interagem com os serviços oferecidos nos diferentes dispositivos, plataformas e sites de internet".

[11] BGH, Decisão de 23 de junho de 2010 (KVR 69/16). O texto acima é extraído do comunicado à imprensa 80/20 de 23 de junho de 2010.

experiência do usuário, que está associada a um acesso potencialmente ilimitado às características também de seu uso 'off-Facebook' da Internet pelo Facebook, ou se só querem concordar com uma personalização baseada nos dados que divulgam no próprio facebook.com". Também declara: "A falta de escolha dos usuários do Facebook não só prejudica sua autonomia pessoal e a preservação de seu direito à autodeterminação informativa, que também é protegida pelo DSGVO". Contra o pano de fundo das altas barreiras à troca que existem para os usuários da rede ("efeitos de trava"), ela também constitui uma exploração dos usuários que é relevante sob a lei do cartel, porque a concorrência não pode mais exercer efetivamente sua função de controle devido à posição dominante do Facebook. De acordo com as descobertas da Secretaria Federal de Combate aos Carteis, uma proporção considerável de usuários particulares do Facebook gostaria de ver menos divulgação de dados pessoais. Se a concorrência no mercado de redes sociais funcionasse adequadamente, uma oferta correspondente seria esperada. Os usuários para os quais a extensão dos preços dos dados seria um critério de decisão importante poderiam mudar para este critério. Se essa avaliação – como é de se esperar – também formar a base da decisão final, e se o Tribunal de Justiça Europeu, que presumivelmente também trata da questão, concordar com ela, isso teria consequências de longo alcance para o posterior tratamento do critério do consentimento voluntário.

A utilização de dados pelo Facebook tem sido frequentemente alvo de críticas. Um exemplo muito discutido é o chamado escândalo de dados do Facebook, que foi descoberto na primavera de 2018. Trata-se da transferência de dados de mais de 87 milhões de usuários do Facebook para a empresa Cambridge Analytica. Estes dados, obtidos com a ajuda de um aplicativo de pesquisa, foram muito provavelmente utilizados para apoiar a campanha eleitoral do Presidente Trump dos EUA. Os dados não diziam respeito apenas aos usuários de serviços específicos do Facebook, mas em grande parte eram dados de pessoas com quem esses usuários se comunicaram, como os chamados amigos do Facebook, cujos dados foram transmitidos por meio do envio de *Likes*[12]. O fato de o Facebook possuir tais bancos de dados não se deve menos ao fato de a empresa

---

[12] O Facebook também não apagou esses dados quando soube do seu uso indevido pela Cambridge Analytica. A empresa ficou satisfeita com a promessa não cumprida

coletar e analisar sistematicamente uma imensa quantidade de dados muito diferentes e, em particular, muitas vezes extremamente "pessoais".[13]

---

de que a Cambridge Analytica os apagaria. Entretanto, de acordo com declarações feitas pelo Facebook, a prática de transmitir esses dados foi interrompida.

[13] De particular interesse neste aspecto são, por exemplo, os dados que o Facebook tem coletado continuamente para gerar publicidade direcionada a grupos específicos. Veja um estudo de dados coletados, embora antes da entrada em vigor do RGPD e, portanto, não mais totalmente atualizados: Tischbein, 98 Daten (2016): (1) localização, (2) idade, (3) geração, (4) sexo, (5) língua, (6) nível de educação, (7) setor educacional, (8) escola, (9) etnia, (10) renda e equidade, (11) casa própria e tipo, (12) valor da casa, (13) tamanho do terreno, (14) tamanho da casa em metros quadrados, (15) ano em que a casa foi construída, (16) composição familiar, (17) usuários que fazem aniversário dentro de 30 dias, (18) usuários que estão longe da família ou da cidade natal, (19) Usuários que são amigos de alguém que tem um aniversário, é recém casado ou noivo, acaba de se mudar ou tem um aniversário chegando, (20) usuários em relacionamentos de longa distância, (21) usuários em novos relacionamentos, (22) usuários com novos empregos, (23) Usuários recém noivos, (24) Usuários recém-casados, (25) Usuários que se mudaram recentemente, (26) Usuários que têm um aniversário chegando, (27) Pais, (28) Pais expectantes, (29) Mães divididas em tipos ("futebol, moda" etc.), (30) usuários que provavelmente serão politicamente ativos, (31) conservadores e liberais, (32) *status* de relacionamento, (33) empregador, (34) indústria, (35) cargo, (36) tipo de escritório, (37) interesses, (38) usuários que possuem uma motocicleta, (39) usuários que estão planejando comprar um carro (que tipo/marca e quando), (40) usuários que compraram recentemente peças ou acessórios para carros, (41) usuários que provavelmente precisarão de peças ou serviços para carros, (42) Tipo e marca do carro que você dirige, (43) Ano que você comprou o carro, (44) Idade do carro, (45) Quanto dinheiro você espera gastar no seu próximo carro, (46) Onde você espera comprar seu próximo carro, (47) Quantos funcionários sua empresa tem, (48) Usuários que têm pequenas empresas, (49) Usuários que são gerentes ou executivos, (50) Usuários que doaram para caridade (discriminados por tipo), (51) sistema operacional, (52) usuários que jogam jogos de browser, (53) usuários que possuem um console de jogos, (54) usuários que criaram um evento no Facebook, (55) usuários que usaram Pagamentos do Facebook, (56) usuários que gastaram mais do que o normal via Pagamentos do Facebook, (57) usuários que são administradores de uma página do Facebook, (58) usuários que recentemente fizeram upload de uma foto para o Facebook, (59) navegadores de internet, (60) provedores de e-mail, (61) "Early Adopters" e "Late Adopters" de tecnologias, (62) emigrantes (classificados por país de origem), (63) usuários pertencentes a uma cooperativa, banco nacional ou regional, (64) usuários investidores (classificados por tipo de investimento), (65) número de créditos, (66) usuários que usam ativamente um cartão de crédito, (67) tipo de cartão de crédito, (68) usuários que têm um cartão de débito, (69) usuários que têm crédito em seu cartão de crédito, (70) Usuários que ouvem rádio, (71) Programas de TV preferidos, (72) Usuários que usam um dispositivo móvel (por marca), (73) Tipo de conexão à Internet, (74) Usuários que compraram recentemente um tablet ou *smartphone*, (75) Usuários que usam a

Tendo em vista que até agora tem havido uma ampla gama de possibilidades de coletar e vincular vários dados, o consentimento abre a possibilidade prática para que as empresas que coletam e avaliam os dados possam invadir os direitos pessoais de terceiros, sem que estes últimos necessariamente estejam cientes disso e possam se proteger legalmente. A dimensão do problema se expande em função das novas possibilidades de interação, por exemplo, na *smart home* ou ao utilizar sistemas de assistência de voz como o "Alexa". Aqui não se exclui que os dados de todos os usuários de um apartamento possam ser coletados, mesmo que eles mesmos não tenham dado seu consentimento.

A exigência de consentimento também é frequentemente utilizada pelas empresas não só para lidar com questões de proteção de dados, mas também para renunciar à validade de algumas das obrigações legais impostas às empresas, reduzindo assim a proteção legal dos usuários. Isso se aplica, por exemplo, ao âmbito de proteção ou a responsabilidade por direitos autorais, mas também à redução da proteção legal ao designar uma jurisdição[14] ou sistema jurídico estrangeiro como exclusivamente decisivo para disputas legais.

Internet com um *smartphone* ou tablet, (76) Usuários que usam cupons, (77) Tipos de roupas compradas pela residência do usuário, (78) A época do ano em que a residência do usuário mais compra (79) Usuários que compram "muito" cerveja, vinho ou bebidas alcoólicas (80) Usuários que compram alimentos (e de que tipo), (81) Usuários que compram cosméticos, (82) Usuários que compram medicamentos para alergias e resfriados, analgésicos e outros medicamentos sem receita médica, (83) Usuários que gastam dinheiro em artigos domésticos, (84) Usuários que gastam dinheiro em produtos para crianças ou animais de estimação (e de que tipo de animal de estimação), (85) Usuários cujo domicílio compra mais do que o habitual, (86) Usuários que tendem a fazer compras *on-line* (ou *off-line*), (87) Tipos de restaurantes onde o usuário come, (88) Tipos de lojas onde o usuário faz compras, (89) Usuários que são "receptivos" a ofertas de empresas que oferecem seguro automóvel *on-line*, educação superior ou hipotecas, cartões de débito pré-pagos e TV via satélite, (90) Há quanto tempo o usuário mora em sua casa, (91) Usuários que provavelmente se mudarão em breve, (92) Usuários que estão interessados nos Jogos Olímpicos, cricket ou Ramadan, (93) Usuários que viajam frequentemente (a negócios ou lazer), (94) Usuários que se deslocam para o trabalho, (95) Que tipo de férias os usuários reservam, (96) Usuários que voltaram recentemente de uma viagem, (97) Usuários que usaram recentemente um aplicativo de viagem, (98) Usuários que têm direito a alojamento de férias.

14   Em 2017, o Supremo Tribunal canadense invalidou uma regra semelhante no domínio da lei canadense.

Os sistemas legais padronizam requisitos mais detalhados para termos e condições em geral (ver na Alemanha, por exemplo, §§ 305 e seguintes do Código Civil Alemão [BGB]) e, em muitos casos, também contêm possibilidades legais para o monitoramento de termos e condições gerais. Contudo, tais padrões não são regularmente adaptados às particularidades do uso de GTC no âmbito de modelos de negócios específicos de TI ou especificamente ao uso de *Big Data*, e certamente não aos problemas especiais da criação e uso de GTC por empresas com uma posição de oligopólio global. Os GTCs tipicamente utilizados no setor de TI muitas vezes permitem aos usuários limitar o âmbito de seu consentimento até certo ponto, mas geralmente apenas em termos pontuais. Além disso, o uso desta possibilidade é, às vezes, tecnicamente complexo. Uma alternativa à utilização dos serviços sem autorização para renunciar a direitos em grande medida – como a possibilidade de proibir o uso de dados não necessários para o processamento do processo de comunicação específico – quase nunca é concedida.

Infelizmente, o regulamento básico de proteção de dados da UE não padroniza a obrigação de os provedores oferecerem alternativas de consentimento para o processamento de dados. Tal alternativa seria um direito dos usuários de acessar os serviços em troca de uma contrapartida financeira justa.

Em termos de política legal, seria mesmo justificável, se não necessário, obrigar os provedores a pagar aos usuários uma taxa justa se eles concordarem com a coleta e utilização dos dados, mesmo na medida em que isso não sirva para fornecer ou melhorar o serviço solicitado, mas para uso posterior.[15] É verdade que nem todos os dados têm um alto valor econômico.[16] Entretanto, como mostram as substanciais margens de lucro de muitas empresas de TI que se (co)financiam por intermédio da exploração de dados, o acesso aos dados pode ser muito lucrativo em termos econômicos e muitas vezes é. Se tais operações de processamento

---

[15] Este estudo não aborda a questão, que é intensamente discutida em direito, sobre se, e em que medida, há um direito exclusivo comparável ou idêntico ao da propriedade. Para obter uma visão geral, consulte entre outros, *Schütze/Hänold/Forgó*, Big Data (2018).

[16] Sobre a questão da determinação do valor dos dados, ver *Picot/Berchtold/Neuburger*, Big Data (2018).

de dados forem afetadas, regulamentos vinculativos fariam sentido tendo em vista que o processamento só é permitido mediante pagamento àqueles cujos dados são utilizados pelas empresas para fins comerciais. O mesmo poderia ser previsto se os usuários forem obrigados a dar seu consentimento para a redução da proteção dos direitos autorais ou os requisitos de responsabilidade dos provedores.

III. Dificuldades na aplicação dos princípios fundamentais da lei de proteção de dados, especialmente para aplicações de *Big Data*

Os princípios tradicionalmente contidos na lei sobre a proteção de dados pessoais, em particular os de limitação de finalidade e minimização de dados (de acordo com o Art. 5, § 1, do RGPD), podem ser um obstáculo para aplicações de dados de grande porte: Afinal, geralmente deve ser possível utilizar os dados originais para diversos fins que de forma alguma são sempre claros desde o início. A exigência de limitação de propósito (Art. 6, § 1, a, em conjunto com Art. 5, § 1, b, do RGPD)[17] permanece, portanto, praticamente sem consequência.[18] A propósito, a análise de *Big Data* é, em princípio, tanto mais bem sucedida quanto mais dados de diferentes tipos e origens estiverem disponíveis, que podem ser avaliados de diferentes maneiras e cujos resultados podem ser utilizados em diferentes contextos. Isso também contradiz o princípio da minimização de dados. Portanto, não é surpreendente que o caráter impositivo dos princípios de proteção de dados para aplicações de *Big Data* seja criticado pelas empresas afetadas como um obstáculo e inibidor de inovação. A esse respeito, apontam que as oportunidades associadas aos *Big Data* são reduzidas ou mesmo frustradas.

No entanto, isso por si só não justifica a renúncia à validade dos princípios de proteção, porque uma renúncia favoreceria unilateralmente a busca dos interesses dos processadores de dados e poderia levar à prevenção de possibilidades de evitar ameaças à proteção legal dos sujeitos dos dados em áreas que muitas vezes são altamente visíveis para eles. A este respeito, existe um potencial fundamental de conflito

---

[17] Sobre este problema, veja, por exemplo: *von Grafenstein*, Purpose Limitation (2018).

[18] Para mais informações sobre estas e outras questões, ver as contribuições de *Hornung*, Erosion (2018) e *Hermstrüwer*, Skizze (2018). Ver também Autoridade Europeia para a Proteção de Dados (ed.), Bewältigung (2015).

como resultado do uso de *Big Data*, e o Direito existente – incluindo o RGPD e, na Alemanha, a BDSG (nova) – não oferece nenhuma solução para lidar com isso.

Tendo em vista os mandados de garantia e proteção contidos no direito comunitário e no direito constitucional nacional, já mencionados diversas vezes, são indispensáveis objetivos e instrumentos de proteção legalmente garantidos no setor de TI, incluindo aplicações de *Big Data*. Sem ser substituído por requisitos que assegurem funcionalmente uma proteção legal comparável à da lei de proteção de dados, não se justifica excluir a validade dos princípios acima mencionados no que diz respeito às aplicações de dados de grande porte. Em particular, a justificativa de que esses princípios estabelecem limites à agregação de dados e, portanto, ao uso do potencial de *Big Data* não é suficiente. Ao contrário, outras abordagens são necessárias aqui para criar um equilíbrio entre os interesses dos grandes usuários de dados e aqueles que podem ser adversamente afetados por aplicações de *Big Data*.

IV. Proteção também dos interesses jurídicos coletivos

Problemas de proteção adequada de interesses legalmente significativos também surgem além da proteção da personalidade. Embora a importância da proteção de dados continue a ser fundamentalmente importante, atualmente ela está cada vez mais recuando atrás das exigências de proteção que não são exclusivas ou principalmente relacionadas ao indivíduo, mas que dizem respeito a interesses coletivos e também a questões éticas. Também diz respeito às condições de enquadramento para a participação pessoal em desenvolvimentos sociais.

Os crescentes grandes *pools* de dados e a expansão e desenvolvimento de opções de avaliação e a aplicabilidade dos resultados, inclusive aumentando a comunicação apoiada em TI, podem ter consequências consideráveis para partes ou para toda a sociedade, incluindo a expansão dos desequilíbrios de poder. O risco de uma *Big Data Divide* da sociedade também está sendo abordado em discussões públicas.

Os riscos de exploração ou mesmo abuso de poder estão associados às possibilidades dos intermediários de informação para avaliação automatizada dos muitos e variados dados dos usuários à sua disposição e, portanto, para comunicação personalizada. A seleção de informações por pessoa, como *feeds* de notícias, também oferece grandes oportunidades para influenciar a publicidade política e comercial. As consequências sociopolíticas também podem resultar da estrutura dinâmica de taxas para os produtos. Embora tais cursos de ação inicialmente só tenham impacto sobre aqueles individualmente afetados, eles também têm impacto sobre o tipo de fornecimento de informações ou sobre o funcionamento do mecanismo de preços nos mercados.

A *Big Data Analytics* também possibilita a análise de tendências, o que permite estratégias sob medida para explorá-las, incluindo influenciar a opinião e atitudes públicas e o orçamento de experiência dos usuários. O chamado *microtargeting* também pode ser importante para a votação e o comportamento eleitoral.[19]

O problema do uso de Social Bots deve ser mencionado em particular.[20] São programas de computador que utilizam perfis similares aos de pessoas físicas e utilizam formas típicas de redes, por exemplo, participando do discurso *on-line*. Eles podem espalhar desinformação ou falsificar opiniões majoritárias na rede e assim manipular a formação da opinião individual e pública.

Na medida em que o tratamento dos dados permite o desenvolvimento do poder político ou social de uma forma problemática do ponto de vista democrático, constitucional e do Estado social, é importante que se estabeleçam mecanismos eficazes de neutralização jurídica. A lei de proteção de dados, que foi concebida para proteger o indivíduo, não pode, em caso algum, atingir este objetivo.

V. Falta de transparência

A transformação digital, de fato, criou novos espaços e métodos para a geração, coleta e exploração de informações. No entanto, os procedimentos utilizados e os resultados obtidos só são acessíveis às pessoas afetadas ou ao público em geral de forma limitada. Muitas empresas, como os influentes intermediários de informação, evitam, na medida do possível, a transparência, em grande parte excluem a rastreabilidade dos procedimentos para terceiros, e assim impedem

---

[19] Cf., *Hornung*, Erosion (2018), pp. 92 ss.; *Dankert*, Verfälschung (2018), pp. 158-160.
[20] Cf., *Dankert*, Verfälschung (2018).

oportunidades para um controle externo efetivo – por exemplo, para descobrir seletividade unilateral ou para assegurar a responsabilidade e a prestação de contas. Entretanto, pode ser importante, tanto para os usuários e órgãos de supervisão, quanto para o público em geral como portadores de corresponsabilidade democrática, que o tratamento dos dados, incluindo sua utilização no contexto de grandes análises de dados, seja compreensível e controlável, na medida em que os interesses legais individuais ou coletivos podem ser adversamente afetados por eles. Os requisitos de transparência referem-se não só à capacidade de perceber a interface de comunicação, mas também ao conhecimento dos fatores que são importantes para a compreensão do funcionamento do controle baseado em algoritmos. Isso diz respeito, por exemplo, ao projeto técnico e aos critérios e conceitos da aplicação do algoritmo.

A transparência é um requisito para garantir a prestação de contas, em particular. Grandes problemas de intransparência estão ligados ao uso de sistemas baseados em algoritmos de aprendizagem (ver, acima, capítulo 2, C).

A eliminação dos déficits de transparência requer requisitos legais que garantam que informações suficientes sobre o campo regulatório sejam influenciadas, não apenas sobre os estoques de dados detidos por atores públicos ou privados, mas também sobre a forma como eles são gerados e utilizados e o grau de cumprimento dos requisitos legais.

O RGPD melhorou as possibilidades de obtenção de informações sobre o processamento de dados pessoais. Seção 2 do RGPD e seções 32 e seguintes. A BDSG (nova) prevê[21] certas obrigações, às vezes muito detalhadas, dos usuários de dados para informar (individualmente) as pessoas afetadas e direitos de acesso para elas.[22] Isso aplica-se ao levantamento e ao tratamento – incluindo o tratamento para fins diferentes dos previstos no momento da coleta – e à transmissão de dados pessoais.[23] Entretanto, apenas informações sobre dados pessoais especificamente adquiridos são cobertas, mas não, por exemplo, sobre

---

[21] Veja também §§ 55 ss. da BDSG (nova) – em implementação da Diretiva (UE) 2016/680.
[22] Para os limites da eficácia de tais informações, ver *Hermstrüwer*, Skizze (2018).
[23] Art. 13-15 do RGPD no sentido de nº 60 e ss. dos Considerandos. Para mais detalhes, remetemos ao comentário de Kühling/Buchner, Datenschutz-Grundverordnung (2018) e de *Paal/Pauly*, Datenschutzgrundverordnung (2018).

todos os dados gerados e utilizados ou recém-gerados pelo uso de tecnologias de informação ou por análise de dados de grande porte. As tarefas de controle e os poderes concedidos às autoridades independentes de proteção de dados (ver capítulo VI do RGPD), incluindo o direito à informação (artigos 57.º a 58.º), também se limitam à proteção de dados pessoais.

Embora o RGPD descreva relativamente em detalhes os deveres fundamentais das empresas, ele deixa uma margem considerável para interpretação e é particularmente relutante em saber exatamente para que os dados serão utilizados a fim de satisfazer o interesse dos usuários. Assim, segundo o Art. 14 do RGPD, os destinatários ou categorias de destinatários de dados pessoais só devem ser especificados "quando apropriado". A restrição "quando apropriado" também se aplica às intenções do controlador de dados de transferir dados pessoais para um destinatário em um país terceiro ou uma organização internacional (Art. 14, § 1ºf). Destas e de outras disposições resulta claro que a lei de proteção de dados atualmente aplicável diz respeito principalmente ao levantamento de dados, mas apenas de forma limitada à utilização dos dados. Uma proteção de dados eficaz, no entanto, teria que se preocupar em grande parte com o nível de utilização.

Há também necessidade de transparência quanto ao tipo de algoritmos e sua utilização. Por exemplo: de acordo com que máximas é feita a programação, que critérios são utilizados como base ou mesmo que informações são inseridas como *input* se os algoritmos são utilizados para seleção e controle em casos concretos – por exemplo em *targeting* ou perfil (ver, acima, A) ou em *scoring*?[24]

O RGPD contém regras legais para melhorar a transparência – apenas em parte – e isso inclui a proteção de dados pessoais. No entanto, os Art. 13 § 2f. e 14 § 2g do RGPD preveem – para uma área parcial, a saber, a tomada de decisão automatizada, incluindo o perfil (embora

---

[24] O *Scoring* [pontuação] é a utilização de um valor de probabilidade sobre determinada conduta futura de uma pessoa singular; é utilizado, por exemplo, para avaliar a solvabilidade ou, de modo mais geral, como base para uma decisão de celebrar, executar ou rescindir um contrato. Para os requisitos relativos a esse valor de probabilidade, ver § 13 da BDSG (nova).

com o acréscimo "pelo menos nestes casos")[25] – como parte do direito de acesso, "informações significativas dirigidas aos sujeitos dos dados sobre a lógica envolvida,[26] e também sobre o âmbito e os efeitos pretendidos de tal processamento". O que se entende por "lógica envolvida" permanece em aberto. Na literatura é descrito em termos de "métodos e critérios",[27] sem mais detalhes. O RGPD carece de mais concretizações, por exemplo, no que diz respeito às categorias de dados que podem ser utilizadas para aplicações especiais, como a pontuação. Por exemplo, uma limitação do uso de dados na pontuação para verificar a solvabilidade ao histórico de crédito anterior da pessoa em questão poderia ser considerada. Também poderia prever limites de tempo para o uso de certos dados, por analogia com o direito de ser esquecido. Deve-se observar apenas que tais restrições também seriam úteis em certos campos da criação de perfis, como a limitação de categorias de dados para a criação de perfis na área de procedimentos de aplicação, mas também na comunicação comercial. As especificidades dos algoritmos de aprendizagem também precisarão ser abordadas, como a questão de até que ponto a divulgação da "lógica envolvida" também inclui a dos procedimentos nos programas de treinamento embutidos nos sistemas algorítmicos de aprendizagem.

Outras questões ainda não estão claras, tais como o grau em que as obrigações de informação e os direitos de acesso e possibilidades de monitoramento, estabelecidos legalmente até o momento, afetam a área de aplicações de *Big Data*. Até agora, de qualquer forma, aqueles afetados por aplicações de *Big Data* – por exemplo, ao utilizar técnicas preditivas – desconhecem regularmente quais os dados que as empresas realmente utilizam, quais os dados que se ligam a outros dados e como, e assim fornecem outras possibilidades de uso, ou quais dados passam para outras divisões do Grupo, para empresas externas para seu uso de *Big Data* ou para corretores de dados. Quanto aos direitos

---

[25] Isso sugere que o esquema só descreve um padrão mínimo. Sobre a questão de saber se a pontuação também está incluída, consulte *Taeger*, Scoring (2016), p. 75.
[26] Na literatura, a opinião é frequentemente expressa no sentido de que apenas os pressupostos básicos da lógica algorítmica devem ser comunicados, não os próprios algoritmos; ver Paal/Pauly, Datenschutzgrundverordnung (2018), § 31 do art. 13.
[27] Cf., *Bäcker*, em: Kühling/Buchner (ed.), Datenschutz-Grundverordnung (2018), n. 27 a Art. 15.

de informação dos usuários e obrigações de informação das empresas, sua implementação prática não é apenas onerosa, mas o tratamento dos resultados é difícil. Se as empresas cumprem plenamente as obrigações de informação, os usuários são regularmente inundados por montanhas de dados, que por acaso tendem a conter muitas abreviações e termos em grande parte desconhecidos, de modo que informações significativas só podem ser obtidas praticamente por especialistas.

Os problemas de informação não são enfrentados apenas por usuários individuais. As instituições responsáveis pelo monitoramento do cumprimento da lei – como as autoridades de proteção de dados – também enfrentam consideráveis problemas de informação. De qualquer forma, até agora eles também só excepcionalmente têm estado cientes de como e com que objetivos as empresas realmente usam *Big Data* e a *Big Data Analytics* relacionada (como análise descritiva, preditiva e prescritiva).

Resta saber se e em que medida os novos regulamentos nas leis de proteção de dados dos membros da UE eliminarão ou reduzirão de forma sustentável os consideráveis déficits de transparência. O fator decisivo será a implementação das normas relevantes e das diretrizes complementares contidas nos considerandos do RGPD e de outros regulamentos relevantes da UE.

VI. Proteção contra a vigilância do Poder Público

As tarefas de proteção e os déficits de transparência também existem na medida em que os dados e a análise de *Big Data* são utilizados para a vigilância do Poder Público, por exemplo, pelos serviços secretos, pelas autoridades de proteção constitucional, mas também pela polícia.[28] Não é o RGPD que é relevante para esta área problemática, mas a "Diretiva do Parlamento Europeu e do Conselho relativa à proteção das pessoas singulares no que diz respeito ao tratamento de dados pessoais pelas autoridades competentes para efeitos de prevenção, investigação, detecção ou repressão de infrações penais ou de execução de sanções penais e à livre circulação desses dados".[29] Esta diretiva – que não é diretamente

---

[28] Cf., *Bäcker*, Kriminalpräventionsrecht (2015); e *Singelnstein*, Strafverfolgung (2018).
[29] Cf., Diretiva (UE) 2016/680, de 27 de abril de 2016, JO L 119 de 9 de maio de 2016, 89 ss.

aplicável, mas deve ser completada pelo legislador nacional – foi implementada no direito alemão pela Parte 3 da Lei Federal de Proteção de Dados (nova). A situação problemática regulada nessas bases legais, que requer processamento independente, não será discutida em detalhes aqui.[30]

Apenas uma observação geral: essa diretiva e sua implementação na BDSG (nova) também exclui os problemas regulatórios especiais com *Big Data*, embora *Big Data* também sejam utilizados de forma proativa e reativa para o cumprimento das tarefas aqui envolvidas, por exemplo, no monitoramento público para fins de prevenção de riscos ou processo criminal.[31]

Os problemas de falta de transparência e responsabilidade mencionados acima (V) também surgem aqui. A vigilância do Poder Público muitas vezes depende legitimamente do sigilo para ser eficaz. No entanto, isso não o exime das obrigações legais.[32] Para que estes sejam respeitados, são importantes acordos efetivos de monitoramento por parte dos tribunais, parlamentos e do público. Na medida em que o controle judicial seja limitado e/ou confiado a um órgão de controle especial (como na Alemanha, nos termos do artigo 10.2, § 2º, da Lei Fundamental),[33] deve ser assegurada transparência suficiente – pelo menos em relação a tal órgão. Isso também se aplica à utilização de *Big Data*.

B. DE MODO ESPECIAL: PROTEÇÃO DE DADOS NÃO CONSIDERADOS PESSOAIS

A importância dos dados não considerados pessoais, assim como o fato de que o Direito tradicional de proteção de dados não oferece proteção contra a coleta e a utilização de dados que não sejam pessoais, já foi referenciado diversas vezes. Mesmo os dados sem essa referência pessoal podem ser utilizados de várias maneiras, e atualmente são cada

---

[30] Para o conteúdo da Diretiva, ver, entre outros, *Schwichtenberg*, Kleine Schwester (2016), pp. 605-609.
[31] Cf., *Singelnstein*, Strafverfolgung (2018); *Joerden*, Big Data (2018).
[32] Ver também, entre outros, *Bäcker*, Kriminalpräventionsrecht (2015); *Hoffmann-Riem*, Freiheitsschutz (2014).
[33] É uma Comissão de controle parlamentar chamada Comissão G10.

vez mais importantes para a economia, tecnologia, desenvolvimento tecnológico, política, dentre outros. Por isso, a seção seguinte abordará em especial – ainda que de forma breve – sobre as questões concernentes ao tratamento, ou melhor, à proteção de tais dados.

Não ser classificado como dados pessoais significa, por um lado, dados que eram pessoais, mas – especialmente por meio da anonimização e precauções contra a desanonimização –, não podem ser mais atribuídos a pessoas específicas. Ademais, os novos dados sem referência pessoal (em particular os derivados de dados obtidos a partir do processamento de dados), bem como os dados agregados retirados da sua referência pessoal anterior, não se enquadram no âmbito de validade da lei de proteção de dados. Para a economia, os dados industriais são especialmente importantes,[34] tais como os coletados na produção de bens ou na sua distribuição. Há igualmente os assim designados dados sintéticos,[35] ou seja, conjuntos de dados equivalentes aos conjuntos de dados iniciais em suas estruturas e informações estatísticas, cujos dados não podem ser rastreados em definitivo até os valores iniciais. Da mesma forma, os assim chamados dados abertos (Open Data) podem ser disponibilizados.[36] A isso, incluem-se também os dados no âmbito da Administração Pública[37], especialmente aqueles que se tornam acessíveis mediante o uso das possibilidades surgidas das leis de liberdade de informação. Além disso, podem ser citados os dados abertos fornecidos por partes privadas, que são várias vezes compartilhados, e que, em particular, são acessíveis por meio de mercados de compartilhamento de dados.[38]

Dados de diferentes formas podem ser utilizados para formar um banco de dados, por exemplo, para combinações específicas e para diferentes propósitos.[39] Na maioria das áreas de aplicação das tecnologias

---

[34] Cf, por todos, *Wiebe/Schur*, Spannungsverhältnis (2007).
[35] Sobre isso, ver https://www.stiftung-nv.de/sites/default/files/synthetische_daten.pdf.in
[36] Sobre o tema, ver a diretriz (EU) 2019/1024 do Parlamento Europeu e do Conselho de 20 de junho de 2019 sobre dados abertos e a aplicação contínua de informações do setor público.
[37] A título de exemplo, cf. o panorama geral em: *Bertelsmann Stiftung*, Musterkatalog (2020).
[38] Sobre interesses e possibilidades no compartilhamento de dados, v. *Richter/Slowinski*, Data Sharing Economy (2019).
[39] Os tipos e a variedade dos dados gerados ilustram a listagem de dados relacionados à condução automatizada de veículos motorizados em rede, *Hornung*, Ökonomische

digitais na indústria, na pesquisa, no comércio ou nos mercados de capitais, a utilização de dados não considerados pessoais supera a de dados pessoais. Precisamente os conhecimentos obtidos por meio da combinação de diferentes dados são um fundamento essencial para novos conhecimentos e para o sucesso econômicos de empresas, construído com o uso de tecnologias digitais para análise, prognoses, consultorias, decisões de produção, estratégias comerciais, dentre outros. Tal conhecimento pode ser igualmente importante para os órgãos governamentais.

As tecnologias digitais – como já mencionado diversas vezes – são utilizadas em quase todas as esferas da vida. Existem disciplinas jurídicas especiais relacionadas a áreas específicas, incluindo o tratamento de dados, como, por exemplo, o Direito da engenharia genética, o Direito da saúde, o Direito da área alimentícia, o Direito do mercado de capitais, o Direto do setor energético, o Direito da indústria química, dentre outros.[40] No entanto, para a proteção de dados como tais, o Direito autoral e o Direito de patente não podem ser invocados, mas sim para proteger invenções ou criações adquiridas mediante a utilização de dados.[41]

Também dever ser citado o fato de que há muita discussão sobre a ampliação da proteção para sistemas algorítmicos e usos digitais, e, com isso, indiretamente também para dados.[42] Uma das muitas questões que permanece altamente controversa é se e em que medida deve haver um direito geral de produção de dados, especialmente um direito parecido com a propriedade de dados industriais e outros dados importantes no setor econômico ou em outros setores.[43] Da mesma forma, há discussões

---

Verwertung (2019). Sobre o tratamento jurídico do valor econômico de dados de automóveis, v. *Hornung/Goeble,* Data Ownership (2015).

[40] Para ilustrar a variedade até o momento existente, cf. Hoeren/Sieber/Holznagel (ed.), Multimedia-Recht (2020), que trata de uma multiplicidade de áreas jurídicas distintas, incluindo as normas relativas à proteção de dados.

[41] Sobre a tema, v., por exemplo, *Kuschel,* Digitalisierung (2020).

[42] Cf., por todos, *Fezer,* Immaterialgüterrecht (2017). Sobre as discussões nas quais também são consideradas outras medidas de proteção, v. *Fries/Scheufen,* Märkte (2019); *Riehm,* Rechte an Daten (2019), p. 718 ss. *Hoeren,* Datenbesitz (2019) se posiciona a favor da proteção da posse de dados – e não propriedade de dados – Claramente contra direitos de propriedade sobre dados: *Determann,* Eigentumsrechte (2018).

[43] Cf., Simits/Hornung/Spiecker genannt Döhmann (ed.), Datenschutzrecht (2019), Introdução, Número de margem 27 com indicações nas notas de rodapé nº 61, 62, Número

sobre um direito de acesso de terceiros não apenas a dados disponibilizados pelo Estado (palavra-chave: Leis de liberdade de informação), mas também aos dados de máquinas, ou melhor, de indústrias, e outros dados não considerados pessoais, que foram coletados ou adquiridos por indivíduos privados. Tal direito geral ainda não existe, mas pode ser justificado por lei, sujeito a uma ponderação constitucional dos interesses envolvidos. Os direitos de acesso podem ser importantes como um contrapeso aos detentores do poder, tendo em vista a monopolização e a oligopolização (palavra-chave: falha do mercado).[44] Sem direitos de acesso (também na hipótese de pagamento) a dados e a sua utilização, como, por exemplo, no âmbito de *Big Data* e do uso de IA, as inovações, assim como o desenvolvimento de novos modelos de negócios e serviços alternativos, podem se tornar difíceis ou impossíveis para os atores.

Para fins de justificação de tais aberturas, podem ser referidos, em especial, os dados socialmente relevantes que hoje não podem ser compreendidos regularmente como produto de um único "produtor de dados". Eles se formam regularmente nas múltiplas possibilidades criadas pela transformação digital, ou seja, nos trabalhos preliminares em forma de *hardware* disponível, infraestruturas utilizáveis, *Knowhows* desenvolvidos na ciência, e outros serviços disponibilizados. Isso pode justificar que o legislador, sob a alegação do caráter social dos dados envolvidos e com o objetivo de assegurar a capacidade funcional da concorrência, a promoção da inovação, e a busca de objetivos específicos de interesse público, permita certos direitos de acesso e uso.

Outra problemática se relaciona à questão de até que ponto existem ou deveriam existir direitos de acesso ao conhecimento – sob a configuração legal da acessibilidade geral em referência à liberdade de informação nos termos do art. 5º, § 1º, da Constituição.[45] Há muita reivindicação para a expansão digital da Open Access, especialmente sob a forma de acesso

---

de margem 311 com indicações na nota de rodapé 712 – também com referências a vozes críticas; *Haller*, Digitale Inhalte (2019).

[44] Sobre essa discussão, ver também *Fries/Scheufen*, Märkte (2019); *Denga*, Gemengelage (2018), e, também, sob a perspectiva econômica, *Kerber*, Non-Personal Data (2016); *Ebers*, Regulierung (2020), nota de rodapé 91 ss.; *Schweitzer*, Datenzugang (2019).

[45] Cf., *Peitz/Schweitzer*, Ordnungsrahmen (2018), p. 279 ss.; *Wiebe/Schur*, Spannungsverhältnis (2007), p. 467 ss. Da mesma forma, existem várias iniciativas de Open-Access, como, por exemplo, por meio do Ministério de Estado para a Educação e Pesquisa.

livre à literatura científica,[46] a documentos, bem como a resultados de pesquisas científicas e a criação de um direito para a sua avaliação (também em forma digital).[47] Se os dados correspondentes não forem acessíveis, o conhecimento existente não poderá ser utilizado, mesmo que sejam importantes para lidar com tarefas futuras. Significativas também são as possibilidades/seguranças da interoperabilidade de *Software* e redes, e outros pressupostos para aproveitar as oportunidades de muitos para colaboração, inclusive como meio para facilitar a inovação.

---

[46] Isso se refere também ao acesso à pesquisa jurídica. Cf., sobre o tema, as contribuições de *H. Hamann/D. Hürlimann, J. Rux, I. Vogel* e *C. Mathieu* sobre Open Access em publicação especial de 2019 da Revista "Rechtswissenschaft".
[47] Por último, cf., *Raue*, Rechtssicherheit (2019).

§ 6º-A
GARANTIA DA CAPACIDADE FUNCIONAL DOS MERCADOS ATRAVÉS DO DIREITO ECONÔMICO

Defronte o significado do desenvolvimento dos mercados econômicos para a forma da transformação digital, questões são formuladas em relação à capacidade funcional do Direito antitruste como uma parte importante do Direito econômico. Apesar do grande significado dos objetivos econômicos, fatores de motivação e de controle para o desenvolvimento das tecnologias/inovações digitais, e sua utilização em áreas de negócios altamente diversas, o Direito antitruste reagiu até agora aos desafios da transformação digital de forma muito limitada. Porém, como reação ao domínio mormente das plataformas globais, e das suas influências políticas e econômicas, estão surgindo reorientações.

A. SOBRE O ATUAL DIREITO ANTITRUSTE

O Direito antitruste tem significação central para a garantia da capacidade funcional dos mercados.[1] Numa ordem orientada pela economia de mercado, a asseguração da capacidade funcional dos mercados – e com isso também o evitamento das assimetrias de poder ou do abuso do poder de mercado – é um objetivo autônomo, que ao mesmo tempo deve servir para proteger interesses coletivos e individuais com o auxílio do modo de governança pela concorrência.

O sistema normativo antitruste influenciado pelo direito europeu e nacional é utilizado principalmente como limitação do poder também no âmbito da tecnologia da informação, em particular para impedir negociações que restrinjam a concorrência (ver art. 101 e ss. da AEUV;

---

[1] Sobre o Direito antitruste, v. Höppner, Medienkartellrecht (2016); König, Wettbewerbsrecht (2020); Podzun, Regulierung von Online-Plattformen (2020).

§ 1º e ss. do GWB), ou outras formas de condutas restritivas (v. § 18 e ss. do GWB). No entanto, o Direito antitruste, até o momento, tem sido direcionado apenas limitadamente para os mercados de TI. Em particular, ele não pode evitar empoderamentos globais, e com isso o abuso vinculado do poder de mercado, porquanto inexiste um direito antitruste global aplicável. Nada obstante o Direito antitruste nacional, assim como o europeu, possa reagir a medidas de restrição da concorrência por atores globais, sua eficácia é, até agora, bastante limitada.

O Direito antitruste tem sido utilizado pela Comissão da União Europeia e pela Secretaria Federal Alemã de Cartéis em diversos processos contra empresas de TI, incluindo processos contra o Google.[2] Na medida em que não foram possíveis soluções consensuais, multas foram impostas.[3]

Um problema especial é a aquisição, ou fusão, de *startups* ou de empresas médias inovadoras por grandes empresas de TI. Tais ações exorbitam o alcance da aplicação do direito alemão antitruste, se, como ocorre em regra nas habituais aquisições de *startups*, os critérios relevantes de aquisição (v. § 35 do GWB) para o controle da fusão não forem alcançados. As empresas atuantes internacionalmente e globais dispõem também de possibilidades de evitar proibições limitativas do Direito antitruste em nível regional.

Cresce, no entanto, a consciência de que as especificidades dos mercados de TI deveriam ser mais intensamente consideradas do que foram até agora no âmbito do Direito antitruste. Na Alemanha, por exemplo, a Secretaria Federal de Cartéis e o Tribunal Federal de Justiça[4] tornaram-se recentemente mais corajosos, classificando formas de condutas das empresas de TI dominantes como violações do Direito antitruste. No

---

[2] Assim, exemplificativamente, contra o Google no contexto do abuso da fiscalização em 2017 nos três processos que aplicaram multas no valor total de 8,25 bilhões de euros. Ver, sobre o caso, o relatório da comissão europeia sobre política de concorrência 2019, COM (2020), 302 final.

[3] Indicações sobre os processos contra o Google em Schneider, Innovationsoffene Regulierung (2017).

[4] Cf. Secretaria Federal dos Cartéis, B 6-22116; Wuw 2019, 277. BGHZ 226, 67. Instrutivo para a problemática inicial é o comunicado da imprensa nº 080/2020 do Tribunal Federal de Justiça (Beck-Link 2016668) em relação à decisão do Tribunal Federal de Justiça.

contexto de um processo relacionado ao Facebook, a Secretaria Federal dos Cartéis e o Tribunal Federal de Justiça decidiram que as condições de uso do Facebook violam a proibição de abuso de posição dominante no mercado (art. 19, §1º, do GWB), uma vez que usuários privados só podem utilizar os serviços se eles consentirem na utilização não apenas dos dados pessoais que originam desta relação de uso. Pelo contrário, o consentimento exigido abrangia também a avaliação e o processamento de dados, que ficam disponíveis ao Facebook a partir da utilização de outros serviços de propriedade do grupo, como o Instagram e o WhatsApp, bem como de outras atividades na internet feitas pelos usuários fora do Facebook. Por fim, foi possibilitado através do consentimento não apenas a utilização dos dados para objetivos próprios, mas igualmente para a sua venda a terceiros. Isto não se relaciona apenas aos dados sobre o comportamento dos usuários privados nas páginas do Facebook. Igualmente foi possibilitado chamar páginas de terceiros por meio de interfaces correspondentes, sem que o usuário se tornasse ativo para isso. Com a ajuda do Facebook Analytics, outras empresas, para além do Facebook, receberam dados agregados de como os usuários do Facebook interagiam com os serviços que lhes eram oferecidos através de diferentes dispositivos, plataformas e *websites*.

O abuso da posição de mercado através destas práticas foi identificado no fato de que os termos de utilização não ofereciam aos usuários privados do Facebook possibilidades de escolherem se eles queriam utilizar a rede com uma personalização intensiva das experiências do uso, vinculado ao acesso potencialmente ilimitado aos dados característicos também da sua utilização "Off-Facebook" da internet pelo Facebook, ou se tão somente queriam concordar com a personalização para a qual são utilizados os dados revelados no próprio Facebook.

B. O GWB – LEI DA DIGITALIZAÇÃO

Uma prova para as novas mudanças é a Lei da digitalização (GWB)[5] promulgada no início do ano de 2021, que, em especial, deve conter o poder dos grandes conglomerados digitais. A nova normativa visa,

---

[5] Lei de alteração da Lei contra a restrição da concorrência para um direito da concorrência 4.0, focado, proativo e digital, e outros dispositivos de concorrência (GWB- -Digitalisierungsgesetz, v. 28, jan. 2021), BGBl I, 2. Acerca do projeto de tal modificação,

dentre outros, a uma diferenciação fortalecida do controle das fusões, também por meio de uma redefinição dos valores dos limites (§ 35 do GWB). As prescrições, além disso, devem oportunizar a modernização da fiscalização do abuso em relação aos mercados digitais. Pela primeira vez, é criado um poder jurídico-regulamentar da Secretaria Federal dos Cartéis, estabelecendo formalmente que uma empresa que atua como intermediário em mercados multifacetados detém uma relevância significativa para o mercado em geral. Para esta determinação, devem ser considerados especialmente: a posição de domínio de uma empresa em um ou mais mercados, sua força financeira, o seu acesso a outros recursos, a sua integração vertical, sua atividade em outras formas vinculadas a outros mercados, e além disso o seu acesso a dados relevantes para a concorrência, assim como a significância de sua atividade para o acesso de terceiros a mercados de aquisição e venda, e da sua influência a isso vinculada a atividades comerciais de terceiros (art. 19a, § 1º, do GWB).

A norma visa especialmente a posição dominante de empresas em mercados de redes e plataformas que, com base nos indicadores mencionados, podem exercer uma influência considerável a atividades comerciais de terceiros ou expandir as suas próprias atividades comerciais para outros mercados e setores. Se uma tal posição de mercado for estabelecida, a Secretaria Federal de Cartéis pode proibir as empresas envolvidas conforme o art. 19a, inciso II, do GWB:

1. Na intermediação do acesso aos mercados de aquisição e de vendas, dar um tratamento preferencial as suas próprias ofertas em relação às da concorrência, de modo especial:

a) dar preferência às próprias ofertas na apresentação;

b) pré-instalar exclusivamente as suas próprias ofertas em dispositivos ou integrá-las de outra forma nas ofertas da empresa; tomar medidas que dificultem outras empresas nas suas atividades comerciais nos mercados de aquisição e venda, quando a atividade da empresa, em especial, possuir relevância para o acesso a estes mercados.

---

v., por exemplo, von Wallenberg, Digitalisierung der Wirtschaft, ZRP 2020, p. 238 e ss.; Grünwald, GWB-Novelle und Digital Markets Act, MMR 2020, p. 822 e ss.

2. a) tomar medidas que levem a uma pré-instalação ou integração exclusiva de ofertas da empresa;

b) impedir ou dificultar que outras empresas anunciem as suas próprias ofertas ou que alcancem os clientes através de pontos de acesso que não os fornecidos ou intermediados pela empresa.

3. Impedir direta ou indiretamente concorrentes num mercado, no qual a empresa pode rapidamente se expandir sem que tenha uma posição de domínio, em especial:

a) associar a utilização de uma oferta à utilização automática de outra oferta da empresa sem que haja necessidade para tanto, sem conceder ao usuário possibilidades de escolha suficientes em relação à circunstância e à forma de utilização da outra oferta;

b) fazer dependente a utilização de uma oferta da empresa da utilização de outra oferta da empresa.

4. Criar ou aumentar substancialmente barreiras de entrada no mercado, ou dificultar de outro modo o acesso de outras empresas, através do tratamento de dados concorrenciais relevantes coletados pela empresa, ou exigir condições comerciais que permitam tal tratamento, designadamente:

a) condicionar a utilização dos serviços ao consentimento dos usuários ao tratamento de dados de outros serviços da empresa, ou de um terceiro prestador, sem conceder aos usuários possibilidades de escolha suficientes em relação à circunstância, à finalidade e à forma do tratamento;

b) tratar dados concorrenciais relevantes recebidos de outras empresas do modo distinto do necessário para a prestação dos seus próprios serviços para estas empresas, sem concedê-las possibilidades suficientes de escolha relativamente à circunstância, à finalidade e à forma do tratamento.

5. Negar ou dificultar a interoperabilidade de produtos ou serviços, ou a portabilidade de dados e, com isso, impedir a concorrência.

No número 4, a relevância competitiva do acesso aos dados e a sua adequação à transmissão de dados, e a associação de produtos ou serviços é considerada como uma razão para a possibilidade de fiscalização de abusos. Neste contexto, é dada especial atenção ao fato de que a prestação e a contraprestação podem se manter numa relação equilibrada, no sentido de que pode ser concedida possibilidade suficiente de escolha em relação à circunstância, finalidade e forma do tratamento de dados. Neste ponto, não se trata da proteção tradicional de dados, mas sim da capacidade de tráfego de dados como bens de relevância econômica.

A garantia prevista no número 5 da interoperabilidade dos produtos ou serviços se baseia no pressuposto de que sua falta nas indústrias de plataformas e de redes é frequentemente o fundamento para o surgimento de efeitos de rede fortemente vinculativos (efeitos de bloqueio), que podem representar uma barreira elevada para trocas em prejuízo dos concorrentes. A asseguração da portabilidade (igualmente no número 5) deve possibilitar a utilização de ofertas concorrentes através de mudança para um concorrente. Tais objetivos são plenamente compatíveis com as discussões sobre a proteção jurídica dos dados em relação às vantagens da interação menos complexa possível dos distintos sistemas algorítmicos, da interoperabilidade, e da mais fácil transmissibilidade de dados, da portabilidade (v. art. 20 do DSGVO).[6]

Uma digressão: os problemas do domínio de mercado, e com isso a associação a uma concorrência livre, foram observados recentemente nos Estados Unidos. Desta forma, a Comissão Federal de Comércio americana (FTC), em conjunto com 48 Estados federados, processou o Facebook com o objetivo de delimitar seu poder de mercado, inclusive a reversão da compra do serviço de *chats* do WhatsApp e do serviço de fotos do Instagram.[7] A empresa é acusada de abuso em virtude de sua posição relevante de monopólio no mercado de serviços de *personal social networking*. Como expressão do lema: "it is better to buy than compete", que especialmente é propagado internamente pelo fundador do Facebook Mark Zuckerberg (v. número de margem 72 da petição), o Facebook tentou em vários casos reconhecer e avaliar antecipadamente ameaças concorrenciais, com o objetivo de neutralizá-las, antes mesmo que as empresas concorrentes tivessem a chance de se desenvolverem

---

[6] Stiftung Datenschutz, Datenübertragbarkeit (2017); Elfering, Data Portability (2019).
[7] Requerimento de 9. dez. 2020 à Corte do Distrito de Columbia US, acessível em: https://www.ftc.gov/enforcement/cases-proceedings/191-0134/facebook-inc-ftc-v. A contestação do Grupo Facebook é acessível em: https://about.fb.com/news/2020/12/lawsuits-filed-by-the-ftc-and-state-attorneys-general-are-revisionist-history/.

(número de margem 74). Na análise dos *e-mails* internos da empresa, a FTC reconhece que as aquisições do Instagram (a partir do número de margem 78) e do WhatsApp (a partir do número de margem 107) foram motivadas primacialmente pelo risco crescente da competitividade dos fornecedores. Mas igualmente através de outras medidas, como a implementação de termos e condições anticoncorrenciais em contratos com terceiros fornecedores, que oferecem aplicativos através da plataforma do Facebook, de modo que a concorrência no mercado de serviços *personal social networking* fora estruturalmente prejudicada (número de margem 138). Acrescente-se a isso a acusação de que a empresa eliminou concorrentes, primeiramente concedendo acesso aos seus dados e a sua plataforma, e depois cancelando o acesso a qualquer concorrente que fosse considerado uma ameaça. Fim da digressão.

Tanto a emenda à lei do GWB quanto o processo do FTC contra o Facebook inserem-se no âmbito dos objetivos econômicos do Direito antitruste – porém podem igualmente afetar indiretamente a utilização do poder por intermediários de TI em outras perspectivas (por exemplo, políticas sociais). Nada obstante, o Direito antitruste não é concebido como um instrumento especial para limitar outros poderes (o político, o cultural, o social, exemplificativamente). Também não pretende proteger objetivos especificamente ameaçados na utilização de sistemas algorítmicos e no tratamento de dados dos usuários, como, por exemplo, a garantia da liberdade de manipulação e a igualdade geral de acesso, prevenir a discriminação pessoal ou garantir uma formação pluralista da opinião pública. No entanto, um mercado em funcionamento pode indiretamente contribuir para a realização de tais objetivos.

C. INICIATIVAS DA UNIÃO EUROPEIA PARA NOVAS REGRAS EM RELAÇÃO AOS MERCADOS E SERVIÇOS DIGITAIS, ESPECIALMENTE PARA PLATAFORMAS *ON-LINE* DIGITAIS

Neste meio-tempo, a Comissão da União Europeia tomou medidas para expandir o quadro regulatório concernente aos serviços digitais. Neste sentido, pretende-se – tal como o legislador do GWB e a FTC dos EUA – conter, em particular, a influência dos operadores de plataformas poderosas do mercado no seu papel de guardiães dos serviços disponíveis aos usuários, mas também em medidas através das quais se possa exercer influência sobre a forma dos serviços oferecidos nas plataformas, por exemplo, sobre a remoção de conteúdos ilegais. A Comissão da União Europeia elaborou dois documentos sobre os quais o Conselho e o Parlamento Europeus devem decidir. Trata-se de um regulamento sobre mercados digitais,[8] e um regulamento sobre serviços digitais.[9] Estas iniciativas visam explicitamente melhorar a proteção dos consumidores na internet, promovendo o funcionamento dos mercados digitais também como meio de fomentar a inovação, o crescimento e a competitividade em todo o mercado interno, bem como as precauções para reduzir o poder de mercado das grandes plataformas *on-line* e evitar condutas abusivas no mercado. Em virtude de seu próprio objeto, são também garantias para a proteção em face da concorrência desleal.

I. Projeto de resolução para mercados digitais

A regulamentação dos mercados digitais baseia-se, em especial, no pressuposto de que as plataformas de TI atuam como "guardiãs" (*gatekeeper*) digitais no mercado interno: são importantes portas através das quais os usuários comerciais chegam aos seus clientes, e na condição de atores privados poderosos podem determinar as próprias regras e controlar sistemas econômicos inteiros das plataformas.[10] Além disso, se tais empresas se envolverem em práticas comerciais desleais, elas podem atrasar os serviços de outros usuários comerciais e concorrentes, impedindo que estes cheguem aos consumidores. Este é o caso, por exemplo, se tais práticas levarem a uma utilização desleal dos dados das empresas que operam nas plataformas onde os usuários estejam vinculados a um determinado serviço, e que tenham possibilidades apenas limitadas para mudar para outro serviço. Assegurada deve ser, em especial, a disputa de mercados (capítulo 3).

---

[8] Cf. projeto Digital Markets Act, COM (2020) 824 final.
[9] Cf. projeto Digital Services Act, COM (2020) 825 final.
[10] Sobre o papel dos gestores de plataforma na coordenação dos processos de mercado, no estabelecimento de condições concorrenciais e na estruturação técnica da comunicação das relações e condutas sociais, v. Dolata, Plattform-Regulierung, (2020), p. 179 e ss.

No comunicado de imprensa da Comissão Europeia,[11] são resumidos os principais pontos da Lei sobre mercados digitais. A Lei deverá:

- Ser válida apenas para os grandes fornecedores de serviços centrais de plataforma, que são mais vulneráveis a práticas desleais, por exemplo sistemas de busca, redes sociais ou serviços intermediários *on-line*, na medida em que correspondam aos critérios legais objetivos para uma classificação como guardiães.
- Estabelecer valores quantitativos de fontes como fundamentos para a verificação de supostos guardiães. A Comissão também terá a competência de classificar as empresas como guardiãs conforme pesquisa de mercado.
- Proibir uma série de práticas claramente desleais, por exemplo os usuários não devem ser impedidos de desinstalar um *software* ou aplicativo pré-instalado.
- Exigir que os guardiães tomem determinadas medidas proativamente, por exemplo precauções específicas para que *softwares* de terceiros possam funcionar adequadamente, e que possam interagir com os seus próprios serviços.
- Prever sanções por violações, incluindo possíveis multas de até 10% sobre o volume das negociações de um guardião, com o escopo de assegurar a eficácia das novas prescrições. No caso de reincidência, tais sanções poderiam abranger igualmente o dever da tomada de medidas estruturais, que podem até mesmo se estender à venda de unidades empresariais, se inexistir outra medida do mesmo modo eficaz para assegurar a observância das prescrições.
- Dar à Comissão a possibilidade de realizar estudos específicos de mercado para avaliar a necessidade de novas práticas e serviços em relação aos guardiães, de modo que as regras dos guardiães possam acompanhar a rápida evolução dos mercados digitais.

---

[11] As seguintes observações do C.I e do C.II se baseiam no comunicado de imprensa de 15 de dezembro de 2020 (sem numeração de página), disponível em: https://ec.europa.eu/commission/presscorner/detail/de/ip_20_2347.

Não faremos aqui uma análise pormenorizada das regras previstas. A título de exemplo, deve ser mencionado que no art. 6º do projeto, dentre outros, são previstas precauções contra um *ranking* no qual o guardião se beneficia ou beneficia empresas a ele vinculadas. O Regulamento planejado também se destina contra obstáculos erigidos no contexto da alteração de fornecedores; além disso, ela deve assegurar a portabilidade dos dados e o acesso a eles e, diferentemente do DSGVO, também em relação aos dados não considerados pessoais. Além disso, os guardiães são sobrecarregados com deveres especiais de informação, mesmo no que se refere às fusões intencionadas, ainda que estas não atinjam os critérios de controle das fusões.[12]

II. Projeto de resolução sobre serviços digitais

A resolução planejada sobre serviços digitais[13] destina-se em especial ao comércio eletrônico. Ela desenvolve os princípios a partir da diretiva do *e-commerce*,[14] complementando-a com outras regras, em especial procedimentais. Na apresentação do projeto de resolução pela Comissão é acentuado que as plataformas *on-line*, por um lado, trouxeram grandes vantagens para os consumidores e para a inovação; elas facilitaram o comércio transfronteiriço dentro e fora da União Europeia, e inauguraram múltiplas possibilidades de negócios para os empresários e comerciantes europeus. Por outro lado, poderiam ser igualmente utilizados como meio de distribuição de conteúdos ilegais, venda de mercadorias ilegais, ou mesmo de prestação de serviços ilegais através da internet. Alguns grandes serviços tornaram-se praticamente espaços públicos para a troca de informações e comércio *on-line*. Tornaram-se deste modo sistemas relevantes, e criaram riscos específicos para os direitos dos usuários, para o fluxo livre de informações, e para a participação pública.

Também foi produzida pela já citada comunidade de imprensa para esta resolução planejada uma visão geral sobre os seus conteúdos essenciais. Neste sentido, a resolução visa novos deveres harmonizados

---

12   Acerca de outras especificidades, v. Seip/Berberich, Digital Markets Act (2021).
13   Ver acima nota de rodapé 9.
14   Diretiva 2000/31/EG do Parlamento e Conselho Europeu, de 8 de junho de 2000, sobre determinados aspectos jurídicos dos serviços da sociedade de informação, especialmente do tráfego do comércio eletrônico no mercado interno.

ao nível europeu para serviços digitais, classificados consoante a dimensão e o impacto destes serviços:

- Prescrições para a remoção de produtos, serviços e conteúdos ilegais da internet.
- Precauções de proteção dos usuários para que seus conteúdos não sejam apagados erroneamente das plataformas.
- Novas obrigações para plataformas muito grandes, que precisam tomar medidas baseadas em risco para prevenir abusos nos seus sistemas.
- Medidas amplas de transparência, também em relação à publicidade *on-line* e aos algoritmos utilizados para recomendar conteúdos aos usuários.
- Novas competências para a investigação das formas de funcionamento das plataformas, de modo a assegurar aos pesquisadores acesso aos dados importantes da plataforma.
- Novas regras para a rastreabilidade para usuários comerciais nos mercados *on-line*, para que possa localizar mais facilmente vendedores de produtos ou serviços ilegais.
- Um processo de cooperação inovativo entre as autoridades, para garantir uma aplicação eficaz em todo o mercado interno.

Além disso, as plataformas que atingem mais de 10% da população da União Europeia (45 milhões de usuários) devem ser classificadas como sistemicamente relevantes e, portanto, não apenas sujeitas a obrigações especiais no que diz respeito à gestão dos seus próprios riscos, mas também a uma nova estrutura de supervisão. Para este fim, está previsto um corpo de coordenadores nacionais para os serviços digitais; a Comissão deve ser dotada de poderes especiais na supervisão de plataformas, incluindo a possibilidade de sancioná-las diretamente.

Haverá seguramente intensas controvérsias sobre os objetivos e especificidades do regulamento planejado,[15] e não é de se esperar que o Conselho e o Parlamento acolham as propostas inalteradas. A Comissão,

---

[15] Neste ponto, deve ser feita referência a Berberich/Seip, Digital Markets Act (2021), p. 44 e ss.

no entanto, diz que fará um grande esforço para a implementação dos objetivos, e que se colocou sob pressão ao dizer que a presente década será uma década para a Europa digital.

As regras, no interesse da uniformidade, devem ser emitidas como regulamento para os Estados-membros, ou seja, devem ter aplicabilidade imediata, a fim de aperfeiçoar o mercado interno, por um lado, mas também certamente com a consideração adicional segundo a qual regras uniformes criarão um incentivo para as empresas de TI transnacionais ou globais de países não pertencentes à União Europeia que, em virtude do grande poder econômico europeu, são levadas a ajustar a sua política empresarial a estas exigências, e possivelmente não apenas em relação às suas ações no mercado europeu.

III. Regulamento para a Promoção da Equidade e da Transparência para Usuários Comerciais de Serviços Intermediados *On-line*

Deve também ser indicado que o Regulamento da União Europeia sobre a Promoção da Equidade e da Transparência para os Usuários Comerciais de Serviços Intermediados *On-line*, que já foi adotado em meados de 2009,[16] contém obrigações para os operadores de serviços intermediários *on-line* (tais como Airbnb ou Booking.com) e, em particular, para os operadores de motores de busca. As obrigações consagradas no regulamento existem independentemente do local de estabelecimento ou da sede social, e também independentemente da lei aplicável. São baseadas no local de operação.

As chamadas plataformas P2B – ou seja, o nível *platform-to-business* – estão envolvidas neste contexto. O regulamento rege as relações dos utilizadores comerciais de serviços intermediários *on-line* e dos utilizadores com os sítios *web* de empresas. O regulamento proíbe casos de comércio desleal, tais como o encaminhamento preferencial de utilizadores para serviços prestados pelo operador do sistema de busca ou por uma empresa associada a este em consultas de busca. O regulamento contém disposições, entre outras, para a adoção de termos e condições gerais (art. 3), para a divulgação dos parâmetros que influenciam a "classificação" do

---

[16] Regulamento (EU) 2019/1150 do Parlamento e do Conselho europeu, de 20 de junho de 2019.

website ou resultados de pesquisa (art. 5), para a divulgação do âmbito, natureza e condições de acesso a determinadas categorias de dados e a sua utilização ou divulgação a terceiros (art. 5). Divulgação do tratamento diferenciado dos utilizadores comerciais, obrigação de estabelecer um sistema de gestão de reclamações e designação de mediadores privados que podem ser chamados para resolver litígios (art. 12, 13).

Esta listagem – que é apenas seletiva – deixa claro que a regulamentação da plataforma se aplica a vários níveis. Em particular, visa criar transparência e prevenir práticas comerciais desleais. Essencialmente, estas são disposições para a regulação pública da autorregulação ou autorregulamentação (ver § 8 acima), que são destinadas pelas empresas para as suas atividades comerciais.

Os novos regulamentos e normas planejadas mostram que o acesso legal às ações das empresas digitais está a tornar-se cada vez mais diferenciado. No entanto, não existe uma regulamentação abrangente dos mercados de TI. Por conseguinte, é muito importante que os vários sistemas de normas existentes possam ser utilizados de forma coerente e que a sua aplicação tenha em conta a multipolaridade e multidimensionalidade específica dos objetivos, interesses, atores e instrumentos.

D. SOBRE A PROTEÇÃO JURÍDICA NA INSERÇÃO NO MERCADO, NO FUNCIONAMENTO E NA UTILIZAÇÃO DE SISTEMAS DE INTELIGÊNCIA ARTIFICIAL

Há também a necessidade de regulação dos riscos associados à utilização de inteligência artificial (IA). A proposta da Comissão Europeia para um novo regulamento da UE – o primeiro deste tipo no mundo – destinado a "estabelecer regras harmonizadas sobre inteligência artificial e alterar certos atos da União" (Com/2021/2660) – doravante referido como "Regulamento e-IA" – destina-se a responder a esta necessidade.

I. O projeto de proposta da Comissão Europeia para a harmonização dos regulamentos sobre inteligência artificial (Regulamento e-IA)

a) Novamente: sobre a definição de inteligência artificial

O projeto do Regulamento e-IA descreve o âmbito de aplicação no art. 2º. Para este efeito, utiliza o termo "sistema de inteligência artificial (sistema IA)". Isto é definido no art. 3, nº 1, como "*software* que tenha sido desenvolvido utilizando uma ou mais das técnicas e conceitos listados no Anexo I e que seja capaz de produzir resultados tais como conteúdo, previsões, recomendações ou decisões que influenciem o ambiente com o qual interage, com respeito a um conjunto de objetivos definidos pelo ser humano". No Anexo 1 do projeto, os "conceitos técnicos e de inteligência artificial" na acepção do art. 3º são descritos como segue:

(a) Conceitos de aprendizagem mecânica, com aprendizagem supervisionada, sem supervisão e de reforço utilizando uma vasta gama de métodos, incluindo a aprendizagem profunda (*deep learning*).

(b) Abordagens lógicas e baseadas no conhecimento, incluindo apresentação do conhecimento, programação indutiva (lógica), bases de conhecimento, motores de inferência e dedução, raciocínio (simbólico) e sistemas de peritos.

(c) Abordagens estatísticas, estimativa bayesiana, métodos de pesquisa e otimização.

Aqui torna-se claro que estamos diante uma definição muito ampla que, por um lado, já engloba tecnologia considerada útil e promissora para o futuro, mas que também está associada a perigos potenciais específicos.

De acordo com o seu art. 1º, o Regulamento e-IA destina-se a criar "regras harmonizadas para a inserção no mercado, para o funcionamento e a utilização de sistemas de inteligência artificial". O foco está na prevenção de riscos. Isto é realizado por proibições de práticas classificadas como particularmente perigosas, bem como por requisitos regulamentares para outras áreas de risco.

II. Objetivo do Regulamento e-IA

A proposta de Regulamento e-IA visa alcançar os seguintes objetivos:

- Garantir que os sistemas de IA colocados e utilizados no mercado da União sejam seguros e respeitem os direitos fundamentais existentes e os valores da União.

- A segurança jurídica deve ser assegurada para promover o investimento e a inovação em IA.
- *Governance* e a aplicação efetiva do Direito existente devem ser reforçados para defender os direitos fundamentais e os requisitos de segurança dos sistemas de IA.
- O desenvolvimento de um mercado único para aplicações de IA em conformidade com o Direito, seguro e confiável deve ser facilitado e a fragmentação do mercado deve ser evitada.

III. Níveis de risco

O regulamento destina-se a diferenciar níveis de risco, dependendo do risco potencial. Este é um conceito que o Conselho Alemão de Ética também recomendou como princípio. O Regulamento e-IA distingue-se consoante certos riscos que são completamente inaceitáveis e, portanto, proibidos. Em contraste, são criados requisitos rigorosos para riscos aceitáveis, mas elevados – que são descritos detalhadamente (sistemas de IA de alto risco). Em terceiro lugar, existem outras regras para os sistemas de IA com riscos graves, mas baixos. Todos os outros riscos ("riscos mínimos"), no entanto, devem permanecer não regulamentados.

1. Práticas proibidas

O Título II, art. 5º, descreve com mais detalhes as práticas proibidas. Elas incluem, dentre outras, a inserção no mercado, o funcionamento e a utilização de um sistema de IA:

(a) que emprega técnicas de influência subliminar fora da consciência de uma pessoa para influenciar substancialmente o comportamento de uma pessoa de uma forma que cause ou possa causar danos físicos ou psicológicos a essa pessoa ou a outra pessoa;

(b) que explora a vulnerabilidade ou a necessidade de proteção de um determinado grupo de pessoas, em razão da idade ou deficiência física ou mental, para influenciar substancialmente o comportamento de uma pessoa nesse grupo de uma forma que possa causar danos físicos ou psicológicos a essa pessoa ou a outra pessoa;

(c) para avaliar ou classificar, por ou em nome das autoridades públicas, a confiança das pessoas naturais durante um período de tempo com base no seu comportamento social ou características pessoais ou traços de personalidade conhecidos ou previstos, quando a avaliação social "resulta em certas desvantagens ou prejuízos determinados".

A "utilização de sistemas biométricos de identificação remota em tempo real em áreas acessíveis ao público para fins de persecução penal" também é proibida; são especificadas exceções para situações particularmente graves de perigo.

2. Sistemas de IA de alto risco

Os sistemas de alto risco não são proibidos, mas o Título III fornece regras bastante detalhadas. Para este fim, o nº 1 do art. 6º dá primeiro descrições de tais sistemas relacionados com os produtos, e no nº 2 refere-se ao Anexo III do projeto de regulamento, no qual certos sistemas de IA são listados e descritos como de alto risco. Estes incluem, entre outros, a identificação biométrica e categorização de pessoas naturais, a gestão e operação de infraestruturas críticas na área da administração e no funcionamento do transporte rodoviário, bem como no fornecimento de água, gás, aquecimento e eletricidade, mas também a utilização de certos sistemas de IA na área da formação profissional e educacional, o recrutamento e seleção de pessoas naturais, bem como nas decisões sobre promoções e demissões nas relações de emprego. Igualmente afetadas são a acessibilidade e a utilização de serviços e prestações públicos e privados fundamentais, bem como medidas de persecução penal (incluindo a abordagem de policiamento preditivo analítico acima mencionada no § 15 C). Também afetada neste contexto é a utilização de detectores de mentiras e instrumentos semelhantes para determinar o estado emocional de uma pessoa no contexto migratório, de asilo e controle de fronteiras, especialmente para determinar o estado emocional de uma pessoa e para a avaliação dos riscos de imigração irregular, bem como para a verificação da autenticidade dos documentos de viagem etc. Os sistemas de IA, que se destinam a auxiliar as autoridades judiciárias na determinação e interpretação de fatos jurídicos e disposições legais, bem como na aplicação da lei a fatos concretos, são também inseridos nesta categoria. Esta poderia ser de particular importância no contexto da tecnologia jurídica (ver § 21 abaixo).

Os sistemas de IA de alto risco incluem, dentre outras, a utilização de tecnologias de IA no que diz respeito a infraestruturas críticas (por exemplo, nos transportes) nas quais a vida ou a saúde dos cidadãos pode ser posta em perigo; para além disso, os prejuízos no acesso das pessoas à educação e à vida profissional. Neste contexto, o Anexo III do Regulamento e-IA menciona a utilização de *software* para a avaliação de currículos para processos de seleção, mas também para serviços públicos e privados importantes, por exemplo, para a avaliação de acesso ao crédito.

Tais sistemas de IA devem preencher requisitos especiais antes de poderem ser utilizados. Estes incluem o estabelecimento de um sistema de gestão de risco para assegurar, dentre outras, avaliações de impacto prospectivas e retrospectivas (art. 9), o desenvolvimento de formação, validação e conjuntos de dados de teste para sistemas de aprendizagem (art. 10), documentação técnica e registros (art. 11f). Devem também ser concebidos de modo a poderem ser eficazmente supervisionados por pessoas naturais, utilizando uma interface homem-máquina (art. 14). Finalmente, são estabelecidos requisitos de precisão, robustez e cibersegurança (art. 15). Para assegurar isto e ainda mais, são impostas obrigações específicas aos fornecedores e usuários (capítulo 3), incluindo o estabelecimento de um sistema de gestão da qualidade (art. 17), a preparação de documentação técnica (art. 18) e a avaliação da conformidade antes da inserção no mercado ou do seu funcionamento (art. 19).

3. Alguns sistemas de IA assumem um baixo risco

Outro conjunto de regras destina-se a abordar riscos mais baixos, em particular através de obrigações de transparência (Título IV). Por exemplo, os fornecedores devem assegurar que os sistemas de IA destinados à interação com pessoas naturais sejam concebidos e desenvolvidos de tal forma que as pessoas sejam informadas quando lidam com um sistema de IA, a menos que seja óbvio em virtude das circunstâncias e do contexto de utilização (art. 52).

4. Sistemas de IA com riscos mínimos

Outros riscos gerados pelos sistemas de IA são classificados como mínimos, com a consequência de que não há necessidade de regras especiais no Regulamento de IA da UE. Exemplos seriam jogos de vídeo suportados por IA ou filtros de *spam*. Neste caso, apenas as regras relacionadas com as utilizações correspondentes valem para outras prescrições normativas.

5. Incentivo à inovação

O projeto contém também disposições especiais para promover a inovação (Título V), tais como o estabelecimento de um campo de teste de IA, que se destina a criar um ambiente controlado para facilitar o desenvolvimento, teste e validação de sistemas inovadores de IA antes de serem colocados no mercado ou postos em funcionamento de acordo com um plano específico. Devem também permitir o tratamento posterior de dados pessoais em prol de interesses públicos substanciais, para o desenvolvimento de sistemas específicos de IA no interesse público (art. 54 e ss).

6. Fiscalização e acompanhamento

A supervisão do cumprimento das regras deve ser da responsabilidade das autoridades nacionais de fiscalização do mercado. Além disso, existe uma "Comissão Europeia de Inteligência Artificial", que deve acompanhar a implementação e promover o desenvolvimento de normas no domínio da IA. O projeto igualmente defende códigos de conduta voluntários para aplicações de IA que não representem um risco elevado.

7. Nenhuma regulamentação especial para pesquisas em si arriscadas

Num aspecto, o projeto abstém-se de regulamentação especial, designadamente para a pesquisa sobre inteligência artificial e os possíveis riscos associados de desenvolvimentos imprevistos e possivelmente irreversíveis, tais como os abordados nas advertências ou mesmo receios distópicos descritos acima (§ 3 D). De acordo com o conceito, os problemas associados à investigação só são afetados pelo fato de o regulamento prever disposições para a inserção dos sistemas de IA no mercado, colocá-los em funcionamento e utilizá-los, referindo-se assim indiretamente à investigação relacionada com o desenvolvimento e utilização de tais sistemas. A investigação que não esteja orientada para tais usos não está coberta.

8. Harmonização com outros regulamentos

A Comissão da UE também leva em consideração que haverá inúmeras e multifacetadas necessidades para harmonizar o Regulamento com outros regulamentos e diretivas, incluindo o DSGVO. O Anexo II contém uma lista de prescrições de harmonização aplicáveis da União.

E. A discussão está aberta

A proposta do Regulamento da UE sobre IA, que compreende um total de 156 páginas, não pode obviamente ser reproduzida na sua amplitude e profundidade por este breve panorama. Isto também se aplica às medidas muito mais detalhadas e aos direitos e obrigações de pessoas e instituições, que são enumerados detalhadamente para os respectivos níveis de risco.

A breve seleção de conteúdos importantes do regulamento, cujo desenvolvimento foi precedido por amplas consultas e trabalhos preparatórios, deverá deixar claro que existe uma ampla necessidade de regulamentação. A Comissão Europeia está se esforçando para preservar ou abrir possibilidades à inovação, independentemente das regras previstas, e em alguns casos – especialmente na área dos "riscos mínimos" – está mesmo a prescindir completamente de regras. Aqui, mas também nas áreas de risco, quer sustentar formas de autorregulação (por exemplo, sob a forma de códigos), ou pelo menos não as obstruir. Além disso, os subsídios prometidos - especialmente subsídios através de investimentos – destinam-se a criar incentivos para conduzir o desenvolvimento numa direção desejada.

Haverá certamente ainda muitas discussões sobre o projeto – também sobre a natureza confusa e detalhada de suas regras – e sobre as técnicas confusas de referência frequentemente utilizadas – e esforços consideráveis para fazer alterações. Assim, esperam-se muitas intervenções de associações e empresas interessadas, assim como de representantes de partidos políticos e outras organizações. É de se esperar, e provavelmente haverá também, uma discussão acadêmica intensiva sobre as propostas.

Uma análise crítica das propostas – que teria de ser muito detalhada – não pode ser feita aqui. Como exemplo de indicações iniciais de problemas específicos que não foram resolvidos, cito uma contribuição de J. Schultze-Melling,[17] que aborda questões relacionadas com os regulamentos de proteção de dados (uma área problemática importante, mas limitada). Ele levantou as seguintes questões: como o requisito de economia de dados do DSGVO se relaciona com a fome de dados da aprendizagem mecânica apoiada pela IA? Como o usuário de uma solução de IA pode informar as pessoas envolvidas de uma forma adequadamente transparente e facilmente compreensível, de acordo com

---

[17] Schulze-Melling, Regulation der KI (2021).

os requisitos do art. 12 do DSGVO? O que significam concretamente predefinições favoráveis à proteção de dados na acepção do art. 25 do DSGVO em relação à IA? Como podem os envolvidos declarar efetivamente seus consentimentos, de modo que a IA possa trabalhar com os seus dados pessoais, se tal procedimento só é transparente para a própria IA? Como é representado o direito a ser esquecido, se os dados pessoais se tornaram um componente essencial, mas não mais isolado, dos processos de ponderação automatizada da IA?

Como exemplo de uma análise transversal e aprofundada, algumas das quais expressam concordância, mas acima de tudo uma grande quantidade de críticas, refiro-me a um artigo de M. Veale e F. Z. Borgesius. [18] Para além de muitos detalhes no regulamento e do seu caráter de colcha de retalhos, criticam a imprecisão de muitos termos e as descrições das áreas de aplicação, a falta de proteção jurídica eficaz para os usuários e atores da sociedade civil, mas também o objetivo de uma harmonização total, que impede os Estados-membros da UE de adotarem regulamentos mais rigorosos. Uma conclusão geral é que o projeto contribuirá para a desregulamentação e não para a criação de barreiras regulamentares. H. Ebert e I. Spiecker gen. Döhmann[19] criticam, por exemplo, a consideração demasiada pelos interesses econômicos, incluindo, por exemplo, as possibilidades de avaliação da conformidade sem controle externo. Criticam igualmente a falta de direitos para aqueles que são avaliados e controlados pela IA. No que diz respeito a uma aplicação bem-sucedida, faltam declarações sobre disposições relativas ao ônus da prova, indenizações por perdas e danos e simplificação do nexo de causalidade. Há também críticas no sentido de que os sistemas de reconhecimento de emoções por particulares não se enquadram na categoria de alto risco.

Para as discussões posteriores, deverá ser levado em consideração que o projeto – como é frequentemente o caso de novos regulamentos – se baseia em conceitos que já foram utilizados, neste caso em particular a Lei de responsabilidade pelo produto, o Direito de proteção ao consumidor e a Lei sobre a limitação e controle das medidas de vigi-

---

[18] Veale/Borgesius, Demystifying the Draft (2021).
[19] Ebert/Spiecker gen. Döhmann, KI-Regulierung (2021). Mais como uma descrição do que propriamente uma crítica, deve ser classificada a contribuição de Geminn, Regulierung künstlicher Intelligenz (2021).

lância. Isto não deve ser questionável *a priori*, desde que não resulte no fato de que novas formas de IA não sejam adequadamente reguladas ou que as prescrições criadas até agora para o controle e sanção da utilização ilegal não se tornem suficientes. A título exemplificativo, não é adequado pedir emprestado da lei de responsabilidade pelo produto, que é especialmente orientada para bens tangíveis, conceitos para lidar com os riscos e consequências da responsabilidade no caso de bens desmaterializados (ver § 9 B acima).

Não é de se esperar uma rápida aprovação do Regulamento da IA ou mesmo uma versão inalterada. Contudo, a proposta apresentada para uma regulamentação global dos sistemas de inteligência artificial levará muito provavelmente a uma maior consciência dos problemas e a amplas discussões sobre o desenvolvimento da transformação digital. Além disso, não se pode excluir que, tendo em vista o rápido desenvolvimento da IA, a proposta se revele relativamente insuficiente e seja confrontada com novas necessidades regulamentares que podem exigir novos tipos de conceitos legais, cujo desenvolvimento não deverá ser fácil.

F. Um problema especial: malware *como meio para* hacking *e extorsão ("Ataque 4.0")*

Concluindo esta parte da seção, eu gostaria de referir um problema específico da utilização de ferramentas de IA, designadamente a possibilidade de causar danos consideráveis através do "sequestro" de sistemas de tecnologia da informação, que podem mesmo – e isto só deve ser mencionado aqui como palavra-chave – tornar-se significativos em casos de conflito militar. Refiro-me ao problema de que as ferramentas de IA oferecem aos *hackers* muitas novas possibilidades de ataques ilegais. Deve ser acrescentado, contudo, que a IA também contém possibilidades especiais para reconhecer e combater tais ataques (isto é, potenciais *dual-use*).

Um exemplo é a utilização de *spyware* como a "Pegasus". Isto permite – como ficou conhecido em 2021 – a vigilância remota dos *smartphones*. Esta possibilidade também tem sido utilizada pelas autoridades de vigilância estatais, incluindo, mas não se limitando, às legalmente autorizadas para tanto. São utilizadas brechas de segurança no *software*, algumas das quais foram criadas a pedido explícito dos usuários do *software* ou deliberadamente deixadas no seu lugar após terem sido detectadas. O *spyware* estruturado pela IA também tem sido utilizado em grande escala por várias instituições (estatais e privadas) para espionagem ilegal, especialmente em políticos de alto nível, ativistas de direitos humanos e jornalistas. O fabricante israelita da tecnologia de vigilância – o Grupo NSO – alegou em sua defesa que a empresa proíbe os compradores do *software* de utilização ilegal e os sanciona se tomarem conhecimento disso. Isto não parece ter sido particularmente efetivo.

O problema é particularmente grave quando o "sequestro" de sistemas de tecnologia da informação pode ter consequências para grande parte da sociedade, por exemplo ao paralisar o fornecimento de energia ou água, ou mesmo ao interromper cadeias de fornecimento importantes, incluindo as utilizadas para a produção industrial. Atualmente, surgiram casos em que este meio tem sido utilizado para exigir elevados resgates para a "descodificação" do *malware* (que em muitos casos também foram pagos).

Não é preciso muita fantasia para imaginar que o uso de *softwares* sofisticados de IA possa também ser realizado para objetivos não monetários, tais como o bloqueio de infraestruturas de importância militar.

§ 7º
REAÇÕES POSSÍVEIS AOS DESAFIOS DA DIGITALIZAÇÃO

A. CONCLUSÃO PROVISÓRIA: NECESSIDADE DE REVISÃO DO DIREITO TRADICIONAL

Nos Estados Democráticos de Direito, as possibilidades vinculadas ao acesso de dados e a seu processamento para influenciar condutas, incluindo o comprometimento dos direitos de liberdade, bem como a influência no desenvolvimento social, necessitam de controle jurídico. As tarefas de proteção e organização do Estado, ancoradas não apenas nos direitos de liberdade, mas também nos objetivos determinantes do Estado, legitimam ou, até mesmo, exigem medidas jurídicas protetivas, não apenas para a proteção da autonomia das pessoas potencialmente prejudicadas em seus direitos fundamentais, mas também no interesse da capacidade de funcionamento dos processos sociais e da infraestrutura governada de modo digital, assim como para a concretização de outros fins do bem comum. O Direito é fundamentalmente um meio apropriado e específico para a precaução e para a garantia de proteção.

Mesmo que a digitalização não crie nenhum motivo para questionar todo o sistema jurídico, resta esclarecer se e em que medida há necessidade de mudança. Há muito debate sobre isso. Como exemplo de tais tentativas de esclarecimento, é feita aqui referência às negociações no 71º Congresso dos Juristas Alemães em 2016. Por exemplo, sob o tema "Economia Digital – Direito Analógico: O Código Civil Precisa de Atualização?", o Departamento de Direito Civil tem colocado à prova uma parte substancial do direito civil.[1] O Departamento de Direito do Trabalho e Social escolheu como tema: "Digitalização do mundo do trabalho – desafios e necessidade de regulamentação".[2] Na opinião de especialistas, trabalhos e contribuições de discussão, muitas tentativas têm sido feitas para interpretar as regras existentes de tal forma que elas possam ser mantidas na medida do possível e, se necessário, também atender a novos requisitos, alterando sua interpretação. Entretanto, propostas de mudanças também foram formuladas. Um outro exemplo de tentativas de esclarecimento pode ser encontrado nos pareceres dos especialistas do 73º Congresso dos Juristas Alemães 2020 na Divisão de Direito Civil: "Decisões de sistemas autônomos digitais: São recomendados regulamentos sobre responsabilidade e responsabilização"?[3]

Sugestões para novas abordagens regulatórias também podem ser encontradas em outros documentos, embora (apenas) a partir de perspectivas específicas. Um exemplo é o relatório do Conselho Consultivo Alemão para Assuntos do Consumidor: "Direito do Consumidor 2.0".[4] Além disso, é feita referência ao relatório especial da Comissão de Monopólios sobre os desafios colocados pelos mercados digitais.[5] A Academia Nacional de Ciências "Leopoldina" também preparou uma declaração com sugestões regulatórias em 2018.[6] Especialmente instrutivo é o parecer elaborado no ano de 2019 pela Comissão Ética de Dados.

No que diz respeito à tarefa de adaptação do sistema jurídico, à digitalização em curso e ao uso da análise de *Big Data* e seus resultados,

---

[1] Cf., *Faust*, Digitale Wirtschaft (2016). Cf., ainda, os artigos de *Bartsch/Hummelmeier/Obergfell*, Sitzungsberichte (2016). Também, *Hoeren*, Big Data (2018). Ver também, entre outros, *Dix*, Daten als Bezahlung (2017).

[2] Cf. *Krause*, Digitalisierung (2016); ver também os trabalhos apresentados durante o Juristentag por *Seifert/Thüsing/Barth/Kremer*, Sitzungsberichte (2016).

[3] Em particular, o relatório *Zech*, Entscheidungen (2020), que trata da questão da responsabilidade por danos físicos resultantes do uso de tecnologias digitais, que não é abordada neste estudo, deve ser mencionado aqui.

[4] Cf., Sachverständigenrat für Verbraucherfragen, Verbraucherrecht 2.0 (2016).

[5] Cf., Monopolkommission, Wettbewerbspolitik (2015).

[6] Leopoldina Nationale Akademie der Wissenschaften/acatech, Union der deutschen Akademien der Wissenschaften (ed.), Stellungnahme (2018).

deve-se ressaltar mais uma vez que, quanto à proteção das liberdades civis, não há necessidade de estender todos os padrões existentes para incluir as comunicações digitais, o uso de infraestruturas digitais, o uso de *Big Data* e inteligência artificial ou instrumentos de controle de comportamento digital. Também não há necessidade de uma ordem especial para que as autorizações já contidas na Lei Fundamental e nas garantias europeias de direitos fundamentais possam e, se necessário, devam ser utilizadas para restringir as liberdades civis no setor de TI, a fim de evitar riscos associados à transformação digital. Entretanto, ainda há uma considerável necessidade de revisão da lei para garantir que ela permaneça adequada e, se necessário, identificar a necessidade de modificar o sistema jurídico existente.

As razões para a revisão da legislação existente não se limitam, de forma alguma, aos aspectos tecnológicos da transformação digital. Paralelamente a ela, a ordem social também está mudando e as condições de vida individual e social estão sendo redefinidas.[7] Assim, o uso de algoritmos digitais – como já mencionado várias vezes – pode mudar a percepção dos eventos reais, pode ser usado para influenciar atitudes, valores e comportamentos, e pode influenciar processos de tomada de decisão sociopolíticos.[8]

A criação de sistemas ciberfísicos nas áreas de produção e distribuição, que atualmente está sendo vigorosamente perseguida não apenas na Alemanha, também deve ser mencionada.[9] Novos requisitos de regulamentação legal também estão sendo criados por novas formas de *networking* – por exemplo, na *smart home*[10] – e por novas possibilidades de mobilidade, como o *smartphone*, a computação em nuvem ou

---

[7] Fundamental sobre o tema – também sob classificação no contexto do desenvolvimento histórico – *Stalder*, Kultur (2016).

[8] Nesse sentido, foi para muitos um sinal quando, no final de 2017, vários ex-altos funcionários do Facebook criticaram as estratégias do Facebook, incluindo os métodos de fidelização de usuários; a autocrítica também dizia respeito à exploração da vulnerabilidade da psique humana e suscitou a expressão de preocupação de que o procedimento tinha ajudado a "romper o tecido social". Ver *Kreye*, Facebooks Schöpfer (2017).

[9] No que diz respeito aos critérios regulatórios conexos – em particular, mas não só, no domínio da proteção de dados – ver *Hornung/Hofmann*, Industrie 4.0 (2017).

[10] Cf., *Skistems*, Smart Homes (2016); *Arnetsbichler*, Smart Home (2020).

a condução automática ou autônoma de carros. Os problemas surgem também do fato de que uma grande quantidade de dados é gerada, processada e utilizada. Também merecem destaque as novas formas de influência comunicativa (como Social Bots[11] ou a divulgação de notícias falsas[12]). Existem também áreas particularmente sensíveis de aplicação,[13] como no diagnóstico médico.[14] Entre outras coisas, temos que reagir a possibilidades crescentes e mais diferenciadas de vigilância estatal e privada, mas também à espionagem e sabotagem, que também se dão por meio de *Big Data* e do uso da inteligência artificial.

---

[11] Nesse sentido, ver *Dankert*, Verfälschung (2018). Cf., *Minkler*, Meinungskampf (2016); *Minkler*, Gesetzgeberische Maßnahmen (2017). Milker propõe, entre outros, requisitos de rotulagem para Social Bots, p. 205.

[12] Ver *Oermann*, Rechts(durch)setzung (2018). Veja também a – muito controversa – Netzwerkdurchsetzungsgesetz. Sobre esta lei, para mais informação, ver *Guggenberger*, Netzwerkdurchsetzungsgesetz (2017). Para a versão preliminar, consultar *Eifert*, Rechenschaftspflichten (2017). [Nota dos tradutores: Relativamente a Netzwerkdurchsetzungsgesetz – NetzDG de 1º de setembro 2017: Gesetz zur Verbesserung der Rechtsdurchsetzung in sozialen Netzwerken (Lei para a melhoria da aplicação da lei nas redes sociais (Lei de Execução de Redes de 1º de setembro de 2017 – NetzDG), pode ser consultada em Bundesgesetzblatt Teil I (BGBI. I) (Diário Federal da República Parte I) 2017 Nr. 61/07.09.2017, *on-line* em: https://bit.ly/35EEDLJ (*link* encurtado). De início, é importante esclarecer que a NetzDG não cria novas categorias de conteúdo ilegal. Seu objetivo é fazer cumprir disposições no espaço *on-line* que já existiam no código penal alemão e responsabilizar grandes plataformas de mídia social por sua aplicação. As disposições incluem categorias como "incitação ao ódio", "disseminação de representações de violência", "formação de organizações terroristas" e "uso de símbolos de organizações inconstitucionais". O NetzDG também se aplica a outras categorias, como "distribuição de pornografia infantil", "insulto", "difamação", "difamação de religiões, associações religiosas e ideológicas de uma maneira que seja capaz de perturbar a paz pública", "violação da privacidade íntima mediante fotografias", "ameaça a comissão de crime" e "falsificação de dados destinados a fornecer prova". O NetzDG tem como alvo grandes plataformas de redes sociais, com mais de 2 milhões de usuários localizados na Alemanha. Exige que essas plataformas forneçam um mecanismo para que os usuários enviem reclamações sobre conteúdo ilegal. Depois de receber uma reclamação, as plataformas devem investigar se o conteúdo é ilegal. Se o conteúdo for "manifestamente ilegal", as plataformas deverão removê-lo dentro de 24 horas. Outros conteúdos devem ser removidos dentro de 7 dias. Plataformas que não cumprem correm o risco de multas de até € 50 milhões. É conhecida também como Lei do FaceBook.]

[13] Cf., Considerando 51 do RGPD.

[14] Cf., sobre o uso de Big Data em saúde *Wiegerling*, Gesundheitswesen (2018), pp. 28-47.

B. ABORDAGENS PARA POSSÍVEIS SOLUÇÕES

A seguir, são formuladas sugestões para a abordagem jurídica[15] de problemas selecionados na coleta, uso e transferência de dados.[16] As propostas devem também ter em conta o fato, já descrito várias vezes, de que os direitos de liberdade e os objetivos juridicamente vinculativos da UE e dos Estados membros estão sujeitos a obrigações de proteção e garantia, cujo cumprimento exige que o sistema jurídico seja estruturado em conformidade.[17]

Tanto o Direito tradicional de proteção de dados como o RGPD contêm, em princípio, abordagens úteis para a proteção das pessoas prejudicadas, mesmo que o seu âmbito de aplicação e profundidade de efeito seja por vezes demasiado limitado. Deve ser feita especial referência às regras de responsabilidade e transparência, aos direitos e deveres de informação, às possibilidades de certificação, por exemplo, por organismos acreditados, e à tarefa de monitoramento. Há também regras sobre as autoridades de supervisão e seus poderes. O RGPD contém muitos detalhes a esse respeito, mas também muitas regras brandas

---

[15] As referências feitas neste artigo não devem ser entendidas como significando que outras dimensões não são importantes para o significado em campos de inovação, especialmente as dimensões éticas (pela sua importância em campos de inovação ver *Hoffmann-Riem*, Innovation (2016), pp. 253-259. Ver capítulo 8 B.III.

[16] Cf., Koops, Normative Technology (2008), pp. 167 ss.; *Saurwein/Just/Latzer*, Governance (2015); *Martini*, Big Data (2014); *Crawford/Schultz*, Big Data (2014); Cf., também as contribuições de *Schrader*, *Klein*, *Telle*, e *Kalouta*, em: Taeger (ed.), SmartWorld (2016); Council of Europe, Draft (2016); *Pille*, Meinungsmacht (2016); *di Fabio*, Grundrechtsgeltung (2016), resumido nas páginas 93-95. Ver também o parecer do Sachverständigenrats für Verbraucherfragen, Verbraucherrecht 2.0, (2016); *Andersson/Alaja/Buhr/Fink/Stöber*, Policies (2017); Datenethikkommission, Gutachten (2019), pp. 159-224. Cf., ainda as contribuições da Parte II de Hoffmann-Riem (ed.), Big Data (2018).

[17] Diferentes sistemas jurídicos contêm diferentes requisitos, cuja adaptação à transformação digital desencadeará, sem dúvida, uma necessidade considerável de debate. Como exemplo de uma possível nova abordagem, consulte *Christl/Spiekermann*, Networks of control (2016), pp. 139 ss. Em particular, os autores consideram transferir os princípios do devido processo de direito contido na lei dos EUA para restrições de liberdade por empresas privadas de TI. No ordenamento jurídico alemão, um paralelo seria estender os requisitos constitucionais desenvolvidos para a interferência estatal nos direitos fundamentais relevantes aos entraves à liberdade emanados de particulares cujo poder de intervenção seja funcionalmente comparável ao das entidades estatais.

que requerem interpretação e possibilidades de exceções. Resta saber até que ponto ela vai se provar na prática.

No presente caso, entretanto, deve ser reiterado que essas regras dizem respeito apenas à proteção de dados pessoais, e apenas em algumas áreas de risco. A lei de proteção de dados não está especificamente relacionada à proteção de bens públicos coletivos ou mesmo à proteção contra o abuso de poder – jornalístico, político, econômico e outros poderes – com a ajuda das tecnologias digitais.

I. Redefinição do conceito de dados pessoais

No entanto, mesmo na medida em que a lei de proteção de dados permaneça em princípio aplicável, podem ser necessárias modificações, que podem ser devidas em parte a mudanças na interpretação e em parte a novas normas legais.

Uma questão importante é a definição de dados pessoais. Até agora, são considerados dados pessoais aqueles que se relacionam a uma pessoa natural identificada ou identificável. A identificabilidade é definida – como no Art. 4, N. 1, do RGPD – com base em certos critérios (estreitos). Essa descrição é citada novamente aqui. Uma pessoa singular é considerada identificável se "puder ser identificada, direta ou indiretamente, em particular por referência a um identificador como um nome, um número de identificação, dados de localização, um identificador *on-line* ou um ou mais fatores específicos da identidade física, fisiológica, genética, mental, econômica, cultural ou social dessa pessoa singular".[18] Os dados não são mais pessoais quando são tornados anônimos e não puderem ser mais identificados.[19] Isso também se aplica aos dados utilizados em contextos de *Big Data*.

Além disso, os dados pessoais também teriam que ser classificados como dados que não são coletados de uma pessoa específica, mas que podem ser usados para filtrar indivíduos específicos e submetê-los a certas medidas. Esse é o caso, por exemplo, se alguém é atribuído a um

---

[18] Consultar as informações suplementares no Considerando 26 do RGPD. Para uma compreensão do conceito de dados pessoais pelo TJCE, ver TJCE, Processo C-582/14, Ecli: EU: C: 2016: 779, ponto 49.

[19] Ver o Considerando 26 do RGPD.

grupo de pessoas (um *cluster*) formado no curso da análise de *Big Data* utilizando métodos estatísticos sem interferir com seus próprios dados pessoais[20] e outras características são atribuídas à pessoa apenas com base nesta atribuição. Elas podem incluir, por exemplo, questões de saúde, solidez financeira, orientação sexual, dentre outras. A atribuição de tais características pode desencadear consequências adversas atuais ou potenciais para as pessoas atribuídas a este grupo.[21] O Direito tradicional de proteção de dados não oferece nenhuma proteção contra isso.

Também não é mais possível manter o fato de que a referência a uma pessoa é sempre eliminada pela anonimização dos dados.[22] A atual expansão do poder das técnicas de desanonimização dá razão para considerar a anonimização inicial por si só insuficiente, na medida em que existem possibilidades de desanonimização, especialmente se ela é ou será utilizada.[23] Portanto, é necessária primeiramente uma extensão do conceito de relação pessoal a dados anonimizados, mas também para dados desanonimizáveis ou posteriormente desanonimizados.

Mesmo quando se trata de dados agregados, não é impossível tirar conclusões sobre indivíduos específicos.[24]

A extensão do conceito de dados pessoais, que é, portanto, necessário, beneficia a proteção de dados individuais também na área de *Big Data*, mas sem poder cobrir todas as áreas problemáticas associadas a eles.

II. Melhorar a proteção do direito de consentimento para o processamento de dados

Problemáticas são as condições para a legalidade do processamento de dados (pessoais) (por exemplo, Art. 6 do RGPD). Aqui, o elemento do consentimento como pré-requisito para a legalidade será discutido novamente.[25]

---

[20] Ver acima, no texto, o capítulo 5, A.I.
[21] Cf., *Christl/Spiekermann*, Networks of control (2016), p. 143.
[22] Para mais informações, ver *Glas*, Personendaten (2017), pp. 11-117; *Hermstrüwer*, Skizze (2018), p. 104 com nota de rodapé 12.
[23] Cf., *Roßnagel*, Big Data (2013); *Boehme-Neßler*, Das Ende (2016), pp. 421 ss.
[24] Cf., *Glas*, Personendaten (2017), pp. 117-118.
[25] Os problemas que surgem no seu contexto já foram discutidos acima ver capítulo 7, B.II.

Como a amplitude desse consentimento é normalmente determinada pelas empresas na forma de termos e condições gerais que elas unilateralmente estabelecem, uma abordagem adequada para garantir os requisitos de proteção seria um controle dos termos e condições gerais especificamente adaptados ao setor de TI, juntamente com a participação de associações de proteção ao consumidor. Um meio de controle seria a certificação de termos e condições gerais socialmente importantes por organismos (credenciados) reconhecidos publicamente e/ou instituições oficiais especiais. No curso da certificação, teria de ser verificado previamente se os TCG cumprem os requisitos legais. Também seria útil verificar posteriormente se os certificados GTCs também foram satisfatórios. A certificação pode ser obrigatória ou meramente possível. Também neste último caso, no entanto, seria necessário prever sanções para as empresas que renunciarem à certificação. Isso poderia, por exemplo, levar a uma inversão do ônus da prova ou – na medida em que o sistema legal contenha disposições de responsabilidade – a um aumento da responsabilidade na ausência de certificação.[26]

Quanto ao conteúdo, uma inspeção dos termos e condições gerais não só teria de garantir que as empresas não poderiam alterar tais termos e condições sem informar as pessoas envolvidas, mas também que eles são claros e fáceis de entender (ver requisitos correspondentes para consentimento no Art. 7, parágrafo 2, do RGPD) e que seu conteúdo está relacionado a todas as necessidades de proteção significativas. Também seria necessário abordar os usos de *Big Data* pretendidos e as condições para a sua admissibilidade. Ainda deveria haver especificação das medidas de proteção a serem tomadas quando os dados forem transmitidos para outros usos ou a outros atores. O direito dos sujeitos dos dados à transferibilidade de dados, que já está estabelecido no Art. 20 do RGPD, também deve ser estendido.

III. Aplicabilidade e nova concepção dos princípios de proteção de dados em relação aos *Big Data*

A lei de proteção de dados estabelece determinados princípios para o levantamento e utilização de dados pessoais, tais como a minimização

---

[26] Cf., as considerações de *Tutt*, FDA (2017), e *Wischmeyer*, Regulierung (2018).

de dados, a limitação da finalidade e – como expressão do princípio da proporcionalidade – a necessidade. Entretanto, sua implementação e, em particular, seu controle já são difíceis nas áreas tradicionais de proteção de dados, não só pela intransparência já mencionada várias vezes (ver, acima, capítulo 6, A.V), mas também pelos muitos limites diferentes no campo de TI (ver capítulo 4, B.I).

Já foi explicado que esses princípios não foram desenvolvidos com as especificidades dos *Big Data* em mente. Também já foi mencionado que a aplicação desses princípios aos procedimentos dos *Big Data* tem sido criticada como hostil à inovação, especialmente pelas empresas envolvidas (ver, acima, capítulo 6, A.II). Entretanto, possíveis efeitos inibidores de inovação não são, por si sós, justificação suficiente para abandonar as preocupações perseguidas com tais princípios na área de *Big Data*. Servem à proteção dos interesses legais e, em particular, à observância do princípio da proporcionalidade quando interesses dignos de proteção legal são prejudicados. Entretanto, como o princípio da proporcionalidade não visa unilateralmente proteger os interesses daqueles afetados por certas medidas em detrimento de outras, mas sim possibilitar a conciliação de interesses diferentes, se necessário no curso da ponderação dos interesses envolvidos, existem também possibilidades na área de aplicações de *Big Data* para levar em conta os diversos interesses. Isso pode exigir uma diferenciação na determinação do conceito substantivo e da amplitude da validade dos princípios de proteção da liberdade.

Ao ponderar os interesses das partes envolvidas, devem ser levados em conta não apenas os interesses individuais das pessoas especificamente afetadas no curso da garantia da proteção da liberdade, mas também os interesses coletivamente significativos. Estes incluem proteção fundamental contra a seleção unilateral na divulgação de informações ou contra a manipulação de valores pessoais, por exemplo, a fim de influenciar tendências sociais ou o processo de votação em eleições.

A fim de encontrar pontos de partida para a observação de princípios como necessidade e limitação da finalidade, pode ser aconselhável, ou mesmo inevitável, prever para certas categorias de avaliações de *Big Data* que apenas os dados para os quais são feitas marcações obrigatórias e limitação da finalidade e são previstos períodos de eliminação ou bloqueio antes do seu uso ou divulgação.[27] Podem ser fornecidas obrigações de documentação para a transferência e utilização dos dados.[28] Tais obrigações também teriam que ser estendidas aos novos dados criados pelas aplicações *Big Data*.

Tendo em vista as possibilidades inovadoras associadas ao desenvolvimento futuro da digitalização, vale a pena desenvolver novas formas de concretização desses requisitos, possivelmente apoiadas por requisitos legais de *Innovation Forcing*:[29] se os usuários de *Big Data* não conseguirem desenvolver as soluções inovadoras legalmente esperadas para proteger terceiros, eles devem se abster dos usos de *Big Data* em questão.

IV. Proteção do sistema

A ênfase do Tribunal Constitucional Federal em garantir a integridade e a confidencialidade dos sistemas de tecnologia da informação (ver capítulo 4, A.III, acima) refere-se à necessidade de proteção do sistema. Imperativos constitucionais ou pelo menos possibilidades de precauções para garantir a operacionalidade dos sistemas de tecnologia da informação também podem decorrer de outros direitos fundamentais (como os artigos 3, 5, 6, 10, 13, 14 da Lei Fundamental e outros) e, além disso, das disposições sobre objetivos estatais: quanto mais importantes forem as tecnologias digitais e os modelos e modos de ação e de infraestrutura adaptados a elas, para a realização de interesses legalmente protegidos, ou seja, o bem individual e comum, mais a função de garantia do Estado em relação à realização destes objetivos deve ser ativada. Também é dada especial importância à garantia da qualidade dos sistemas de TI.[30]

A proteção do sistema também é particularmente importante no setor de TI, porque os indivíduos, como usuários, quase não têm in-

---

[27] Para considerações técnicas para proteger dados e documentos por meio de marcações imutáveis, compare *Spyra/Buchanan*, Protecting documents (2016).

[28] No entanto, não se deve esquecer que tais acordos podem também ter consequências problemáticas, nomeadamente uma maior facilidade de identificação das pessoas a quem os dados dizem respeito.

[29] Sobre esta categoria de regulamentação jurídica, ver *Hoffmann-Riem*, Innovation (2016), pp. 430-432. Trata-se de uma técnica por meio da qual são estabelecidos requisitos regulamentares que ainda não foram alcançados de acordo com o estado atual da técnica, mas que parecem ser exequíveis.

[30] *Wischmeyer*, Informationssicherheitsrecht (2017); *Leisterer*, Internetsicherheit (2018).

fluência na configuração do sistema e, onde eles não reconhecem mais as ameaças, são incapazes de se defender individualmente. Aliás, a proteção de áreas importantes da sociedade não pode de forma alguma ter sucesso se a ativação de medidas de proteção depender exclusivamente da iniciativa e do sucesso das ações individuais e, portanto, seletivas. Esta é uma tarefa importante para a sociedade como um todo, que também deve ser enfrentada pela sociedade com a ajuda do Direito. A proteção do sistema é um importante ponto de partida para isso.

V. Proteção sistêmica

A proteção do sistema não deve ser confundida com a proteção sistêmica[31]. Esta última utiliza a respectiva tecnologia para incorporar no próprio sistema técnico precauções que protegem de forma independente os interesses de proteção de terceiros.[32] É importante – em uma direção proativa – criar arquiteturas de decisão adequadas para proteção. Trata-se especialmente da proteção por meio da configuração técnica (*Protection by Design*)[33] sob e por intermédio de configurações padrão de proteção amigável (*Protection by Default*). Essa proteção sistêmica tem sido usada há muito tempo como meio de proteção de dados, mas também é adequada para salvaguardar outros interesses de proteção.

Os arts. 25 e 32 do RGPD[34] e o § 67 do BDSG (novo) criam abordagens limitadas ao tratamento de dados pessoais.[35] Nesse sentido, entretanto, não há pontos de partida para a proteção sistêmica no que diz respeito às configurações de padrões adaptativos.[36]

O projeto técnico também é importante para garantir a segurança (*security by design*). Também está sendo discutido até que ponto a eficácia dos princípios básicos éticos, não só legais, mas também com-

---

[31] *Hildebrandt*, Saved by Design? (2017); *Baumgarten/Gausling*, Datenschutz (2017).
[32] *Spiecker gen. Döhmann*, Zukunft (2016).
[33] *Yeung*, Understanding (2008).
[34] Cf., *Hartung*, em: Kühling/Buchner (ed.), Datenschutz-Grundverordnung (2018), Nota de margem 14 ss., 24 ss., e o Art. 25.
[35] Para o conceito e as possibilidades de *design* cf., ENISA, Privacy by design (2015).
[36] Cf., *Hermstrüwer*, Skizze (2018), 114 com nota de rodapé 49.

plementares, pode ser assegurada ou pelo menos promovida por meio da configuração tecnológica (*Ethics by Design*).[37]

Precauções sistêmicas também podem ajudar a ampliar a proteção da autonomia dos usuários no futuro. Uma maneira de fazer isso seria obrigar os usuários de dados a fornecer aos usuários interfaces programáticas padronizadas para o acesso e gerenciamento de seus próprios dados pessoais.

As medidas de proteção sistêmica também podem incluir a redução de redes globais e a criação de redes e nuvens descentralizadas e autocontidas para comunicações particularmente sensíveis e limitar a respectiva utilidade. Nesse contexto, uma conexão local de avaliação e uso de dados pode ser recomendada, especialmente para áreas particularmente suscetíveis a lesões. Contudo, deve ser tido em conta – mas também criticamente questionado – que a UE se opõe em grande medida aos requisitos de localização, pelo menos no que diz respeito a dados não pessoais.[38]

Também deve ser levado em conta, no caso de proteção através da tecnologia, que uma configuração ou modelo tecnológico realizado apenas pelas empresas e não influenciado ou, em qualquer caso, controlado por terceiros[39], pode representar uma tentação para o primeiro, em vez de promover a proteção efetiva dos interesses legais. É necessário tomar precauções – como a certificação por órgãos credenciados – para verificar se outros interesses também são levados em conta e se o equilíbrio de interesses é justo.

VI. Extensão da proteção judicial

Devem ser tomadas providências para uma revisão judicial eficaz. Isso também pode ser conseguido quando se justifica o reconhecimento

---

[37] *Winfield/Jirotka*, Ethical Governance (2018), European Group on Ethics in Science and New Technologies, Statement (2018).

[38] Assim, por exemplo, prevê o Regulamento (EU) 2018/1807 do Parlamento europeu e do Conselho (de 14 de novembro de 2018) limites as possibilidades de ofertas ao armazenamento local/regional de dados sobre uma estrutura para a livre circulação de dados não considerados pessoais na União Europeia. Cf., também, a comunicação da comissão para o parlamento europeu e para o conselho de 29.05.2019, COM (2019) 250 final sobre "as diretrizes para a Regulamentação sobre a estrutura à livre circulação de dados não considerados pessoais na União Europeia".

[39] Para possibilidades de expandir o círculo de atores envolvidos para um "design participativo" em design técnico, cf., *Ochs/Richter/Uhlmann*, Technikgestaltung (2016).

de segredos comerciais de empresas ou segredos oficiais de autoridades públicas. Nesse sentido, a proteção judicial para aqueles prejudicados pelo uso dos algoritmos não precisa necessariamente ser abandonada, mas pode ser possibilitada pela introdução dos chamados procedimentos *in-camera* nos Tribunais:[40] as empresas são obrigadas a divulgar ao Tribunal algoritmos sensíveis, em especial aqueles que possam ser utilizados de forma a colocar em risco a liberdade – se necessário, apenas as máximas e critérios em que se baseiam, as informações utilizadas como *input* e, no caso de sistemas de aprendizagem, as regras de treinamento utilizadas e, se necessário, também o tipo de utilização da análise de *Big Data*. Tais informações não devem, contudo, ser tornadas públicas em geral e não devem ser acessíveis às partes no processo, ou apenas de forma limitada, mas devem estar disponíveis para o tribunal que trata dos problemas, que pode, no entanto, providenciar um exame por peritos independentes.

A fim de assegurar uma proteção jurídica eficaz, também deve ser considerada a possibilidade de formas modificadas de proteção judicial. Uma forma é estender o uso de uma ação coletiva, que está prevista no art. 80 do RGPD no que diz respeito à proteção legal sob o art. 77-79, 82 do RGPD e no art. 2º, parágrafo 2º, n. 11, em conjunto com o art. 2º, parágrafo 2º, no. 11, do RGPD, § 1º do artigo 3º da Lei Alemã de Injunções (UKlaG).[41] Ela poderia não apenas ser expandida para uma ação de classe de algoritmo ou mesmo uma grande ação de classe de dados, mas também para estender este tipo de ação para o controle judicial do uso da inteligência artificial. No entanto, a definição da amplitude e dos padrões de teste podem levantar problemas consideráveis. O recurso judicial também pode ser viabilizado através de ações coletivas, cuja possibilidade é recomendada pela Comissão Europeia.[42] Na Alemanha, isso tem sido feito na forma de um mode-

---

[40] Um exemplo da legalidade da admissão de tal procedimento é o § 99 do Regimento do Tribunal Administrativo.

[41] Cf., *Spindler*, Verbandsklagen (2016); *Halfmeier*, Datenschutzverbandsklage (2016).

[42] Recomendação 2013/396/UE, de 11 de Junho de 2013, relativa a "Princípios comuns para as ações coletivas de proteção e os processos de indemnização em caso de violação dos direitos garantidos pela legislação da União" (JO L 201 de 26.7.2013, 60) (Documento do Conselho 6043/18; Kom-Dok.COM (2018) 40, final).

lo de ação declaratória – embora apenas destinado a um âmbito de aplicação restrito.[43]

Além disso, mais oportunidades de resolução extrajudicial de disputas podem ser aproveitadas e incentivadas pelo Direito estatal.[44] Tais procedimentos devem, no entanto, ser regulamentados a fim de garantir a justa consideração dos interesses.

VII. Ampliação da transparência no que se refere ao *design* técnico utilizado e aos algoritmos

Garantir transparência suficiente é essencial não apenas para a proteção de dados, mas também para a proteção de outros interesses legalmente fundamentados. Nesse contexto, a transparência não deve ser um fim em si mesma, mas deve ser utilizável como base para a possibilidade de identificação de riscos e para a rastreabilidade e controlabilidade e, se necessário, para a possibilidade de revisão.[45] Objetos de uma demanda por transparência adequada não são apenas a coleta e processamento de dados,[46] mas também o projeto tecnológico utilizado e os algoritmos empregados em cada caso, ou melhor: os sistemas algorítmicos, incluindo as disposições para "treinamento" de tais sistemas.

Contra a obrigação de divulgar algoritmos e arquiteturas digitais, no entanto, a proteção dos segredos empresariais é particularmente objeto de argumentação. Tal proteção foi reconhecida, em princípio, pelo Tribunal Federal de Justiça Alemão em uma decisão sobre pontuação pelo Schufa (**Schu**tzgemeinschaft **f**ür **a**llgemeine Kreditsicherung).[47] Entretanto, deve-se levar em conta que a proteção dos segredos empresariais não é um

---

[43] Lei de 12 de julho de 2018 que introduz um modelo processual civil de ação judicial declaratória. Para uma discussão sobre isso veja *Kilian*, Musterfeststellungsklage (2018); *Mekat/Nordholtz*, Musterfeststellungsklage (2019).

[44] Para os procedimentos já existentes da Resolução de Litígios *On-line*, ver as notas em *Hartung/Bues/Halbleib*, Legal Tech (2018), pp. 215-225.

[45] Sobre a relação entre essas possibilidades ver por todos *Wischmeyer*, Regulierung (2018).

[46] No que diz respeito à transparência do próprio processamento de dados, ver os considerandos 39 e 58 do RGPD.

[47] SCHUFA Holding AG (Sociedade Anônima) é empresa que presta serviços de informações sobre crédito similar ao SPC e SERASA brasileiros. Decisões do Tribunal Federal de Justiça em Matéria Civil (BGHZ) 200, 38. É muito duvidoso, no entanto, que essa decisão atenda aos requisitos do capítulo III do RGPD.

fim em si, mas requer coordenação com a proteção de pessoas que não sejam empresas e, portanto, vários interesses legais. Há aqui motivo para diferenciação, que pode ter de ser feita pelo legislador. O mesmo se aplica ao tratamento de segredos oficiais. Isso só será referido aqui.

Entretanto, a obrigação geral de divulgar o projeto tecnológico e os sistemas algorítmicos utilizados interferiria profundamente na autonomia das empresas e prejudicaria seu legítimo interesse, em particular em impedir que os algoritmos fossem disponibilizados aos concorrentes que os utilizam como *free riders* ou a outras pessoas que poderiam utilizar tais conhecimentos com o objetivo de manipular determinados resultados. No entanto, justifica-se permitir a transparência e o controle na medida em que, de outra forma, a proteção legal teria de ser negada. A transparência teria que ser assegurada nos algoritmos, de qualquer forma, no que diz respeito às máximas e critérios, em particular aqueles algoritmos cuja utilização pode prejudicar interesses legais importantes que protegem os direitos fundamentais, em particular contra a discriminação, estigmatização e manipulação. O mesmo se aplica se houver outro interesse legítimo na divulgação – pelo menos limitado – que seja, no mínimo, equivalente à proteção de um segredo comercial. Isso pode ser prescrito para procedimentos selecionados, como procedimentos de certificação ou o exercício da proteção judicial – ambos podem estar sujeitos à criação de um procedimento coordenado dentro da câmera.[48]

No entanto, a transparência não é importante apenas para o tratamento dos dados em si, mas sobretudo no que diz respeito ao uso do conhecimento que pode ser gerado, em particular com a ajuda de *Big Data* e IA em campos de aplicação sensíveis à liberdade, por exemplo, no setor de saúde.[49] Por este motivo, também devem ser tomadas precauções para certificar a possibilidade de uso em áreas sociais sensíveis ainda a serem determinadas por órgãos credenciados para este fim. Nesse sentido, a estrutura prevista nos arts. 42 e 43 do RGPD para a proteção de dados pessoais teria que ser objetivamente ampliada e modificada. Isso também deve ser complementado por procedimentos de monitoramento

---

[48] Para tal procedimento ver capítulo 7, B.VI.
[49] Veja também *Wiegerling*, Gesundheitswesen (2018).

do cumprimento dos requisitos (como meio de controle contínuo). A fim de poder realizar controles de forma eficaz, a obrigação de registrar/documentar certos usos também deve ser considerada aqui. Exemplos de campos para obrigações de documentação referentes aos critérios de decisão utilizados seriam perfilagem e pontuação,[50] por exemplo, ao calcular as taxas de seguro ou ao decidir sobre a concessão de um empréstimo. Limitações nas opções de armazenamento também seriam importantes.

Além disso, é importante prever proibições específicas de uso de dados, inclusive para evitar a discriminação com base nos critérios cuja utilização seja declarada inconstitucional ou contrária ao direito europeu pelo artigo 3 (3) da Lei Fundamental, pelo artigo 21 da Carta dos Direitos Fundamentais da União Europeia e pelo artigo 5 (5) do RGPD.

VIII. Fortalecimento da fiscalização pública

Como a proteção jurídica individual não é de forma alguma suficiente para afastar os riscos engendrados pela digitalização, também deve ser assegurada uma fiscalização pública eficaz do cumprimento dos regulamentos. As instituições criadas até o momento, como os responsáveis pela proteção de dados, não são suficientes para este fim, pelo menos não na medida em que se refere mais do que à proteção de dados pessoais pelos quais são responsáveis. A utilidade de tais instituições também é limitada, desde que não disponham de equipamentos adequados – como é o caso atualmente dos comissários alemães de proteção de dados, por exemplo.

No debate público, há várias propostas para a criação de novos poderes e instituições.[51] Estes incluem a ampliação dos poderes dos órgãos anteriormente responsáveis pela proteção de dados ou a criação de uma "agência digital" especial.[52] Para a Alemanha, foi proposto estender as

---

[50] Para isso, em particular, ver por todos *Weichert*, Scoring (2014); *Ickenroth*, Informationeller Selbstschutz (2017).

[51] Tais propostas incluem a criação de ministros para assuntos digitais no âmbito federal e estadual.

[52] No entanto, é duvidoso se os seus poderes vão tão longe quanto *Tutt*, FDA (2017) propôs para os EUA, sugerindo a criação de uma instituição comparável à Federal Drug Administration.

tarefas do Bundeskartellamt[53] além da proteção da concorrência para incluir o monitoramento dos serviços digitais.[54] Ao fazê-lo, deve ser capaz de agir além do exercício das competências de monitoramento, por exemplo, para financiar pesquisas de terceiros ou outras atividades

---

[53] O Escritório Federal de Combate aos Cartéis (Bundeskartellamt – BKartA) é a autoridade antitruste especializada em proteção da concorrência da Alemanha.

[54] Neste sentido: Sachverständigenrat für Verbraucherfragen, Verbraucherrecht 2.0 (2016), pp. 69-77. Há também referências a modelos estrangeiros, pp. 71-74. No entanto, tenho dúvidas de que a autoridade responsável pelo combate aos cartéis, especializada na proteção da concorrência, esteja, dada a sua composição de pessoal e a sua cultura administrativa, em condições de oferecer proteção, mesmo na medida em que isso não possa ser alcançado com conceitos que limitem o poder de mercado. No entanto, é de saudar o fato de que o Departamento Federal de Combate a Cartéis da Alemanha já esteja examinando, no âmbito de suas competências existentes, se o Facebook usou seu acesso excepcional a dados relevantes em matéria de concorrência para utilizar o poder de mercado sob a forma de abuso de condições. Ver "Background information on the Bundeskartellamt's Facebook proceedings", publicado pelo Bundeskartellamt em 19 de dezembro de 2017 (Para ler *on-line*, acesse o *link*: https://bit.ly/2NjB0B6, todavia, atualizando o tema, em 6 de fevereiro de 2019, o Bundeskartellamt – BKA adotou sua tão esperada decisão para o Facebook, impondo restrições abrangentes sobre como a rede social pode coletar e processar dados de usuários. A autoridade alemã entendeu que "de acordo com os termos e condições do Facebook, os usuários até agora só conseguiram usar a rede social sob a condição prévia de que o Facebook pudesse coletar dados do usuário também fora do site do Facebook na internet ou em aplicativos para *smartphone* e atribuir esses dados à conta do usuário no Facebook. Todos os dados coletados no site do Facebook, por serviços de propriedade do Facebook, como por exemplo WhatsApp e Instagram e em sites de terceiros podem ser combinados e atribuídos à conta de usuário do Facebook. A decisão da autoridade abrange diferentes fontes de dados: (i) serviços de propriedade do Facebook como WhatsApp e Instagram podem continuar a coletar dados. No entanto, atribuir os dados às contas de usuário do Facebook só será possível sujeito ao consentimento voluntário dos usuários. Onde o consentimento não é dado, os dados devem permanecer no respectivo serviço e não podem ser processados em combinação com os dados do Facebook. (ii) Coletar dados de sites de terceiros e atribuí-los a uma conta de usuário do Facebook também só será possível se os usuários derem seu consentimento voluntário. Se não for concedido consentimento para dados de serviços de propriedade do Facebook e sites de terceiros, o Facebook terá que restringir substancialmente sua coleta e combinação de dados". Para maiores esclarecimentos, ver Bundeskartellamt, Bundeskartellamt prohibits Facebook from combining user data from different sources Background information on the Bundeskartellamt's Facebook proceeding (07.02.2019), disponível *on-line* com acesso livre em: https://www.bundeskartellamt.de/SharedDocs/Publikation/EN/Pressemitteilungen/2019/07_02_2019_Facebook_FAQs.pdf?__blob=publicationFile&v=6 – *link* permanente – Nota dos tradutores.

para expandir o conhecimento sobre riscos em conexão com serviços digitais e para desenvolver abordagens adequadas de proteção e prevenção de riscos.

Duas ideias desenvolvidas na literatura americana também devem ser mencionadas. Uma proposta visa a criação de uma agência federal especial, inspirada no relativamente poderoso Federal Drug Administration, especialmente para o (pré-)controle de algoritmos potencialmente perigosos; ela também deve ser dotada de poderes sancionatórios adequados.[55] Outra proposta, voltada especificamente ao uso da inteligência artificial, visa criar uma lei especial, a "Artificial Intelligence Development Act (AIDA)". Além das disposições substantivas, suas normas devem prever a criação de uma agência cuja tarefa é, em particular, a certificação da segurança dos sistemas de inteligência artificial. No entanto, seu poder sancionatório não precisa necessariamente consistir em impedir o uso de tais sistemas se a certificação não for realizada. Pode fazer mais sentido – especialmente no processamento de informações sobre comportamento econômico – proporcionar opções de reação diferenciadas e, em particular, criar incentivos para o uso de tais opções. Por exemplo, a utilização do procedimento de certificação pode levar a que a responsabilidade das empresas seja limitada.[56]

A necessidade de estruturas de monitoramento adequadas só pode ser destacada aqui. Considerações sobre a implementação competente e organizacional, bem como sobre a necessidade e as possibilidades de ancoragem no sistema europeu multinível devem ser aqui deixadas de fora.

IX. Limitando as disparidades na distribuição do poder

Os problemas que precisam de solução incluem não apenas a disparidade na distribuição de poder na relação entre usuários individuais e empresas, mas também a disparidade na distribuição do poder de mercado entre diferentes empresas. (ver, acima, capítulo 4, B.II). A fim de limitar a concentração de poder e os riscos de abuso de poder, é

---

[55] Cf., *Tutt*, FDA (2017).
[56] Para mais informações, cf., *Scherer*, Regulating (2016), pp. 393-398.

necessário utilizar e melhorar a legislação antitruste nacional e europeia existente, mas também criar mais leis antitruste trans e internacionais eficazes.[57]

Urgentes também parecem ser medidas eficazes, não baseadas na lei antitruste, de limitação do uso do poder, não só para assegurar o funcionamento dos mercados, mas também para salvaguardar outros objetivos de bem-estar público. Um exemplo é a proposta – até agora não implementada – do Parlamento Europeu sobre a desagregação entre sistemas de busca e outros serviços comerciais.[58] O objetivo é reduzir os riscos de abuso do poder de seleção dos mecanismos de busca no acesso dos usuários à informação e, portanto, as possibilidades de influência unilateral das empresas de mecanismos de busca sobre as experiências e atitudes dos usuários ou, em geral, sobre a formação da opinião pública.

X. Avaliações de impacto

No que diz respeito à proteção de dados pessoais, a lei de proteção de dados prevê na Seção 35 do RGPD – assim como na Seção 45 do BDSG (novo) e na Seção 67 do BDSG (novo) para o campo de atividade não coberto pelo RGPD – uma avaliação preventiva das consequências para a proteção de dados pessoais a serem esperadas quando da utilização de novas tecnologias (avaliação do impacto da proteção de dados). São os responsáveis (na acepção do artigo 4º, n. 7, da Lei de Proteção de Dados) os obrigados a realizar essa avaliação, ou seja, aqueles que decidem sobre as finalidades, meios e tratamento de dados pessoais, e não os órgãos públicos de fiscalização. Essa avaliação de impacto diz respeito apenas à proteção de dados pessoais, e apenas na medida prevista na lei de proteção de dados. O conteúdo das abordagens de avaliação de impacto sobre a proteção de dados está listado no art. 35 do RGPD e nas Seções 45 e 67 da BDSG (nova). Não está orientado para as características especiais dos *Big Data* ou para a proteção do interesse público afetado pelo seu

---

[57] No entanto, existem novos desafios para a teoria, a prática e a ciência do direito antitruste. Veja – neste caso, por exemplo – *Telle*, Big Data (2017), pp. 3-17. Uma breve visão geral sobre a importância da legislação antitruste em relação ao *Big Data*, cf., Schütze/Hänold/Forgó, Big Data (2018).

[58] Parlamento Europeu, resolução sobre o reforço dos direitos dos consumidores no mercado único digital (2014), B8-0286/2014, n. 15-18.

uso. Além disso, elas não pretendem ser um acompanhamento ou uma avaliação retrospectiva da realização de riscos.

As avaliações de impacto são ferramentas importantes, em particular para a avaliação de risco.[59] É fortemente recomendado torná-las obrigatórias não só no Direito tradicional de proteção de dados, mas também na utilização de *Big Data* para o processamento de dados não pessoais e, em particular, na utilização de inteligência artificial para usos considerados arriscados. Além disso, deve-se considerar o estabelecimento de precauções para uma avaliação de risco permanente, uma vez que os futuros desenvolvimentos técnicos e usos sociais da digitalização não são de forma alguma previsíveis e, portanto, requerem monitoramento e avaliação contínuos. Tais medidas não devem, entretanto, ser deixadas exclusivamente aos responsáveis (como o art. 35 da DPA, ainda que acoplado ao pedido de parecer do Comissário de Proteção de Dados, art. 35, § 2, da DPA). O procedimento e o resultado devem estar sujeitos ao escrutínio público, envolvendo também representantes da sociedade civil.

XI. Precauções para a melhoria da segurança cibernética

O desenvolvimento da digitalização e, em particular, o uso de *Big Data* e IA exigem precauções contra ameaças à segurança cibernética. A funcionalidade dos sistemas de tecnologia da informação,[60] incluindo em particular as chamadas infraestruturas críticas (tais como hospitais, fornecedores de energia e água e sistemas de transporte), deve ser assegurada e monitorada continuamente. Tais riscos, que vão muito além dos perigos específicos da lei de proteção de dados, talvez se devam ao fato de que o *hardware* e/ou *software* utilizado contém lacunas de segurança.[61] Riscos particulares estão associados aos chamados ataques cibernéticos,

---

[59] Cf., *Böhret/Konzendorf*, Handbuch (2001).
[60] Cf., *Samsel*, Risiken (2017); *Wischmeyer*, Regulierung (2018).
[61] Tais vulnerabilidades de segurança podem sempre ser encontradas no *software*. Como mostra a vulnerabilidade que ficou conhecida em janeiro de 2018 nos bilhões de processadores utilizados pela oligopolista Intel (mas também em alguns de seus concorrentes, segundo a AMD), o *hardware* também pode conter defeitos, mesmo aqueles que não podem ser simplesmente corrigidos por atualizações de *software*. Veja os relatórios no Süddeutsche Zeitung de 5 a 7 de janeiro de 2018, N. 4, 1, 27.

ou seja, ataques direcionados a redes de computadores importantes para infraestruturas importantes – como as de fornecimento de energia. Outra dimensão da segurança cibernética é abordada quando órgãos estatais ou privados organizam ataques cibernéticos com o objetivo de desinformar ou manipular processos decisórios (como eleições políticas).[62]

Os ataques cibernéticos utilizam frequentemente *Big Data* e inteligência artificial. Neste sentido, no entanto, a aplicabilidade de *Big Data* e inteligência artificial é bilateral: eles também oferecem um ponto de partida para melhorar a segurança de TI. Grandes análises de dados, por exemplo, permitem tomar precauções rápidas, muitas vezes em tempo real, para detectar e combater um ataque a sistemas de TI ou processos individuais de comunicação e limitar possíveis danos. *Big Data* Analytics é particularmente capaz de detectar padrões de atividade que representam uma ameaça ao sistema de TI e permite reações rápidas quando atividades incomuns são detectadas.

Os riscos da cibersegurança afetam não apenas indivíduos e empresas, mas também e em particular as autoridades públicas. A segurança cibernética não é apenas um problema nacional, mas também e especialmente um problema trans e internacional.

No sistema jurídico existem cada vez mais abordagens com o objetivo de melhorar a segurança cibernética. Por exemplo, dado que a circulação transfronteiriça de bens, serviços e pessoas pode ser afetada por ataques informáticos, a UE impôs obrigações especiais aos Estados membros nesta área, sob a forma de uma diretiva.[63] Em termos de conteúdo, a mistura de diferentes precauções é notável. De acordo com o artigo 1º da diretiva, várias medidas devem ser tomadas para alcançar um alto nível comum de segurança das redes e sistemas de informação na União. Estão previstas disposições para isto[64]:

---

[62] Para tornar mais difíceis essas manipulações, Brad Smith, Presidente e Chefe do Departamento Jurídico da Microsoft, propôs uma internacional "Digital Geneva Convention", ver https://blogs.microsoft.com/on-the-issues/2017/02/14/need-digital-geneva-convention/.

[63] Diretiva (UE) 2016/1148 do Parlamento Europeu e do Conselho, de 6 de julho de 2016, relativa a medidas destinadas a garantir um elevado nível comum de segurança das redes e dos sistemas informáticos na UE.

[64] Cf., https://eur-lex.europa.eu/legal-content/PT/TXT/?uri=CELEX%3A32016L1148, para o texto em português (*link* permanente – nota dos tradutores).

- a obrigação de todos os Estados membros estabelecerem uma estratégia nacional para a segurança das redes e dos sistemas de informação;
- a criação de um grupo de cooperação para apoiar e facilitar a cooperação estratégica e o intercâmbio de informações entre os Estados membros e para criar confiança entre eles;
- a criação de uma rede de equipes de resposta informática de emergência para ajudar a criar confiança entre os Estados membros e para promover uma cooperação operacional rápida e eficaz;
- requisitos de segurança e obrigações de notificação para operadores de serviços essenciais e prestadores de serviços digitais, e, finalmente
- a obrigação de os Estados membros designarem autoridades nacionais competentes, pontos de contato centrais e equipes de resposta a emergências informáticas com tarefas relacionadas com a segurança das redes e dos sistemas de informação.

Para implementar a Diretiva, o legislador federal alemão promulgou a "Gesetz über das Bundesamt für Sicherheit in der Informationstechnik" (BSI-Gesetz), que foi alterada diversas vezes.

Deve-se ressaltar que essas bases legais também preveem regras específicas para operadores de "serviços essenciais", ou seja, entidades públicas ou privadas que fornecem um serviço de TI essencial para a manutenção de atividades sociais e/ou econômicas críticas e que seriam claramente perturbadas por um incidente de segurança. Isso diz respeito, por exemplo, aos setores de aviação, transporte ferroviário, marítimo e rodoviário. A sua vulnerabilidade é significativamente aumentada pelo uso de *Big Data*. Ao mesmo tempo, porém, o uso de *Big Data* facilita – como mencionado – a tomada de precauções apropriadas para proteger a segurança das infraestruturas. Além disso, as possibilidades de criação de precauções técnicas para aumentar a segurança devem ser mais desenvolvidas e implementadas e o cumprimento delas deve ser monitorado (Segurança por Projeto[65]).

---

[65] Em inglês, "Security by Design" (nota dos tradutores).

Se as precauções criadas pela UE e pela República Federal da Alemanha, incluindo os poderes do Departamento Federal de Segurança, são suficientes, não podem ser negligenciadas no momento. Avaliações contínuas e, se necessário, melhorias parecem indispensáveis. Sistemas para a certificação de conceitos de segurança também entram em consideração. Deve-se também ter em mente que essas medidas só dizem respeito a uma subárea da cibersegurança, ou seja, não são de forma alguma suficientes para lidar com o problema.

XII. Autorregulação e corregulação

As medidas de proteção mencionadas até o momento e outras medidas de proteção podem ser implementadas não apenas por medidas governamentais, mas também no curso da autorregulamentação da indústria de TI ou da corregulamentação entre atores públicos e privados (em particular, privados).[66] Essa área temática será discutida em detalhes em um capítulo posterior (capítulo 9). Aqui, porém, é importante antecipar: Até o momento, existem apenas abordagens limitadas para a proteção efetiva dos interesses legais de terceiros ou a proteção do bem-estar público por meio da autorregulamentação da indústria de TI ou da corregulamentação híbrida (privada/pública) – seja na forma de (apenas) autorregulamentação social de acompanhamento ou também regulada pelo Poder Público.

O mesmo se aplica às medidas de autorregulamentação para reduzir os referidos déficits de transparência e aumentar a responsabilidade pública ou as disposições para a expansão dos sistemas de garantia da qualidade. No entanto, os princípios não vinculantes estabelecidos unilateralmente, assim como os códigos de conduta estabelecidos unilateralmente pelas empresas, proporcionam apenas uma proteção muito limitada ao cumprimento dos mesmos. Nesse sentido, a figura da responsabilidade dos prospectos[67] desenvolvida na lei de investimentos

---

[66] Sobre as possibilidades de autorregulação, mas principalmente em relação à mídia tradicional, ver *Schulz/Held*, Regulierte Selbstregulierung (2002); ver também, *Latzer/Just/Saurwein/Slominski*, Selbst- und Ko-Regulierung (2002). Sobre a autorregulação especificamente em matéria de proteção de dados, ver *Abel*, Umsetzung (2003); *Bizer*, Selbstregulierung (2001); *Schröder*, Selbstregulierung (2012).

[67] Sobre a responsabilidade pelo folder ou prospecto, cf., *Leuering*, Neuordnung (2012).

poderia sugerir uma forma de reforçar a relevância das máximas publicadas pelas empresas para suas próprias ações (como as contidas nos Princípios do Facebook).

Códigos de conduta podem ser um elemento de proteção adicional. Entretanto, se forem criados exclusivamente por associações da indústria de TI ou apenas em cooperação com empresas individuais, há o risco de que seu conteúdo possa ser concebido de uma forma unilateralmente seletiva em relação aos interesses. Para combater esse risco, podem ser previstas medidas de autorregulação pelas autoridades públicas – seja por lei ou por acordos internacionais – em termos de conteúdo e procedimentos para garantir que os vários interesses envolvidos sejam levados em consideração.

No desenvolvimento de códigos de conduta e autorregulamentação similar, a participação obrigatória de representantes da sociedade civil que buscam os interesses dos usuários também parece fazer sentido. Tais representantes também poderiam receber competências no contexto do monitoramento do cumprimento de compromissos voluntários por parte das empresas.

O RGPD contém um conceito que pode ser utilizado como modelo nos arts. 40-42, que se destina a promover o desenvolvimento de códigos de conduta que visam contribuir para a correta aplicação do Regulamento pelos organismos dos Estados-membros e da UE. O Art. 40 (2) do RGPD lista expressamente um grande número de áreas temáticas para as quais podem ser feitos esclarecimentos. Tais sugestões de esclarecimento pretendem ser diretrizes normativas para as regras de conduta a serem adotadas, mas as associações ou federações não são obrigadas a adotá-las.[68]

As regras de proteção de dados pessoais mencionadas acima podem e devem ser estendidas de forma coordenada para a área de análise e aplicação de *Big Data* e possibilidades particularmente arriscadas de utilização de inteligência artificial, quando se tratar de dados não considerados pessoais, como, por exemplo, para a utilização de tecnologia genética.

---

[68] Mais detalhes sobre as provisões individuais no capítulo 9, C.V.

XIII. Best Practices, benchmarking, entre outros

Outra possibilidade – que deve ser mencionada apenas de forma resumida – é a criação de provisões, possivelmente por instituições especiais, para o registro de *Best Practices* e/ou para o desenvolvimento de sistemas e padrões de *benchmarking* baseados nelas (tais como padrões para protocolos e interfaces, mas também para o projeto de tecnologia).[69] Os meios correspondentes de garantia de qualidade também são recomendados no que diz respeito à consideração de objetos de proteção de terceiros, mas também do público em geral.

XIV. Proteção contra a vigilância do Poder Público

A proteção contra as possibilidades específicas de coleta, análise e utilização de dados no contexto dos *Big Data* também deve ser estendida contra as ações das autoridades públicas, por exemplo, no que diz respeito à vigilância do Poder Público pelas autoridades policiais e outras organizações, na Alemanha em particular o Departamento Federal de Polícia Criminal, o Serviço Federal de Inteligência e os órgãos de proteção da Constituição.[70] Um exemplo de campo ainda não adequadamente protegido é o uso atual de *Big Data* na área de policiamento preditivo (ver capítulo 5, A.III, acima). No entanto, também deve ser levado em conta que a digitalização trouxe novas formas de crime, cuja repressão apresenta dificuldades especiais,[71] de modo que também deve haver meios eficazes de prevenção de perigos, bem como processos penais que, ao mesmo tempo, atendam aos requisitos do Estado de direito.

A exigência de observar os requisitos do Estado de Direito ao realizar a vigilância do Poder Público continua sendo indispensável. Isso se aplica não apenas às ações na área da soberania nacional, mas também às intervenções relacionadas aos direitos fundamentais por parte das autoridades nacionais fora da esfera de aplicação nacional. Além disso,

---

[69] Para a problemática da incorporação de *software* de código aberto em normas técnicas ou normas correspondentes, ver *Aßmus/Keppeler/Amann*, Rechtliche Implikationen (2017).
[70] Para essa comparação, ver *Bäcker*, Kriminalpräventionsrecht (2015). Ver também a decisão do Tribunal Constitucional Federal da Alemanha de 19.05.2020 (1 BvR 2835/17) sobre as informações estrangeiras por meio do Serviço Federal de Inteligência.
[71] Cf., *Joerden*, Big Data (2018), 173-183; *Singelnstein*, Strafverfolgung (2018).

deve ser garantido por lei ou por acordos trans ou internacionais que as intervenções correspondentes de órgãos de soberania estrangeiros não são permitidas na área nacional ou da UE ou só são possíveis sob as mesmas ou até mesmo sob restrições mais rigorosas que as intervenções de órgãos de soberania dos Estados-membros da UE. Além disso, devem ser adotadas sanções em caso de violação da lei.

C. INTERLIGAÇÃO COM OUTRAS LEIS REGULATÓRIAS E DESENVOLVIMENTO DE ESTRUTURAS DE GOVERNANÇA ADEQUADAS

O motivo dessa investigação é a transformação digital que cobre quase todas as áreas da vida. A análise anterior, entretanto, restringiu em grande parte o foco de atenção às questões especificamente associadas aos *Big Data* e à inteligência artificial.

No entanto, deve-se ressaltar que tal abordagem significa uma redução da complexidade dos fenômenos e das necessidades e oportunidades regulatórias no campo da digitalização. O uso de sistemas algorítmicos leva a oportunidades e riscos muito diferentes, dependendo de onde e para que fins são utilizados os conhecimentos e possibilidades de controle obtidos com o auxílio de dados: na área da administração pública e administração da justiça ou serviços jurídicos privados, na área da saúde (telemedicina, uso da nanotecnologia), na operação de infraestruturas (possivelmente vitais) (por exemplo, para o fornecimento de energia), na gestão de fluxos de tráfego, na área de logística, na produção industrial, em medidas para garantir a sustentabilidade do consumo de recursos, no setor doméstico (*smart home* etc.), nas atividades dos intermediários de informação e na influência que exercem sobre as atitudes dos usuários ou no desempenho de tarefas militares, mas também no sistema educacional. Aqui e em outros lugares não há apenas problemas especificamente relacionados ao manuseio de dados. Ao contrário, a transformação digital também afeta uma série de outros problemas que vão muito além da proteção de dados,[72] alguns dos quais já estão cobertos por leis regulatórias específicas ou para os quais é sensato ou necessário introduzi-la.

---

[72] Cf. *Broemel/Trute*, Datenschutz (2016).

Nesse sentido, há uma grande necessidade de esclarecer como diferentes áreas do direito regulatório podem ser coordenadas entre si de tal forma que não conduzam a contradições contraproducentes ou bloqueios, mas sejam utilizadas de forma mutuamente otimizada. A necessidade de levar em conta a multipolaridade e dimensionalidade dos interesses em jogo nos respectivos campos de atividade já foi mencionada. Neste contexto, uma interação coordenada da lei de proteção de dados e do direito da concorrência com a legislação regulatória específica (como a lei de trânsito, lei de energia, lei médica, lei do mercado financeiro etc.) faz sentido e pode também ser necessária. Por um lado, pode ser aconselhável modificar os regulamentos de proteção de dados de acordo com o assunto específico. Acima de tudo, porém, é importante integrar as possíveis aplicações criadas pela digitalização, e em particular pelos *Big Data*, às demais legislações reguladoras, a fim de se poder levar em conta de forma coerente as características específicas do tema ao influenciar as oportunidades e riscos da regulação.

Tais arranjos regulatórios podem levar a estruturas regulatórias[73] relativamente complexas. Além das disposições substantivas de proteção de interesses, também podem abranger responsabilidades e procedimentos, incluindo, por exemplo, certificação e monitoramento; podem proporcionar oportunidades de controle público, se necessário também com a participação de representantes da sociedade civil, e podem especificar as condições de proteção judicial e da fiscalização pública.

A concepção, criação e implementação de regulamentos deste tipo é difícil, tendo em vista a previsibilidade limitada do desenvolvimento futuro da digitalização e seus problemas subsequentes, mas no final é um desafio semelhante ao que tem sido e ainda é em outros campos do uso do Direito para influenciar os processos de inovação.[74]

Também é provável que haja resistência considerável de muitas partes interessadas a medidas para regulamentar o uso de *Big Data*, inteligência artificial e outras tecnologias digitais arriscadas. Os críticos da regulação neste campo apontam, por exemplo, para o que consideram ser restrições desnecessárias à liberdade, dificultando a inovação tecno-

---

[73] Para o termo, ver capítulo 2, F, acima.
[74] Para mais detalhes, veja *Hoffmann-Riem*, Innovation (2016).

lógica e social, minando os poderes de autocura do mercado, os riscos de burocratização, dentre outros. Muitas vezes pedem que o desenvolvimento da autoconfiguração seja deixado às empresas e a outros atores.

Por outro lado, deve ser notado: tendo em vista as oportunidades e riscos associados à digitalização, também em vista a possibilidade de aplicação unilateral de interesses e assimetrias de poder no setor de TI, não se pode esperar precauções efetivas que salvaguardem o bem individual e comum de forma equilibrada apenas da autorregulamentação. O direito estatal responsável e aplicável é indispensável como contrapeso ao poder privado e para o controle do poder público nos amplos campos das aplicações de *Big Data*, incluindo a inteligência artificial. O Direito legislado também pode e deve ser usado para contornar a autorregulação ou auto-organização por empresas ou associações (ver capítulo 9, abaixo).

Entretanto, as precauções regulatórias não prometem muito sucesso se elas se basearem principalmente nas instituições de comando e coerção que tradicionalmente têm estado na vanguarda da regulamentação. Uma legislação imperativa e de fronteira pode ser indispensável em algumas áreas (por exemplo, para a prevenção de riscos e defesa), mas em áreas inovadoras, que exigem criatividade e vontade de cooperar por parte dos atores, ela é apenas de utilidade e eficácia limitadas. Em vez disso, devem ser dados incentivos, se possível, para melhorar a configuração técnica, para abrir acesso e oportunidades de uso de testes, por exemplo, por meio da certificação. O objetivo deve ser um Direito que seja adaptado à respectiva área problemática, leve em conta suas condições contextuais e seja o mais ágil e adaptável possível no que diz respeito às condições iniciais e de desenvolvimento.[75] Em muitos casos, recomenda-se um mix de governança que faz uso de diferentes modos de governança, como o modo de coordenação do mercado, o modo de negociação, contrato ou rede e, além disso, a hierarquia, mas também o novo modo de governança do controle digital (regulação algorítmica), que está disponível utilizando as possibilidades de digitalização,[76] por exemplo, com a ajuda de um projeto tecnológico adequadamente orientado.

---

[75] Cf., Bizer/Führ/Hüttig (ed.), Responsive Regulierung (2002). Veja também o "clássico" *Nonet/Selznick*, Law and Society (1978).

[76] Cf., acima, o capítulo 2, G.

Contudo, as regras sobre o desenvolvimento e utilização de tecnologias, infraestruturas e serviços digitais têm pouco sucesso se restritas ao nível nacional, devido à natureza transnacional das suas aplicações. No entanto, mesmo tais regras não são sem importância, especialmente porque podem fazer uso das culturas de decisão e das instituições comprovadas desenvolvidas no direito nacional. Eles também podem servir como campo para testar a adequação das abordagens regulatórias e como um possível modelo para regulamentações também em outras jurisdições.

Embora os regulamentos da UE também tenham um campo de ação territorialmente limitado, eles afetam um campo de atividade atraente para empresas não europeias devido à dimensão e ao desempenho do espaço econômico e tecnológico europeu. Isso deve ser utilizado pelos decisores nacionais e comunitários para impor as normas legais aplicáveis aqui também àquelas empresas que estão sujeitas a requisitos legais mais baixos em seus "países de origem" – como, em parte, as empresas americanas em particular, que dominam o setor de TI. Se essas empresas (têm de) cumprir as exigências da UE, isso também pode ser um incentivo para que elas observem tais regras em outros lugares.

Entretanto, a introdução de instrumentos regulatórios transnacionais e globalmente eficazes, com base em acordos internacionais apropriados, também é desejável.[77] Isso requer novos conceitos e instituições de governança transnacional no setor de TI, que são voltados para a cooperação com os diversos *stakeholders*, ou seja, também a cooperação de atores públicos com as associações e empresas da indústria de TI e com organizações não governamentais (ONGs).[78] No entanto, isso deve ocorrer dentro de um quadro legal orientado para a realização de uma salvaguarda equilibrada dos diversos interesses envolvidos, cuja criação não pode ser esperada sem uma lei que seja também estabelecida pelo poder público ou, pelo menos parcialmente, responsável e ligada a medidas de execução sustentáveis.

---

[77] Sobre os problemas regulatórios, particularmente no direito internacional, ver *von Arnauld*, Big Data (2018).

[78] Até a presente data, as abordagens a esta questão têm estado disponíveis apenas sob uma forma não vinculativa. Um exemplo é o NETmundial-Multistakeholder-Statement, de 24 de abril de 2014, que estabelece um conjunto de regras para o "Internet Governance Principles", e um "Roadmap for the future Evolution of the Internet Governance Ecosystem", disponível para consulta *on-line* em: https://www.alainet.org/images/NETmundial-Multistakeholder-Document.pdf.

§ 8º
SOBRE A IMPORTÂNCIA DAS PRECAUÇÕES PARA A BOA GOVERNANÇA DIGITAL

A. GOVERNANÇA

Já foi mencionado (capítulo 2, F) que a criação da lei e, em particular, das disposições de regulamentação pública devem ser coordenadas com as respectivas modalidades de solução de problemas escolhidas em cada caso (as "modalidades de governança": mercado, concorrência, negociação, rede, contrato, controle digital).[1] Como um dos vários exemplos de metas importantes para o projeto da IA, pode-se citar uma lista de um grupo criado pela Comissão Europeia:[2] (a) Dignidade Humana; (b) Autonomia; (c) Responsabilidade; (d) Justiça, Equidade e Solidariedade; (e) Estado de Direito e Responsabilidade; (f) Proteção de Dados e Privacidade; (g) Sustentabilidade. A classificação de tais padrões no campo da ética por este grupo não altera, no entanto, o fato de que eles são, em grande parte, de relevância legal. Isso deixa claro que o direito e a ética estão muitas vezes inter-relacionados. O direito também tem fundamentos éticos e os princípios éticos também são influenciados pelo Direito (ver, também, o capítulo 7, B.III, abaixo).

---

[1] Para governança em geral, veja *Schuppert*, Governance (2011); id., Alles Governance (2011); Benz/Dose (ed.), Governance (2010); *Hoffmann-Riem*, Governance-Perspektive (2011).

[2] European Group on Ethics in Science and New Technologies, Statement (2018). A Comissão Alemã de Ética em Dados baseou seu relatório de 2019 em objetivos comparáveis.

Um desafio é garantir a boa governança já durante o desenvolvimento de sistemas algorítmicos – *Governance of Algorithms*[3] – e também durante sua aplicação – *Governance by Algorithms*.[4]

B. A PERCEPÇÃO DA RESPONSABILIDADE DE GARANTIA POR MEIO DE PRECAUÇÕES PARA A BOA GOVERNANÇA DIGITAL

A boa governança, no entanto, não se estabelece automaticamente. Na medida em que o foco – como neste livro – é principalmente o Direito, ele depende dos requisitos legais normativos e suplementares não normativos (por exemplo, éticos ou morais) e da reação dos destinatários da norma a eles, tais como sua vontade de cumprir. Uma das tarefas do Estado é criar leis ou modificá-las de forma a possibilitar e estimular a boa governança digital.

I. Diretrizes regulatórias

Material ilustrativo para o uso do contrato de garantia não é encontrado apenas em leis e medidas da administração, mas também na jurisprudência. A esse respeito, faz-se referência às inovações do Tribunal Constitucional Federal Alemão relacionadas à informática descritas acima (capítulo 4, A.III), por exemplo, o desenvolvimento do "direito fundamental à autodeterminação informacional" e do "direito fundamental de garantir a integridade e a confidencialidade dos sistemas de informática" (o "direito fundamental de informática").

A assunção da responsabilidade de garantia pelas autoridades públicas – em particular legisladores, governo e administração –, apoiada, na medida do possível, pelos atores privados envolvidos no desenvolvimento e implantação, requer o esclarecimento não só dos objetivos, mas sobretudo das estratégias e conceitos para sua implementação. Diretrizes podem ser desenvolvidas para este fim. A esse respeito, a listagem de Thomas Wischmeyer de tais diretrizes, formuladas especialmente para o

---

[3] *Saurwein/Just/Latzer*, Governance (2015).
[4] Veja, acima, no capítulo 2, G. Ver também *Just/Latzer*, Governance (2016), p. 1-21; *Latzer/Hollnbuchner/Just/Saurwein*, Algorithmic Selection (2016).

uso de sistemas inteligentes, deve ser aqui inserida[5] – ao mesmo tempo, porém, ela deve ser desenvolvida:

- Visualização do efeito regulador de sistemas inteligentes;
- Nível de qualidade adequado para sistemas inteligentes;
- Proibição de discriminação pelos sistemas inteligentes;
- Proteção de dados e segurança da informação no uso de sistemas inteligentes;
- Uso adequado de sistemas inteligentes;
- Garantia da transparência no uso de sistemas inteligentes;
- Clareza na adesão e responsabilidade pelo uso de sistemas inteligentes;
- Possibilidade de controle democrático e constitucional de sistemas inteligentes;
- Proteção contra o comprometimento sustentável das condições de vida das gerações futuras por meio de sistemas inteligentes;
- Sensibilidade a erros e abertura de revisão de sistemas inteligentes.

A lista poderia ser continuada, mas talvez seja suficiente para ilustrar a diversidade das dimensões das tarefas regulatórias.

II. Opções regulatórias

A tese já foi formulada muitas vezes no sentido de que na maioria dos casos não é suficiente desenvolver regras para o uso de tecnologias digitais desligadas das condições contextuais de suas áreas de aplicação e, acima de tudo, de seus usos concretos.[6] Também são concebíveis regras que podem ser aplicadas em todos os âmbitos. Neste sentido, também é possível vincular-se a tipos de normatização que são utilizados na lei de proteção de dados, mas que são adequados como modelos de regulamentos para proteger outros interesses legais além da privacidade.

---

[5] *Wischmeyer*, Regulierung (2018), III 1-6, IV.
[6] Veja também *Pagallo*, Angels (2016); *Scherer*, Regulating (2016); *Tutt*, FDA (2017); *Martini/Nink*, Persönlichkeitsschutz (2017).

Algumas possibilidades já foram mencionadas em seções anteriores, mas serão repetidas aqui, ainda que de forma resumida.

Os estudos prospectivos de impacto são instrumentos que podem ser utilizados em quase todas as áreas de utilização das tecnologias digitais (cf. art. 35 do EU-RGPD). A certificação por organismos públicos credenciados ou governamentais – por exemplo, para desenvolvimentos particularmente arriscados e/ou possíveis aplicações de IA – também pode ser prevista (cf. art. 42 f do EU-RGPD). Na medida em que a certificação – como é de praxe – é voluntária (ver art. 42, § 3, do EU-RGPD), faz sentido incentivar a sua implementação, por exemplo, liberando ou facilitando a responsabilidade para a robótica na lei de responsabilidade pelo produto.[7] Em áreas de risco, porém, as obrigações de certificação também podem ser padronizadas.

Tendo em vista a imprevisibilidade dos futuros desenvolvimentos e a dinâmica das mudanças de *software* – especialmente nos sistemas de aprendizagem –, também é necessário um monitoramento contínuo e avaliações de impacto retrospectivas, realizadas como verificações internas e/ou externas. Para permitir tal monitoramento, existem obrigações de suporte para documentar o *software* e suas mudanças, bem como os programas de treinamento no caso de sistemas de aprendizagem. Obrigações de marcar os dados utilizados e de registrar os aplicativos e o uso de programas de treinamento também podem ser úteis, assim como obrigações de relatórios e informações.[8]

É particularmente difícil, especialmente em sistemas inteligentes de tecnologia da informação, assegurar transparência, responsabilidade e, quando apropriado, auditabilidade adequadas.[9] A respeito dessas áreas problemáticas, é feita referência às complexas considerações de Thomas Wischmeyer em sua contribuição sobre a "Regulação de sistemas inteligentes".[10] Em particular, suas sugestões para o estabelecimento

---

[7] Muitas sugestões podem ser encontradas no artigo de *Zech*, Entscheidungen (2020).
[8] Quanto a essas possibilidades, veja, p. ex., ainda que com referência especial à proteção da privacidade: Leopoldina Nationale Akademie der Wissenschaften und acatech, Union der deutschen Akademien der Wissenschaften (ed.), Stellungnahme (2018).
[9] Veja também o capítulo 7, B.VII.
[10] *Wischmeyer*, Regulierung (2018).

de uma "arquitetura de justificação e controle baseada na divisão do trabalho" devem ser desenvolvidas.[11] Também é necessário assegurar o desenvolvimento de normas para avaliar, por exemplo, a adaptação de diretrizes éticas em vista dos novos campos de aplicação e riscos emergentes, especialmente no que diz respeito aos limites de reconhecimento e controlabilidade das consequências.

O direito impositivo também pode ser indispensável, por exemplo, para prevenir a discriminação e garantir a segurança cibernética, o que é particularmente importante para o futuro.[12] Proibições ou limitações de uso também podem ser consideradas. Tais proibições ou limitações já estão parcialmente padronizadas no direito alemão para decisões do Poder Público automatizadas (ver, abaixo, o capítulo 10, B.I.2). É de se esperar que as áreas de aplicação sejam consideravelmente difundidas, especialmente na expansão do governo eletrônico, e, sobretudo, que novas experiências também possam dar origem a restrições de aplicação.

Tendo em vista as oportunidades e riscos da TI, que vão muito além daqueles associados ao tratamento de dados pessoais, é preciso esclarecer se faz sentido recorrer às autoridades de proteção de dados existentes para a tarefa de supervisão. Para isso, seus poderes teriam que ser ampliados e os níveis de pessoal teriam que ser qualitativa e quantitativamente adequados. Entretanto, talvez seja preferível criar uma instituição especializada em monitorar não apenas, mas acima de tudo, a IA, e possivelmente com jurisdição nacional ou mesmo comunitária, como uma agência digital. Para o setor jurídico americano, Andrew Tutt[13] propôs – como já mencionado – o estabelecimento de uma autoridade que deveria ser tão poderosa quanto a Administração Federal de Drogas.[14] Além do monitoramento, tal instituição também deve ser encarregada do desenvolvimento de normas (Performance Standards,

---

[11] *Wischmeyer*, Regulierung (2018), pp. 32 ss.
[12] Em relação ao tema, cf. *Wischmeyer*, Informationssicherheitsrecht (2017); *Beucher/ Utzerath*, Cybersicherheit (2013).
[13] *Tutt*, FDA (2017).
[14] Um primeiro passo para isso é a certificação de sistemas de IA. Para tanto, as respectivas informações são importantes. Assim, *Scherer*, Regulating (2016), p. 397, exige o seguinte: "Companies seeking certification of an AI system would have to disclose all technical information regarding the product, including (1) the complete source code; (2) a description of all hardware/software environments in which the AI has

Design Standards, Liability Standards) ou, pelo menos, estar envolvida no seu desenvolvimento.

As dificuldades técnicas de implementação de instrumentos legais devem ser deixadas de lado aqui. Para superá-las, a *expertise* da sociedade civil é indispensável, além da *expertise* jurídica e técnica. Na medida em que instrumentos legais se tornem necessários, cuja implementação requer mais inovação, também deve ser considerada a possibilidade de trabalhar legalmente com o instrumento de *Innovation Forcing*.[15] Isso se refere à definição normativa de objetivos ou padrões que ainda não podem ser cumpridos sob o padrão de desenvolvimento atual, mas que são plausíveis de serem cumpridos. Tal direito concede então um período de implementação. Se ela expirar sem sucesso e não for estendida, o desenvolvimento e uso do tipo de IA em questão deve ser abandonado.

III. Complementação das precauções jurídicas por meio de padrões extralegais, especialmente éticos

Um dos desafios para configurar o desenvolvimento e uso das tecnologias digitais é esclarecer a relação entre os requisitos éticos e legais.

Mais recentemente, muitas instituições têm lidado com questões de ética da digitalização, especialmente no que diz respeito à IA,[16] e várias ainda estão trabalhando nesse sentido. O governo federal alemão adotou pontos-chave para uma estratégia de inteligência artificial.[17] Também criou uma comissão de ética de dados e definiu algumas questões-chave.[18] O notável relatório está disponível desde o final de 2019.[19] O parlamento alemão criou uma comissão de inquérito sobre inteligência artificial, que também deve lidar com questões éticas.[20] Vale ressaltar também que empresas individuais elaboraram diretrizes

---

    been tested; (3) how the AI performed in the testing environments; and (4) any other information pertinent to the safety of the AI".

[15] Quanto a isso, veja *Hoffmann-Riem*, Innovation (2016), pp. 430 ss., com mais referências.
[16] *Nemitz*, Constitutional Democracy (2018), p. 7, com mais referências nas n. 18, 19.
[17] Bundesregierung, Eckpunkte, 2018.
[18] Bundesministerium des Innern, für Bau und Heimat; Bundesministerium der Justiz und für Verbraucherschutz, Leitfragen (2018).
[19] Datenethikkommission, Gutachten (2019).
[20] Enquête-Kommission, Künstliche Intelligenz (2018).

ou princípios éticos para sub-problemas, como o Google e a Deutsche Telekom.²¹ Há também discussões intensivas no público, incluindo a comunidade científica,²² sobre o papel da ética e sua relação com as normas legais.²³

Em tais discussões, tendo em vista as dificuldades fundamentais de regulamentação e implementação legal – incluindo as dificuldades particulares de se chegar a um acordo sobre um quadro jurídico transnacional –, existe o risco – se é que existe algum – de que, em última análise, os princípios éticos permaneçam em grande parte não vinculativos e muitas vezes apenas formulados de forma vaga. De qualquer forma, é de se esperar que a maioria, especialmente as empresas de TI dominantes no mercado, privilegiem os princípios éticos em detrimento de uma obrigação legal e procurem evitar ao máximo a legalização e a sanção, preservando, assim, a liberdade de salvaguardar seus próprios interesses.²⁴

Confiar apenas em princípios éticos dificilmente estará de acordo com a responsabilidade do Estado em fornecer garantias. Em vista dos riscos associados à digitalização em geral e ao uso da IA em particular, é indispensável uma lei do Poder Público, ou pelo menos um direito pelo qual o Estado é corresponsável e pelo qual podem ser impostas sanções. No entanto, a lei relativa a isso deve ser concebida de tal forma que a eficácia dos padrões éticos seja legalmente reforçada na medida do possível. O reconhecimento verbal dos princípios éticos não deve ser utilizado como álibi para a renúncia de responsabilidade.

IV. A necessidade do direito transnacional

Finalmente, deve ser enfatizado mais uma vez que, como resultado das delimitações territoriais típicas do uso de *Big Data* e IA, os esforços nacionais, incluindo as regras jurídicas nacionais, muitas vezes não são

---

[21] Veja abaixo nota de rodapé 10, do capítulo seguinte.
[22] Himma/Tavani (ed.), Handbook (2008); Van den Hoven/Vermaas/van de Poel (ed), Handbook (2015); *Rath/Krotz/Karmasin*, Maschinenethik (2018).
[23] Veja, pars pro toto, *Winfield/Jirotka*, Ethical Governance (2018); *Cath*, Governing Artificial Intelligence (2018), Ott/Gräf (ed.), 3TH1CS (2018); *Leonelli*, Locating Ethics (2016).
[24] *Nemitz*, Constitutional Democracy (2018), pp. 3 ss.

suficientes para resolver o problema.[25] Portanto, instrumentos transnacionais e globalmente eficazes também devem ser procurados, os quais devem ser baseados em acordos transnacionais e internacionais apropriados sempre que possível – pelo menos na medida em que eles devem assumir uma forma jurídica. São, portanto, necessários novos conceitos, acordos e instituições de governança transnacional, que devem ser orientados para a cooperação entre os atores públicos e os interessados envolvidos, como associações e empresas da economia digital, mas também organizações não governamentais (ONGs) e outros representantes dos interesses da sociedade civil.[26] Os efeitos sustentáveis dos acordos transnacionais dependem da lei do Poder Público, ou pelo menos da lei que é corresponsável e vinculada às medidas de execução.

---

[25] Veja, acima, o capítulo 4, B.
[26] Cf. *Hoffmann-Riem*, Innovation (2016), pp. 691-693, com mais referências.

§ 9º
# AUTORREGULAÇÃO, AUTORREGULAMENTAÇÃO E AUTORREGULAMENTAÇÃO REGULADA NO CONTEXTO DIGITAL

A. CONSIDERAÇÕES SOBRE AS MUDANÇAS NA ESTRUTURA DE RESPONSABILIDADE

A transformação digital está encontrando um novo ajuste na relação entre o direito privado e o direito público, já iniciado antes daquela em muitas partes do sistema jurídico, especialmente como resultado de medidas anteriores de desregulamentação e privatização. Em muitas áreas, pode-se observar a retirada do direito público como meio de moldar as condições de vida. Não só, mas especialmente sustentável é a transferência do poder de agir para instituições privadas nas áreas caracterizadas pela digitalização. Em muitos casos, os atores agem de acordo com diretrizes autodefinidas e geralmente definidas e aplicadas unilateralmente, mesmo que terceiros – como os usuários de seus serviços – sejam afetados.[1]

Os particulares – protegidos pelas liberdades civis – são, em princípio, livres para perseguir seus interesses e especificar seus cálculos de benefício. No entanto, não estão completamente isentos de consideração pelos interesses dos outros e pelo bem comum. Se necessário, a lei pode ou deve estabelecer uma estrutura para garantir o exercício socialmente aceitável da liberdade. A grande importância da autodeterminação privada e da autorregulação não altera, portanto, a tarefa do Estado como

---
[1] *Nemitz*, Constitutional Democracy (2018).

"Estado garantidor"[2] de assumir uma "responsabilidade garantidora"[3] pela salvaguarda do bem individual e comum também por lei.

Qualquer pessoa que lide com a estruturação jurídica do amplo campo do uso das tecnologias digitais e decisões ou modelos de negócios de base digital encontra diferentes tipos de influências individuais/privadas, sociais e governamentais. A seção seguinte procura usar termos que sejam tão compreensíveis quanto possível para diferentes formas de ação e também para entrar em mais detalhes sobre fenômenos que só foram tratados de passagem neste livro até agora, mas que são importantes para a compreensão de alguns dos desenvolvimentos. Começo com a tentativa de distinguir alguns termos que são importantes para mim. Mais tarde (C) voltarei a estes termos e darei exemplos práticos.

B. SOBRE OS CONCEITOS UTILIZADOS

Por *autoconfiguração* entendo as medidas tomadas individual ou coletivamente para atingir objetivos por meio de um comportamento autônomo. Os produtos de autoconfiguração no setor de TI são, por exemplo, *e-mails* ou *blogs* distribuídos por cidadãos individuais ou *software* desenvolvido colaborativamente, mas também modelos de negócios desenvolvidos e implementados por empresas de TI.

Para tais atividades, existem regras de conduta, algumas das quais foram desenvolvidas pelas próprias pessoas envolvidas, tais como obrigações morais ou éticas autoimpostas ou regras sobre a natureza da interação entre as partes envolvidas em um processo ou produto. Para isso utilizo o termo *autorregulação*. Exemplos disso são os códigos de conduta. A autorregulação também pode ser usada para criar instituições ou organizações – como associações – para representar os interesses dos membros ou para executar tarefas de interesse geral por ou para eles.

---

[2] *Schuppert*, Ensuring State (2003); *Ruge*, Gewährleistungsverantwortung (2004); *Franzius*, Gewährleistung (2009).
[3] *Schulze-Fielitz*, Grundmodi (2012) p. 823 ss., p. 896 ss.

Na medida em que a elaboração de regras sociais influencia não só o comportamento dos envolvidos na própria elaboração de regras, mas também quando outras pessoas reconhecem as regras para si próprias e elas têm, assim, um efeito geral, utilizo o termo *autorregulação social*. Aqueles que desejam observar as regras – por exemplo, normas técnicas ou padrões de comportamento – podem assumir o compromisso legal de fazê-lo, por exemplo, por contrato. Os afetados também podem manter as regras legalmente não vinculativas, mas podem esperar uns aos outros observá-las, e o não cumprimento pode, se necessário, ser sancionado socialmente, por exemplo, pela quebra de relações comerciais ou pela reputação dos infratores.

No entanto, o termo "regulação"[4] geralmente é usado apenas para intervenções públicas em processos sociais, por meio das quais, com um objetivo específico em mente, diretrizes de comportamento são geralmente estabelecidas ou estruturas para a solução de certos problemas são criadas ou mantidas funcionais. Acho que é justificável utilizá-la também para regulamentos sociais, se as regras visam ser observadas também por atores que não estiveram envolvidos na sua formação.

Falo de *autorregulação social regulada pelo Estado (ou autorregulação)* – em suma: de *autorregulação/regulação regulada*[5] – quando as autoridades públicas contam com os serviços de regulação prestados pelos membros da sociedade em (relativa) autonomia para a solução de problemas, mas trabalham de forma reguladora para garantir que o bem comum seja (também) observado ou especificamente perseguido. A ação do Poder Público visando à contenção legal da autorregulação pode ocorrer de diversas formas, por exemplo, na forma de diretrizes comportamentais ou incentivos, por meio da criação de estruturas – como as de natureza corporativa – ou viabilizando e apoiando sistemas funcionais sociais, como o mercado.

---

[4] Sobre o conceito de regulação soberana, ver *Eifert*, Regulierungsstrategien (2012), capítulo 19, nota de margem 16 ss.

[5] Quanto ao termo e à concepção de autorregulação regulada, bem como suas diversas versões e aplicações, veja *Voßkuhle*, Regulierte Selbstregulierung (2001). Veja ainda *Eifert*, Regulierungsstrategien (2012), n. 52 *et seq*. De uma perspectiva histórica, veja as contribuições contidas em Collin/Bender/Ruppert/Seckelmann/Stolleis (ed.), Regulierte Selbstregulierung (2014).

C. EXEMPLOS DE AUTOCONFIGURAÇÃO – AUTORREGULAÇÃO – AUTORREGULAMENTAÇÃO – AUTORREGULAMENTAÇÃO REGULADA PELO ESTADO OU PELA SOCIEDADE[6]

Como mencionado acima, autoconfiguração, autorregulação e autorregulamentação são as formas predominantes de projetar infraestruturas de TI e de utilizar serviços. Isso é especialmente verdade para o setor de Internet. O exame do desenvolvimento histórico da Internet mostra que em sua fase inicial a Internet foi recebida por muitos como um novo meio de desenvolvimento livre e que os atores se basearam em grande parte na autoconfiguração e autorregulamentação autônomas dos atores.[7] É verdade que na fase de seu surgimento a Internet foi utilizada nos serviços públicos de obstetrícia, especialmente pelos militares e universidades americanas, e que ainda há uma cooperação limitada com agências governamentais no desenvolvimento da Internet. No entanto, especialmente após sua extensa comercialização nos anos 1990, a influência do Estado na sua configuração foi atenuada. Atualmente, o desenvolvimento da Internet está, em grande parte, sujeito a decisões privadas, em particular empresariais. As mudanças consideráveis – que foram exacerbadas pela oligopolização de grandes áreas – mudaram radicalmente o caráter da Internet como meio de liberdade para todos e com direitos iguais de acesso e uso para todos.

I. Autoconfiguração/autorregulação privada

Nos sistemas jurídicos ocidentais, como o da República Federal da Alemanha ou dos Estados-membros da UE, o poder jurídico de configurar autonomamente as próprias ações de indivíduos e de grupos é um elemento fundamental do Estado de direito.[8]

---

[6]   Como introdução às questões da autorregulamentação e regulação pelo Estado ou pela sociedade, veja Eifert, Regulierungsstrategien (2012), n. 52 et seq., 144 *et seq.* – com referências.

[7]   A respeito da história da internet, veja, por todos, Abbate, Inventing (1999); *Hafner/Lyon*, ARPA KADABRA (2000).

[8]   No direito alemão, os direitos fundamentais da liberdade geral de ação, ou da liberdade de exercício de profissão e de propriedade, mas também da liberdade de expressão e dos meios de comunicação (arts. 2º, 12, 14 e 5 da Constituição alemã), são concretizações do princípio da autonomia e, com isso, do poder jurídico para auto-organização.

Assim, as empresas têm responsabilidade pessoal pela concepção de modelos de negócio no setor da Internet. Como não existem estruturas regulatórias públicas globalmente eficazes para serviços na Internet, a possibilidade de as empresas configurarem seus próprios modelos de negócios é particularmente grande. No entanto, quando as empresas têm a sua sede social ou uma sucursal ou exercem a sua atividade, estão vinculadas pelo respectivo ordenamento jurídico nacional aplicável, e para o espaço da UE também pelos Tratados Europeus e regulamentos e diretivas complementares.[9]

Em particular, a área de autonomia inclui o desenvolvimento de modelos de negócios próprios da empresa e a formação de relações com os usuários dos serviços. Isso é feito em parte por meio de princípios de conduta formulados como autovinculativos, mas não vinculativos legalmente para os usuários.[10] De particular importância são os termos e condições gerais elaborados pelas empresas (ver, acima, o capítulo 6, A.II).

A autonomia também molda o projeto técnico e o controle das infraestruturas e serviços. Isso se aplica em particular ao desenvolvimento de algoritmos digitais ou, mais geralmente, do "código" inscrito na arquitetura e padrões da Internet.[11] Algoritmos, ou seja, regras técnicas, também controlam os serviços processados por meio da Internet. Tais algoritmos são desenvolvidos ou adquiridos pelas empresas sob sua própria responsabilidade e utilizados de forma autodeterminada. No entanto, ao desenvolver e utilizar os algoritmos, os requisitos legais – como os da lei de proteção de dados – devem ser observados.

---

[9] Quanto à vinculação jurídica, veja EuGH [Tribunal de Justiça da União Europeia], acórdão Google Spain e Google, C-131/12, EU: C: 2014: 317 = EuGRZ, p. 320 et seq., 2014. Veja ainda art. 3º, par. 2º, 3º do Regulamento Geral de Proteção de Dados da UE de 27 abr. 2016; regulamento (EU) 2016/679.

[10] Exemplos são as "Responsible AI Practices" da Google, publicadas em 2018 (https://ai.google/education/responsible-ai-practices) e as "Nove diretrizes da Telekom para o emprego de inteligência artificial" (https://www.telekom.com/de/konzern/digitale--verantwortung/details/ki-leitlinien-der-telekom-523904).

[11] Quanto a esse código, veja *Lessig*, Code Version 2.0 (2006). A respeito de seus efeitos sobre a regulação e o controle do comportamento, veja a postura crítica de *Hildebrandt*, Smart Technologies (2016).

A Internet concede aos provedores de serviços e também aos usuários individuais uma margem considerável para a autoconfiguração. De uma forma especificamente aumentada, a autoconfiguração é usada em áreas de código aberto[12] e conteúdo aberto[13] ou mais geralmente de inovação aberta. A colaboração de várias pessoas é uma forma de autoconfiguração coletiva, geralmente enquadrada por regras sociais desenvolvidas para este fim como formas de autorregulamentação. Com base nessas regras, o resultado de desenvolvimentos colaborativos pode ser legalmente assegurado como um serviço por meio da chamada cláusula de *copyleft*,[14] de tal forma que não possa ser utilizado por indivíduos para exploração comercial. A cláusula de *copyleft* utiliza os instrumentos de proteção dos direitos autorais estaduais, mas inverte sua direção habitual de proteção, excluindo de forma autorreguladora o uso proprietário protegido por direitos autorais para estas obras criadas em colaboração.

Outra forma de autorregulamentação privada com efeito geral são as normas técnicas, que são desenvolvidas por uma empresa ou colaborativamente por várias e que também são utilizadas por outras em um determinado campo de negócios, mas que não se tornam juridicamente vinculativas por si sós. Eles podem se referir tanto ao *hardware* quanto ao *software*. Se os padrões se tornam geralmente aceitos na prática, têm o mesmo efeito funcional que os padrões que são estabelecidos formalmente (privados ou públicos). O desenvolvimento de normas na forma de aplicação de fato de certos parâmetros no mercado leva à sua força vinculativa de fato. Esta é uma forma de autorregulamentação social informal. Se, no entanto, as normas formadas pela sociedade são reconhecidas como adequadas pelo Direito legislado – por exemplo, questões envolvendo responsabilidade civil – ou declaradas juridicamente vinculativas, essa transferência também leva a uma transformação jurídica.

---

[12] A respeito de Open Source, veja *Hartmann/Jansen*, Open Content (2008); *Chesbrough/van Haverbeke/West*, Open Innovation (2011).

[13] Um exemplo disso é a Wikipedia. Especialmente sobre a forma de autorregulamentação na proteção da personalidade, veja *Dilling*, Persönlichkeitsschutz (2013).

[14] Sobre essa cláusula, veja *Jaeger/Metzger*, Open Source Software: (2015), pp. 23 ss.

II. Autorregulamentação social

Exemplos de regras estabelecidas para um comportamento autônomo socialmente responsável são as regras informais de boas maneiras. Estas incluem a netiqueta,[15] que nos primórdios da Internet era o conjunto de regras de conduta para o uso da Internet. Para apoiar a eficácia dessa forma de autorregulação social, foram utilizadas estratégias de *naming and shaming*, ou seja, o coletivo, embora em grande parte apenas informalmente coordenado, proibindo comportamentos não aprovados pela comunidade.

Os códigos de conduta enquadram-se no âmbito da regulação social formal do comportamento privado se forem desenvolvidos por associações que esperam que seus membros os observem e, se necessário, sancionem o descumprimento. Um exemplo é o código para fornecedores de publicidade *on-line* baseada no uso, emitido pelo "German On-line Advertising Data Protection Council",[16] o órgão voluntário de autorregulamentação da indústria de publicidade digital.

As associações também podem desenvolver padrões técnicos como uma regulamentação social de autorregulamentação social, tais como padrões de segurança de TI.[17] Elas são pelo menos oferecidas como recomendações, mas também podem ter consequências legais, por exemplo, para a avaliação de negligência na produção de bens.

Tais regras criadas na esfera social muitas vezes não só são importantes para as empresas associadas das associações, mas também podem ter efeitos indiretos para terceiros. Um exemplo é o Protocolo Padrão Internacional de Exclusão de Robôs (REP).[18] Trata-se da possibilidade de os operadores de *websites* bloquearem os mesmos ou partes deles de

---

[15] Veja as diretrizes da netiqueta de 1995, disponíveis em <www.ietf.org/rfc/rfc1855.txt>.

[16] Quanto a ela, veja os códigos do Conselho Alemão de Proteção de Dados na Publicidade On-Line (DDOW), disponíveis em <www.meine-cookies.org/DDOW/die_kodizies/index.html>.

[17] Assim, o Grupo de Trabalho alemão da Bitkom sobre gestão de segurança elaborou uma "Bússola dos Padrões de Segurança da TI" (2014), que trata especialmente do tema "identidades eletrônicas"; veja BITKOM/DIN (ed.), Kompass (2014).

[18] A respeito do REP, veja *Conrad/Schubert*, Things (2018); bem como *Höppner*, Verhältnis (2012).

rastreadores da *web* (robôs). Isso impede que os mecanismos de busca tornem esse conteúdo acessível. Embora os provedores de informação estejam regularmente interessados em ter suas ofertas na Internet encontradas pelos mecanismos de busca, também pode ser do seu interesse excluir isso ou ter seus próprios serviços utilizados por outras empresas apenas mediante pagamento. A REP autorreguladora, que foi elaborada por um painel de especialistas e à qual várias empresas de Internet, incluindo o Google, aderiram, diz respeito à acessibilidade de ofertas de terceiros para os rastreadores da *web*.

III. Regulação híbrida

Falo de regulamentação híbrida quando uma regulamentação é socialmente autorreguladora, mas os órgãos governamentais participam do desenvolvimento das regras e/ou na determinação da sua relevância. A seguir, indico exemplos específicos.

O desenvolvimento do código de proteção de dados das seguradoras alemãs, que foi elaborado conjuntamente pela Associação Alemã de Seguros, as autoridades alemãs de proteção de dados e a Federação das Organizações Alemãs de Consumidores (vzbv), é um híbrido.[19]

Outro tipo de regulamentação híbrida é encontrada na lei alemã de segurança em TI. Esta lei reage aos perigos que já foram mencionados com as palavras-chave cibercriminalidade e cibersabotagem. As empresas afetadas são obrigadas a criar precauções técnicas e organizacionais adequadas para a segurança da tecnologia da informação, as chamadas infraestruturas críticas, e para evitar mau funcionamento. Eles e suas associações industriais podem desenvolver propostas de padrões de segurança. O Escritório Federal de Segurança da Informação examina a adequação de tais normas para atender aos requisitos de segurança e, se bem-sucedido, determina a sua adequação.

A interação de atores governamentais e não governamentais (empresas, ONGs, comunidades técnicas e cientistas) é a base para o conjunto de regras e regulamentos contidos na declaração *multistakeholder* da NETmundial, de 24 de abril de 2014, que é apoiada em particular pelo

---

[19] Código de Proteção de Dados da Confederação da Indústria de Seguros Alemã (GDV, na sigla em alemão), ao qual as seguradoras podem aderir voluntariamente.

governo brasileiro e contém tanto *Internet Governance Principles* quanto um "Roadmap for the future evolution of the Internet Governance Ecosystem".[20] Aqui foram estabelecidos princípios desenvolvidos em um processo mais ou menos participativo, na forma de direitos humanos e valores compartilhados, mas também demandas por diversidade cultural e linguística, segurança, estabilidade e resiliência da Internet e sua arquitetura aberta. O objetivo é proteger a inovação e a criatividade. O *Roadmap* contém sugestões para a implementação de tais princípios. Não é juridicamente vinculativo. Possíveis sanções por desconsiderar os princípios ou não participar dos processos de sua implementação são *naming and shaming*.[21]

IV. Compromissos voluntários para evitar sanções do Poder Público

Uma combinação específica da atuação estatal e a influência de sua implementação pode ser encontrada na área dos compromissos jurídicos voluntários, porém iniciados pelo Poder Público.[22] No setor de TI, tais compromissos voluntários existem, por exemplo, em resposta a reclamações das autoridades supervisoras do cartel.[23] O ponto de partida é o processo de cartel iniciado pelas autoridades na Alemanha e no exterior contra empresas de Internet.

No passado, tais procedimentos foram frequentemente encerrados por compromissos voluntários das empresas. A empresa em questão pôde assim evitar condições ou proibições, bem como multas; porém, como requisito, teve que se comprometer com determinadas mudanças em suas práticas ou mesmo com prestações financeiras. A vantagem foi mútua. O Poder Público foi aliviado dos problemas muitas vezes difíceis de provar e do ônus de um possível procedimento judicial subsequente, e a empresa afetada pôde afirmar seus próprios interesses de forma mais

---

[20] Mais detalhes sobre isso em *Kleinwächter*, NETmundial (2014).
[21] A respeito dessa questão, veja *Kleinwächter*, NETmundial (2014).
[22] Sobre acordos de autocomprometimento de modo geral, veja, por todos, *Eifert*, Regulierungsstrategien (2012), n. 73 *et seq.*
[23] Uma lista de procedimentos referentes à legislação antitruste se encontra em Monopolkommission, Hauptgutachten (2014), pp. 66 *et seq.*; veja também *Hopf*, Missbrauch (2014), pp. 3 *et seq.*; *Daly*, Dominating Search (2014).

eficaz, formulando o compromisso voluntário em casos de dúvida do que no caso de uma medida unilateral do Poder Público. A obrigação de pagamento pretendida como sanção também poderia ser mantida abaixo do que seria esperado se uma multa fosse imposta. Por outro lado, a perspectiva de encerrar um procedimento de objeção por meio de um compromisso voluntário poderia motivar as empresas a explorar ao máximo seu poder de mercado e a aceitar procedimentos de objeção sem o risco de pesadas sanções. A renúncia oficial do pleno uso de seu poder estatal pode levar a consideráveis déficits de implementação.

V. Autorregulamentação social regulada pelo Poder Público

As autoridades públicas podem exercer uma influência reguladora sobre a forma como a sociedade se regula a si mesma, podendo assim assumir as preocupações do bem comum no que diz respeito ao cumprimento de tarefas privadas. Se necessário, isso também pode tomar a forma de lei não vinculativa. Um exemplo são os catálogos de TI-Grundschutz do Escritório Federal Alemão de Segurança da Informação.[24] Eles não são juridicamente vinculativos. Entretanto, eles não são juridicamente vinculados, mas podem ser utilizados como base para a certificação, o que indica que a empresa tomou as medidas adequadas para proteger seus sistemas de TI contra ameaças.

O regulamento básico de proteção de dados da UE também prevê possibilidades de regulamentação pública da autorregulamentação.[25] Incentiva as associações e outras federações a elaborarem códigos de conduta para facilitar a aplicação adequada e eficaz do Regulamento.[26] O artigo 40 (2) do Regulamento lista explicitamente um grande número de áreas temáticas para as quais podem ser feitos esclarecimentos. As sugestões de esclarecimento pretendem ser diretrizes normativas para as

---

[24] Quanto a isso, veja a *homepage* da Agência Federal de Segurança na Tecnologia da Informação (BSI, na sigla em alemão): <www.bsi.bund.de/DE/Themen/ITGrundschutz/ITGrundschutzKataloge/itgrundschutzkataloge_node.html>.

[25] A respeito do Regulamento Geral da Proteção de Dados da UE, veja *Kühling/Martini*, Die Datenschutz-Grundverordnung (2016); uma posição crítica para com os elementos "imperfeitos" da autorregulamentação regulamentada desse Regulamento se encontra em *Veil*, Datenschutz-Grundverordnung (2018), p. 695; quanto à autorregulamentação regulamentada no âmbito de geodados, *Martini*, Do it yourself (2016).

[26] Veja n. 77 e 98 dos Considerandos.

regras de conduta, mas as associações ou federações não são obrigadas a adotá-las. Da mesma forma, não são obrigados a fazer uso da possibilidade prevista no parágrafo 5 para submeter a minuta à autoridade fiscalizadora, que – se isso for feito – declarará em parecer se as regras de conduta são compatíveis com a Portaria. Se houver garantias suficientes, a minuta das regras de conduta é aprovada pela autoridade (parágrafo 5). Posteriormente, aplicam-se procedimentos diferentes, dependendo se o projeto diz respeito a atividades de processamento apenas em um ou mais Estados membros (n. 6-8). Se os testes forem positivos, é feita uma publicação oficial no final do procedimento (parágrafos 6, 11). Para as regras de conduta aplicáveis em vários Estados-membros, a Comissão da UE pode até decidir, por meio de atos de execução, que estes têm validade geral na UE (parágrafo 9). O art. 41 do Regulamento prevê a possibilidade de credenciamento de órgãos idôneos para o monitoramento do cumprimento das regras de conduta. Também são buscados procedimentos de certificação específicos de proteção de dados, bem como selos de proteção de dados e marcas de teste (art. 42 do Regulamento).[27]

O exemplo a seguir também é uma forma de autorregulamentação social regulada. De acordo com o artigo 19 do Tratado Interestadual Alemão sobre a Proteção de Menores na Mídia (Jugendmedienschutz-Staatsvertrag), instituições de autorregulamentação voluntária podem ser criadas para monitorar o cumprimento das disposições do Tratado Interestadual e outras regras, inclusive para telemedia.[28] Desde que essas instituições cumpram certos requisitos (independência, diretrizes para as decisões dos examinadores, regras de procedimento etc.) e tenham concluído com sucesso o procedimento de reconhecimento regulado neste parágrafo, a filiação de um provedor de telemedia em tal instituição e, além disso, pela observância de seus estatutos, pode resultar em uma posição privilegiada do provedor em relação às medidas de supervisão da autoridade estadual de mídia competente: de acordo com o art. 20 (5)

---

[27] Quanto à avaliação desses instrumentos – mas ainda com base na proposta original da Comissão Europeia para o Regulamento Geral da Proteção de Dados –, veja Hornung/Hartl, Datenschutz (2014).

[28] Veja o Autocontrole Voluntário dos Provedores de Serviços de Multimídia na homepage <www.fsm.de>.

deste Tratado Interestadual, no caso de supostas violações da proteção de menores, as alegações devem ser primeiramente encaminhadas a esta instituição. Medidas de supervisão contra o prestador só são possíveis em casos excepcionais, ou seja, se a decisão ou omissão de uma decisão do órgão autorregulador "exceder os limites legais do âmbito da avaliação".

Um tipo especial de regulação do Poder Público da autorregulamentação social também pode, ocasionalmente, fazer uso dos Tribunais. Um exemplo é a decisão do TJE no Google,[29] na qual este tribunal ordenou ao Google Inc. que tomasse precauções para proteger o chamado direito de ser esquecido ao operar seu mecanismo de busca. O Google foi obrigado, ao abrigo da (então ainda aplicável) Diretiva 95/46 da UE sobre proteção de dados, a eliminar sob determinadas condições o *link* para uma informação na oferta europeia do seu sistema de pesquisa que seja objetada como incorreta ou desatualizada, tornando assim mais difícil o acesso à informação em causa (que não é eliminada como tal).

Um tipo completamente diferente de regulação do Poder Público da autorregulamentação social são acordos públicos para assegurar o funcionamento de estruturas de autorregulação, tais como o mercado em particular. Trata-se de habilitar ou manter a concorrência. A funcionalidade do mercado deve ser assegurada de tal forma que os vários interesses dos participantes do mercado sejam satisfeitos da melhor forma possível por meio de suas ações autônomas e, ao mesmo tempo, os objetivos de bem-estar público sejam realizados. Atualmente, no entanto, a lei antitruste tem poucas chances de ter um efeito duradouro no funcionamento dos mercados da Internet. Em vista da globalização da maioria dos sub-mercados, seria necessária uma lei de cartel global, mas esta não existe. A lei nacional de cartéis só pode ter uma influência limitada sobre o comportamento dos *players* globais. A legislação antitruste europeia[30] – devido à sua área de aplicação relativamente grande – é, em princípio, mais adequada para este fim, mas até agora só tem sido aplicada com sucesso limitado.

---

[29] TJE, Google Spain e Google, C-131/12 EU: C: 2014: 317 = EuGRZ 2014, pp. 320 ss. No art. 17 do Regulamento Geral da Proteção de Dados da UE constam agora regras explícitas sobre o "direito ao esquecimento".

[30] A respeito dessa legislação, veja, *pars pro toto*, *Weiß*, Wettbewerbsverwaltungsrecht (2021), Seção sobre direito da administração da concorrência.

Deve-se notar também que a lei antitruste não pode ser usada para lidar com uma série de problemas ou ameaças que existem na Internet e que estão ligados à assimetria na distribuição do poder. Isso diz respeito a problemas como a garantia de igualdade de acesso, neutralidade da rede, liberdade de manipulação, proteção de privacidade etc. A lei antitruste como direito de assegurar o funcionamento dos mercados não é fundamentalmente ou apenas de forma muito limitada adequada para lidar com os problemas associados a tais objetivos, a menos que seja desenvolvida em lei regulatória específica do setor com objetivos correspondentes. Isso seria, no entanto, uma violação sistêmica da atual lei antitruste. Para evitá-lo, os sistemas jurídicos nacionais geralmente têm normas especiais para salvaguardar necessidades específicas de proteção jurídica, na Alemanha, por exemplo, a lei de proteção de dados ou a lei de telemedia. Seus regulamentos também são precauções de influência regulatória sobre a autorregulação. Mas a sua eficácia é limitada pelo alcance regional, o que torna particularmente difícil influenciar eficazmente o comportamento de empresas globais posicionadas e poderosas.

D. PLATAFORMAS DE TI COMO "LEGISLADORES PRIVADOS": SOBRE O DOMÍNIO DA REGULAÇÃO NÃO ESTATAL DA INTERNET ATRAVÉS DE INTERMEDIÁRIOS DA TECNOLOGIA DA INFORMAÇÃO

A recém-realizada tipificação e os exemplos indicados não devem ser compreendidos no sentido de que as áreas de ação caracterizadas através da digitalização sejam permeadas pela igualdade de chances para a autorrealização de todos os envolvidos (no contexto da autoconfiguração, autorregulação e autorregulamentação). Isto é fundamentado pelo forte empoderamento dos setores afetados pela digitalização e, em especial, pelo domínio dos atores globais, empresas, ou melhor, conglomerados quase monopolistas, especialmente na economia das plataformas digitais.

Até o momento não foi possível desconstituir as consideráveis assimetrias de poder por meio da regulação estatal da autorregulação, especialmente nos campos de atividade dos atores globais de TI, ou mesmo assegurar um equilíbrio justo de interesses de modo abrangente apenas através da regulação estatal da autorregulação, protegendo ao mesmo tempo, e de forma suficiente, importantes bens jurídicos coletivos. Em especial, faltam requisitos eficazes estatais para a asseguração da transparência e do controle, e com isso para o evitamento de prejuízos à formação autônoma da opinião das cidadãs e dos cidadãos e da capacidade funcional dos processos de decisão democrática.[31] Particularmente os riscos daí surgidos para a democracia e para o Estado de Direito são cada vez mais problematizados.[32]

As ameaças nos campos de ação dos intermediários de TI, especialmente nas plataformas digitais, são consideradas particularmente sustentáveis. Isto porque elas dominam as infraestruturas dos meios de comunicação social. Em especial a Apple, a Amazon, o Google, o Facebook e a Microsoft atuam na condição de atores centrais estruturantes, definidores de regras e coordenadores de ação na *Web*. Neste ponto, eu me reporto particularmente a uma análise do sociólogo Ulrich Dolata:[33] os âmbitos essenciais de regulação destas empresas seriam, por um lado, a organização da economia privada e a regulação dos mercados, os quais elas próprias coordenam e determinam as condições de concorrência. Ao mesmo tempo, elas assumiriam funções muito amplas de regulação e de ordenação social na internet. Em relação a isso, fala-se frequentemente sobre uma curadoria das relações sociais e da conduta social.[34]

Não apenas grande parte das atividades econômicas, mas igualmente extensas partes do intercâmbio privado e da esfera pública baseada em rede ocorrem hoje em espaços configurados e organizados pela economia privada, e dentro de um quadro regulatório técnico e socioeconômico instituídos para este fim. Neste contexto, as plataformas dominantes são caracterizadas por Dolata como infraestruturas digitais sociais e técnicas baseadas em dados e estruturadas em algoritmos, através das quais informações são trocadas, a comunicação é estruturada, trabalho e mercados organizados, um amplo espectro de serviços são oferecidos, e produtos digitais e não digitais são distribuídos. A regulação destes

---

[31] Sobre o déficit em legitimação democrática, v., por todos, Pille, Meinungsmacht (2019), p. 335 e ss; Leopoldina et al. (2021); Transatlantic Reflektion Group on Democracy and the Rule of Law (2021).

[32] Aqui fazemos referência a um manifesto de um grupo internacional de *experts*: Transatlantic Reflektion Group on Democracy and the Rule of Law (2021).

[33] Acerca do tema, v. especialmente Dolata, Plattform-Regulierung (2019), p. 79 e ss, também com indicações de literatura complementar.

[34] Cf. sobre o tema, especialmente, Leopoldina et al. (2021), p. 15 e ss, 46 e ss.

mercados organizados pelas empresas seria realizada por meio de amplos conjuntos de regras sociotécnicas, designadamente regras de mercado e de concorrência, mecanismos de coordenação, controle e de utilização, que, por um lado, seriam fixadas em condições comerciais e de uso, programas parceiros ou em diretivas de desenvolvimento e, por outro lado, seriam traduzidos por gestores das plataformas em instruções e programas técnicos. A implementação das regras de mercado, assim como a coordenação concreta e o desenvolvimento de todos os processos de mercado realizase através de algoritmos e, portanto, automatizado em grande medida.

Os gestores das plataformas não agem como intermediários neutros, mas como atores que estabelecem regras e formas, que se autoconfiguram com amplas competências e possibilidades de intervenção. Igualmente as infraestruturas técnicas, que são fornecidas pelos gestores das plataformas, não se constituem em arquitetura neutra, que simplesmente produziriam ligações, mas, através das regras nelas inscritas, formam o verdadeiro fundamento institucional de ação orientada e processo estruturado destes mercados, ao qual os fornecedores, consumidores e usuários, dos quais também agentes estatais, devem se alinhar, se quiserem fazer parte do jogo.

Enquanto regras estatais são adotadas nas sociedades democráticas principalmente a partir do discurso público e do debate político, e necessitam, em última análise, da legitimação democrática, as regras forjadas pelas empresas de tecnologia da informação dificilmente poderiam ser debatidas ou configuradas *ex ante* no espaço público, mesmo que inscritas em regras técnicas, não possuem legitimidade democrática, e são, quando muito, controláveis de modo limitado.[35] Neste ponto, a jurista Heike Schweitzer fala sobre as plataformas digitais como legisladores privados para os mercados criados por elas.

Uma parte significativa das regras de interação de uma plataforma não são formuladas como regras, mas são lançadas de modo invisível para o público na arquitetura da plataforma, ou melhor, no *design* da plataforma. Na perspectiva da terminologia das ciências sociais, as regras

---

[35] Sobre a problemática da legitimação democrática e, em especial, do possível risco à democracia, v., por todos, Stark/Stegmann, Threat to Democracy (2020).

formais e informais da interação seria: a totalidade das "Instituições", incluindo os seus efeitos de controle e de estímulo. Acerca da formação das instituições através das plataformas, incluem-se os sistemas de avaliação próprios da plataforma, a integração dos sistemas de pagamentos externos e próprios da plataforma, e as instâncias próprias de resolução de conflitos. As plataformas digitais também estabelecem regras para as transações que são efetivadas nas plataformas. Neste sentido, os termos de condições de uso da Ebay contêm regras para a conclusão de contratos entre atores participantes do Ebay; a Airbnb regula os contratos de aluguel celebrados através de sua plataforma, incluindo as condições para o cancelamento; e a Uber estabelece regras para os contratos de transporte celebrados na plataforma.

Defronte a esta situação, não apenas Heike Schweitzer acentua a necessidade da instituição estatal de regras gerais de conduta para as plataformas, especialmente critérios para a "legislação privada", relativas às infraestruturas com elevada significação social, política ou econômica, cuja utilização, na perspectiva do indivíduo, não gera possibilidades suficientes de alternativas.

Esta ideia é no momento também partilhada pela Comissão Europeia e pelo governo alemão. Neste contexto, reporto-me aos planos da Comissão Europeia para expandir o campo das necessidades regulatórias sob a forma do Single Market Act e do Single Services Act (ver item 6a C). Deve igualmente ser citada a resolução europeia promulgada em meados de 2019 para a promoção da boa-fé e da transparência para usuários comerciais de serviços compartilhados *on-line*.[36] As novas modificações à lei alemã dos cartéis acima citadas (§ 6a B), especialmente através da Lei sobre a digitalização GWB, bem como pelo Tratado estatal das mídias (MStV), que entrou em vigor em novembro de 2020, objetivam a regulação da autorregulação.[37] Esta se baseia numa série de novos serviços, incluindo serviços de *streaming* ou conteúdos de redes sociais. Não menos importante, neste contexto, é assegurar as funções democráticas dos serviços digitais.

---

[36] Resolução (EU) 2019/1150 do Parlamento e Conselho Europeus, de 20 junho de 2019.
[37] Sobre o seu conteúdo, v., por todos, Siara, Medienstaatsvertrag (2020).

No entanto, deve ser acrescentada a acepção de que regras e projetos só deveriam ser entendidos como primeiras abordagens para desconstituir as assimetrias de poder, especialmente na economia de plataforma. Faz-se necessária uma regulamentação adicional significativa para assegurar as relações jurídicas e democráticas na economia de TI.

§ 10º
LEGAL TECHNOLOGY/COMPUTATIONAL LAW – EXEMPLOS DE USO DAS TECNOLOGIAS DIGITAIS NO DIREITO

Por fim, eu gostaria de alterar a perspectiva, e não mais perguntar de que forma podem ser enfrentados os desafios da digitalização com a ajuda do Direito. A pergunta era antes se e em que medida as tecnologias digitais influenciam, ou melhor, podem ser úteis, na configuração e aplicação do Direito. Trata-se do tema concernente ao *Computational Law*, isto é, *"Legal Technology"* ou, de modo abreviado, *"Legal Tech"*[1] (ver, acima, capítulo 5, A.IV).

A. *LEGAL TECHNOLOGY*

I. Conceito, campos de aplicação e dificuldades

O termo *"Legal Technology"* foi usado pela primeira vez nos EUA, mas desde então se estabeleceu em todo o mundo, inclusive na Alemanha. No entanto, não está em lugar algum claramente definido. Em suma, refere-se ao uso da tecnologia da informação nos campos jurídicos de atividades como assessoria jurídica, jurisprudência, na aplicação do Direito, mas também no processo legislativo.

Atualmente, novas formas de encontrar informações jurídicas relevantes (chamadas de recuperação de informações), pesquisa jurídica (chamada de E-Discovery), análise de documentos, uso digital do conhecimento especializado, instrumentos para prever futuras decisões judiciais (*Legal*

---

[1] Esse conceito caracteriza, por exemplo, o projeto iniciado por *M. Hildebrandt*, e financiado pela União Europeia, "Accounting as a human being in the era of computational law" (COHUBICOL), https://www.cohubicol.com/contact.

Prediction), suporte *on-line* para atividades jurídicas, resolução de conflitos via Internet (On-line Dispute Resolution)[2] e muito mais estão surgindo em muitos países, muitas vezes em cooperação entre advogados e especialistas em TI.[3] Decisões que antes eram tomadas por seres humanos estão cada vez mais sendo executadas automaticamente, como procedimentos de cobrança[4] ou a emissão de atos administrativos em determinadas áreas (ver B.I.2, abaixo). A tecnologia de transação *Blockchain*[5] permite novos instrumentos, como o armazenamento (preferencialmente) confiável de dados legalmente significativos, o uso dos chamados Smart Contracts, a garantia de remuneração confiável por serviços protegidos por direitos autorais, o estabelecimento de registros digitais, como registros de imóveis, dentre outros.[6] A *Legal Technology* também está desempenhando um papel cada vez mais importante no governo eletrônico. Muitas agências governamentais estão se preparando para a digitalização.[7]

Muitas empresas de TI estabelecidas e *startups* começaram a oferecer modelos de negócios e a desenvolver *softwares* adequados à *Legal Technology*. Estes incluem os principais *players* globais. A IBM, por exemplo, desenvolveu um computador muito poderoso, o Watson/Ross, que pode pesquisar e avaliar bilhões de textos em questão de segundos, e que está cada vez mais começando a entender os textos legais.

Os sistemas de tecnologia da informação podem ser utilizados apenas para apoiar atividades jurídicas tradicionais e para complementar atividades individuais, bem como para a substituição parcial ou total de regras legais e para a aplicação e execução de regras. O uso de tecnologias

---

[2] Cf. *Braegelmann*, On-line Dispute Resolution (2018).

[3] Sobre o mercado de tecnologia jurídica emergente na Alemanha, ver *Tobschall/Kempe*, Legal-Tech-Markt (2018); Schulz/Schunder-Hartung (ed.), Recht 2030 (2019).

[4] A automatização dos procedimentos de injunção de pagamento representa apenas uma parte da digitalização do judiciário ("E-Justice"), ver *Jost/Krempe*, E-Justice (2017); *Bernhardt*, Quo vadis (2018). Ver também as fundamentações na nota de rodapé 20, do capítulo 5.

[5] Para uma discussão mais aprofundada da cadeia de blocos, veja *Riegerer*, Transparenz (2018); *Kuntz*, Konsens (2019).

[6] Sobre os muitos e variados usos dos *blockchains*: *Finck*, Blockchains (2018).

[7] Além disso, como documentos: Bundesregierung, Digitale Verwaltung (2014); Senat der Freien und Hansestadt Hamburg, Digital First (2016); Hill/Kugelmann/Martini (eds), Digitalisierung (2018); *Seckelmann* (ed.), Digitalisierte Verwaltung (2019).

digitais relacionadas ao Direito não se limita aos juristas e a suas atividades profissionais, mas também pode ser estendido a leigos no assunto. Afinal, suas ações são muitas vezes configuradas pelo Direito e muitas também fazem uso de auxílios digitais, como a Internet e os serviços ali disponíveis.

Muitas vantagens da *Legal Technology* são elogiadas. Por exemplo, facilitar a pesquisa e avaliação de fontes legais, incluindo precedentes judiciais como base para consultoria jurídica ou litígio estratégico. Espera-se uma considerável economia nos custos de transação, bem como um aumento na velocidade, eficiência e eficácia da análise dos materiais de origem e da preparação, tomada e execução das decisões. A *Legal Technology* também permite a remoção de certas barreiras ao acesso legal.[8]

Além disso, a Legal Tech naturalmente também vê riscos. A questão é se a digitalização pode levar a que a complexidade e variedade de conflitos a serem resolvidos legalmente sejam ou não corretamente compreendidos. A tecnologia legal leva a uma redução na variedade de fatores decisivos para a tomada de decisões ou a tecnologia permite que eles sejam aumentados? Há riscos de ocultar a responsabilidade das decisões, bem como a redução do controle?[9] Em geral: A função do Direito mudará[10] e como mudarão os papéis dos Juristas?[11] Existem possibilidades suficientes para garantir a legitimidade democrática?

II. Construções sociais e técnicas

No início deste livro já tratei da relação entre regras sociais, legais e algorítmicas (ver capítulo 3, acima). No contexto da Legal Tech – especialmente quando se tenta traduzir regras legais em regras algorítmicas –, as diferenças entre essas formas de regulação se tornam particularmente relevantes. Por esta razão, é preciso ressaltar mais uma vez aqui: tanto o enquadramento da lei como sua aplicação por uma razão específica – por exemplo, no caso de uma decisão de conflito – foram, e ainda são, em grande parte, decisões "feitas pelo homem". Estas podem ser entendidas como construções sociais criadas em contextos específicos.[12] Já que os

---

[8] *Hartung*, Gedanken (2018), pp. 10 ss.
[9] *Wischmeyer*, Regulierung (2018), pp. 1, 18 ss., 42 ss.
[10] Cf., *Ashley*, Artificial Intelligence (2019).
[11] Cf., *Susskind*, End of Lawers (2010); *Susskind*, Tomorrow's Lawyers (2017).
[12] Fundamental para este tema *Somek*, Rechtliches Wissen (2006).

algoritmos são utilizados para a tomada de decisão, as decisões são regularmente o produto de uma combinação de construções sociais e técnicas. São construções sociais na medida em que os algoritmos são baseados em programação humana, pelo menos no ponto de partida. Isso pode vir de uma única pessoa ou – como é frequentemente o caso – ser integrado em complexos processos de desenvolvimento de *software* envolvendo várias pessoas. Mesmo algoritmos de aprendizagem altamente desenvolvidos devem primeiro ser programados por humanos antes que eles possam se programar independentemente.

Também é baseado na estrutura social se as experiências, objetivos e avaliações dos programadores são incorporados aos programas de *software* e as possíveis consequências das decisões a serem tomadas são levadas em conta. No curso da programação baseada em algoritmos, os parâmetros relevantes são incorporados na tecnologia por humanos para uso descontextualizado e podem então ser usados apenas tecnicamente.

Na aplicação dos algoritmos, o fator humano pode, dentro de limites, permanecer relevante para a tomada de decisão. Este é pelo menos o caso na medida em que a solução de problemas concretos depende de informações que não são tecnicamente geradas, mas fornecidas pelo ser humano como *input* – por exemplo, os fatos do caso como base para uma decisão legal. A decisão a ser tomada pode ser orientada para os respectivos problemas concretos com seus contextos específicos.

Em contraste, o processamento da entrada utilizando apenas os algoritmos é um processo exclusivamente técnico. Ela difere das decisões humanas de várias maneiras – embora o desenvolvimento de redes neurais deva permitir adaptações futuras. Na situação atual, apenas isso deve ser notado: é particularmente importante que os algoritmos, de acordo com suas atuais capacidades de desempenho técnico, não possuam algumas capacidades típicas para as ações das pessoas físicas ou para as interações entre elas, e que também são importantes para os atos jurídicos. Falta-lhes, portanto, a capacidade de usar o conhecimento implícito, importante para a ação humana, bem como a capacidade de empatia, de desenvolver a criatividade ou de usar a intuição ou – importante para os advogados – o judicismo.[13] Algoritmos (pelo menos

---

[13] Sobre este tema, ver, por exemplo, *Hähnchen/Bommel*, Digitalisierung (2018).

até agora) também encontram limites na compreensão do significado, o que é importante para a interpretação de normas e é orientado por argumentos.[14] Pelo menos limitada é a capacidade de fazer considerações complexas com ajuste de contexto dos critérios e sua alocação.

Embora tais déficits não possam ser eliminados no momento, muitas vezes é possível superá-los por simulação e utilizando as correlações determinadas por métodos estatísticos. Entretanto, não é possível "replicar" o conteúdo dos procedimentos típicos de uma série de medidas legislativas e regulatórias de forma idêntica por computador. Isso se aplica, por exemplo, a casos de caráter autoritário do aconselhamento coletivo, muitas vezes grupodinâmico, ou da negociação cooperativa de soluções que levem (devem ou podem levar) a uma otimização dos interesses mutuamente afetados, também do ponto de vista individual dos afetados.

Entretanto, a resolução técnica de problemas também está associada a vantagens consideráveis em relação às ações humanas, por exemplo, no que diz respeito à rapidez e custo-benefício das decisões já mencionadas ou ao aumento do número e variedade de fatores que podem ser processados. Também deve ser mencionada a possibilidade de evitar a influência de preferências subjetivas e preconceitos normativamente indesejáveis de decisores individuais ou a exclusão de motivos legalmente inadmissíveis, como discriminação encoberta, que não são abordados pelos decisores. Entretanto, se especificações normativamente indesejáveis forem incorporadas ao *software* para controle legal, elas também podem ser eficazes em decisões automatizadas.[15]

III. Possibilidades e dificuldades de mapeamento do Direito em *software* digital

Na medida em que as tecnologias digitais são utilizadas na interpretação e aplicação do direito, deve ser assegurado, em qualquer caso, o cumprimento dos requisitos legais (princípio da vinculação à Lei).

É basicamente possível traduzir regras legais em regras técnicas. No entanto, isso requer padronização, já que a ação dos computadores

---

[14] Cf. *Hildebrandt*, Law as computation (2018).
[15] Para os riscos de preconceito em programas de *software*, veja, por exemplo, *Bozdag*, Bias (2013).

exige comandos de voz claros. Tais padronizações não são juridicamente problemáticas para a programação de decisões automatizadas, se se tratar da aplicação de normas com capacidade de subsunção com requisitos inequívocos para as consequências a serem alcançadas, e na medida em que os fatos aplicáveis também possam ser digitalmente registrados. Nesse sentido, é importante que as normas jurídicas sejam condicionais, ou seja, configuradas em termos de relações causais.

No entanto, os requisitos normativos só podem ser assumidos como inequívocos em casos excepcionais.[16] Falta particularmente o uso de termos legais indefinidos, em autorizações para o exercício do poder discricionário, para fazer previsões ou para o planejamento de estruturas futuras. O mesmo se aplica se a norma exigir uma ponderação, por exemplo, no curso da aplicação do princípio da proporcionalidade.

A univocidade também não se aplica às padronizações finalmente configuradas, ou seja, aquelas que definem objetivos e propósitos, mas não determinam, ou determinam apenas de forma limitada, os meios permitidos para a sua realização. O mesmo se aplica às decisões em que a escolha de uma consequência legal depende de situações de risco que devem ser ponderadas de forma diferente em cada caso. Um exemplo são os limiares de intervenção na lei de segurança interna, que devem ou podem ser especificados de diferentes maneiras, dependendo do valor do objeto legal em questão. Aqui, as chamadas determinações "quanto mais/tanto mais" são exigidas do ponto de vista jurídico. ("Quanto mais importante for o bem jurídico em perigo, menores poderão ser os requisitos para a probabilidade de dano iminente").[17] As decisões nas chamadas situações de dilema, ou seja, situações em que qualquer uma das decisões alternativas disponíveis leva a danos, também geralmente não são claramente determinadas. O tratamento de tais situações é atualmente objeto de intensa discussão, por exemplo, no que diz respeito à condução autônoma.[18]

As possibilidades de padronização também são amplamente omitidas, na medida em que as normas exigem que as decisões sejam tomadas

---

[16] Cf. *Hoffmann-Riem*, Innovation (2016), pp. 80 ss.; *Kuntz*, Recht (2016), com outras referências.
[17] Sobre este tema, ver *Klatt/Schmidt*, Spielräume (2010); *Poscher*, Eingriffsschwellen (2008).
[18] Cf. por exemplo, *Weber*, Dilemmasituationen (2016); Bundesministerium für Verkehr und digitale Infrastruktur, Ethik-Kommission (2017).

em uma base individual, incluindo o uso de fatores subjetivos, por exemplo, no que diz respeito à avaliação da violação de deveres de cuidado e padrões de culpabilidade relacionados (como negligência) ou – no direito penal – na decisão sobre o nível adequado de punição ou sobre previsões do risco de reincidência para os infratores.[19] O mesmo se aplica à suposição de que um fato no qual se baseia a aplicação da lei é "verdadeiro": nesse aspecto, depende da convicção dos tomadores de decisão, ou seja, de uma decisão que é sem dúvida subjetiva.

Nas constelações mencionadas acima, mas também em outras, lidar com a lei é caracterizado por contingências, que podem levar a um corredor limitador para decisões legalmente justificáveis, mas a escolha entre as opções possíveis neste corredor depende de uma maior orientação e esclarecimento. Estas devem ser concretizadas na sua aplicação, se necessário com a ajuda de outras normas ou tendo em conta a finalidade da norma, e devem ser aplicadas nos processos de tomada de decisão de forma contextualizada.

Na ausência de uma clara normatização com capacidade subsuntiva, isso naturalmente afeta não apenas decisões baseadas em algoritmos, mas também decisões que são tomadas exclusivamente por pessoas físicas. Entretanto, no caso de decisões tomadas por seres humanos, que têm sido prática comum até agora, o sistema jurídico conhece uma série de precauções adicionais para lidar com a margem de decisão e para garantir a qualidade desejada das decisões.[20] Dizem respeito em particular aos fatores de controle da organização, procedimentos, pessoal e recursos. A sua eficácia depende de um grande número de diferentes fatores, tais como a respectiva estrutura de competências e as especificações organizacionais internas para os processos de trabalho e arranjos processuais, as culturas de tomada de decisão praticadas na organização, a orientação (particularmente profissional) do pessoal e a disponibilidade de recursos (conhecimentos, finanças e tempo). Auxílios suplementares para a tomada de decisões podem ser utilizados recorrendo a especialistas

---

[19] Nos EUA, os algoritmos têm sido utilizados desde 2002 para determinar o risco de reincidência entre os infratores, mas nos últimos anos eles têm sido cada vez mais criticados por suas previsões pobres e tendenciosas. Cf. *Angwin/Larson/Mattu/Kirchner*, Machine Bias (2016); *Duwe/Rocque*, Recidivism Risk (2017); *Ritter*, Recidivism Risk (2013).

[20] Cf. *Hoffmann-Riem*, Innovation (2016), pp. 180 ss.

externos, à participação dos afetados, à cooperação do poder público com partes privadas ou ao uso de certos modos de governança (como mercado, negociação, rede, hierarquia).

A dependência do sistema jurídico de fatores de controle suplementares, tais como pessoal, organização ou procedimentos, tem estado até agora relacionada em grande parte com decisões que envolvem pessoas físicas. Uma situação problemática alterada tem que ser levada em conta se as decisões forem baseadas principalmente ou exclusivamente em algoritmos. O desenvolvimento de um programa de *software* orientado para isso, em particular um programa de *software* que funcione deterministicamente, e sua aplicação a um caso jurídico concreto são realizados sob condições/*frameworks* de contexto completamente diferentes da criação de uma norma legal e sua interpretação e aplicação em casos individuais por tomadores de decisão humanos.[21]

Isso é ilustrado aqui na fase de desenvolvimento de *software*. Normalmente diferentes atores estão envolvidos no desenvolvimento relacionado aos requisitos para a concepção concreta da arquitetura de *software*, para a realização técnica de TI por codificação, para o teste do *software* e, se necessário, sua revisão de acordo com experiências em teste ou operação ao vivo. Estes não são de forma alguma sempre ou mesmo apenas advogados. Especialistas em TI, em particular, estão envolvidos. O processo de programação – ou seja, o procedimento – não está regulamentado legalmente: quase não há requisitos processuais legais relacionados à criação do *software* ou requisitos específicos para garantir a legitimidade democrática. Não é de forma alguma certo que apenas fatores de decisão legais ou, em qualquer caso, legalmente legitimados sejam incorporados à programação de algoritmos em geral ou aos algoritmos aprendendo com os programas de treinamento. Além disso, o processo de programação como tal não tem sido sujeito a nenhum controle legal específico até o momento.

Tendo em vista a estrutura fundamentalmente determinística do procedimento dos algoritmos e as restrições resultantes disso, pode ser óbvio para os programadores tratarem as respectivas especificações padrão da forma mais inequívoca possível, mesmo que não o sejam. No

---

[21] Cf. *Hoffmann-Riem*, Innovation (2016), pp. 97 ss.

entanto, isso desconsideraria o fato de que o conteúdo das normas não é fixado de uma vez por todas. No caso de aplicação legal, as normas exigem antes uma concretização relacionada ao contexto do que à lei aplicável à decisão concreta.[22] A aplicação do Direito é também um ato de produção do Direito, um "ato performativo". Se a contingência do direito e a necessidade de concretização contextual no ato de aplicação forem negligenciadas pela natureza da programação baseada em algoritmos, há o risco de um estreitamento e, portanto, de uma recaída da metodologia jurídica ou – em outras palavras – de uma virada para um (em minha opinião problemático) neopositivismo digital.[23]

Outro problema surge do fato de que durante a programação e, consequentemente, também durante a aplicação do programa, não é possível acessar tais fatores de controle "suaves" que podem ser utilizados para a ação humana e que não podem ser mapeados em algoritmos (pelo menos até agora). Isso se aplica, por exemplo – como já mencionado – ao uso do conhecimento implícito, ao uso da intuição, ao desenvolvimento da criatividade, a considerações complexas, mas também à interpretação de normas e que pode reagir a mudanças contínuas nas premissas empíricas e prescritivas da norma.

Atualmente, não é previsível se e como será possível no futuro, devido a futuros desenvolvimentos da IA, projetar o processo de programação de tal forma que possam ser criados e utilizados equivalentes funcionais para a eficácia dos fatores humanos "suaves" mencionados acima. Mesmo que isso não tenha sucesso, é de se esperar que a pressão aumente para se engajar mais na digitalização. O uso de tecnologias digitais não só corresponde aos interesses das empresas comerciais relacionadas à TI, advogados que trabalham com *Legal Technology* e outros atores, mas também à agenda política de muitos tomadores de decisão, por exemplo, na expansão do governo eletrônico ou da justiça eletrônica. Tendo em vista as muitas vantagens da digitalização,

---

[22] Sobre o conceito da chamada "norma de decisão" ver *Müller/Christensen*, Methodik (2013), especialmente para. 233, 274; *Hoffmann-Riem*, Innovation (2016), pp. 60 ss., 80 ss.; *Kuntz*, Recht (2016), pp. 873 ss.

[23] Segundo *Wiegerling*, Daten (2018), p. 23: uma "metafísica positivista" é a base da "dataficação".

é altamente provável que os procedimentos baseados em algoritmos sejam ainda mais expandidos no futuro, tanto no setor estatal como no privado/econômico-privado.

B. REQUISITOS LEGAIS PARA A *LEGAL TECHNOLOGY*

Como foi dito no início, há muitas áreas de aplicação da *Legal Technology*. Elas não podem ser discutidas em detalhes aqui. Em vez disso, vou me limitar a uma subárea da Legal Tech, ou seja, o uso de *software* para decisões automatizadas. Neste contexto, tratarei como exemplos as exigências do direito da União Europeia e do direito administrativo alemão, e acrescentarei outro campo de aplicação, o da sanção automatizada das infrações legais, utilizando exemplos do direito contratual.

I. Requisitos para decisões automatizadas

1. Disposições do EU-RGPD

O sistema jurídico da UE já possui – mesmo que apenas excepcionalmente – regras especiais para decisões automatizadas. Estas incluem o regulamento básico de proteção de dados da UE (art. 22, § 1, 3; 13, § 2 f.; 14, § 2, alínea g; 15, § 1 Hs. 2, alínea h, do RGPD).[24] Em termos funcionais, essas regras devem ser entendidas como especificações para abrir a possibilidade de decisão automatizada, mesmo que o art. 22, § 1º, do RGPD esteja redigido negativamente, ao conceder às pessoas o direito de "não estarem sujeitas a uma decisão baseada unicamente no processamento automatizado – incluindo o perfil – que produza efeitos legais em relação a ele ou o afete significativamente de forma semelhante". No entanto, esta proibição é enfraquecida pelo fato de pressupor a automação "exclusiva" do processamento, ou seja, sem qualquer intervenção humana, e abrange apenas os casos em que a pessoa está "sujeita" à decisão, ou seja, exposta a ela sem o seu consentimento. Além disso, o parágrafo 2 conhece uma série de exceções, incluindo a do consentimento explícito do titular dos dados. Como meio de regulação sustentável das intervenções automatizadas, o art.

---

[24] Para mais detalhes, veja os comentários Kühling/Buchner (ed.), Datenschutz-Grundverordnung (2018); Simitis/Hornung/Spiecker genannt Döhmann (ed.), Datenschutzrecht (2019).

22 do RGPD provavelmente se revelará uma "espada cega" na prática, devido às suas limitações.[25]

O art. 13, § 2º, alínea f, do RGPD prevê, afinal, que a pessoa afetada por um processo de decisão automatizada pode solicitar ou exigir "informações significativas sobre a lógica envolvida, a amplitude e os efeitos produzidos por tal processamento". Entretanto, o Considerando 63 do RGPD estabelece como restrição que a proteção dos segredos comerciais, da propriedade intelectual e da autoria do *software* não pode ser prejudicada pela informação.

O RGPD preocupa-se apenas com uma secção de possíveis decisões automatizadas, ou seja, apenas com a proteção no que diz respeito aos dados pessoais e a certos tipos de tratamento de dados. Somente nessa medida, suas regras também se aplicam às decisões administrativas automatizadas. Entretanto, o RGPD não regulamenta em termos gerais – ou seja, além da proteção de dados – os requisitos para decisões automatizadas. Também abrange apenas decisões incriminatórias. Deve-se notar também que o RGPD não cobriu separadamente o uso de sistemas algorítmicos de aprendizagem, o que é importante para a *Legal Technology*. É duvidoso que os problemas associados a eles possam ser adequadamente superados pela interpretação do RGPD.

2. Sobre o uso de algoritmos digitais na administração pública

Quando decisões automatizadas são tomadas pela administração, regras adicionais devem ser observadas. Os seguintes comentários são baseados no Direito alemão. No entanto, deve-se ressaltar também que há muito tempo os algoritmos têm sido utilizados na preparação de decisões de todo tipo pela administração, por exemplo, em pesquisas ou sistematização. Além disso, certas decisões administrativas já são produzidas eletronicamente há muito tempo e enviadas sem controle individual pelos servidores, tais como avisos de pensão ou declarações de salário e benefícios.[26] No início deste milênio, vários novos regu-

---

[25] Cf. *Hoeren/Niehoff*, KI und Datenschutz (2018), p. 54.
[26] Por exemplo, *Bull*, Verwaltungsakt (2017), pp. 409 ss.; com considerações adicionais sobre a questão de quando uma decisão administrativa deve ser considerada como totalmente automatizada (pp. 410 ss.).

lamentos legais sobre comunicação eletrônica entre a administração e os cidadãos foram expressamente inseridos na Lei de Processo Administrativo na Alemanha (em especial §§ 3a, 37 (2), (3), (4); 41 (2) p. 2 VwVfG). Além disso, com efeito a partir de 1º de janeiro de 2017, foram acrescentadas outras normas relativas a este assunto (em especial §§ 24 (1), 35a, 41 (2a) VwVfG); regras semelhantes, embora modificadas, foram incluídas no Código Tributário Alemão (§ 155 (4), ver também § 88 (5) sentença 3 nº 3) e no Código da Previdência Social X (§ 31a). Também deve ser feita referência à Lei de Promoção da Administração Eletrônica (E-Government Act – EGovG).

A nova regulamentação até o momento deixa claro que o legislador continua confiando principalmente nas decisões humanas e não permite decisões automatizadas onde considera o fator humano indispensável para o preenchimento de espaços de opção, a fim de assegurar legitimidade.[27] Isso pode mudar no futuro, mas atualmente é determinante.

A autorização atualmente concedida para atos administrativos emitidos inteiramente por meios automáticos pode ser encontrada no § 35a VwVfG.[28] É limitada na medida em que – primeiro – essa possibilidade deve ser permitida por uma disposição legal adicional e – segundo – não deve haver nem discrição nem possibilidade de avaliação. Essa abordagem baseia-se, em particular, na avaliação de que as instalações técnicas disponíveis não podem exercer a discricionariedade no sentido jurídico, nem avaliar ou ponderar adequadamente os interesses legalmente significativos uns contra os outros. A exclusão da automação afeta em particular decisões que requerem a avaliação complexa de uma situação de fato ou que preveem o exercício de discrição ajustada às particularidades do caso individual.

A decisão totalmente automatizada deve – como mencionado – ser permitida por lei. Portanto, o legislador deve decidir por si mesmo se é justificável tomar uma decisão automática, tendo em vista a natureza da indeterminação da padronização ou a discricionariedade concedida.

---

[27] Assim também *Prell*, em: BeckOK VwVfG, Vol. 46 (2020), § 35a, nota de rodapé 14.
[28] Da literatura, ver *Braun Binder*, Erlass (2016); *Siegel,* Automatisierung (2017), pp. 24 ss.; *Berger,* Verwaltungsakt (2018).

As decisões administrativas estão sujeitas aos requisitos legais gerais do direito processual administrativo, que são importantes para a legitimação da ação administrativa. Para decisões automatizadas, no entanto, a AMLCA previu modalidades em relação às demais regras aplicáveis.

Quanto aos fatos em que a decisão deve se basear, o legislador a deixa basicamente no princípio da investigação geralmente aplicável aos processos administrativos (§ 24.1 sentença 1 VwVfG): os fatos devem ser investigados pela autoridade *ex officio*. A sentença 3 do parágrafo 1º desta disposição prevê que os fatos determinados por uma instituição automática para a adoção de atos administrativos também podem ser utilizados como base para uma decisão. Acrescenta-se, entretanto, que isso não é suficiente se as partes envolvidas tiverem fornecido informações factuais significativas para o caso individual que não tenham sido determinadas pelo procedimento automático. Estes devem ser considerados independentemente, ou seja, de acordo com a avaliação humana. A esse respeito, há uma (limitada) revisão da decisão automatizada por uma pessoa física.

No procedimento administrativo, os requisitos legitimados pelo Estado de Direito e democrático incluem, em princípio, o dever de justificar e, portanto, justificar regularmente os atos administrativos, incluindo os atos administrativos confirmados eletronicamente ou eletrônicos (Art. 39(1) VwVfG). Entretanto, uma justificativa deve ser dispensável no caso de decisões automatizadas se "não for exigida pelas circunstâncias do caso individual" (§ 39.2 n. 3 VwVfG). Esta exceção é mais provável que seja considerada em processos de massa com problemas semelhantes.

Com a ajuda de um memorando explicativo, várias funções costumam ser cumpridas.[29] Assim, serve para assegurar a legitimação factual da ação soberana (assegurar a aceitação, a pacificação etc.), mas sobretudo para assegurar a legalidade da decisão e permitir um controle baseado na divisão do trabalho (autorregulação da administração, controle externo pelos tribunais e, se necessário, pelo público, incluindo a comunidade científica). O dever de fundamentação diz respeito, em particular, à base factual, à avaliação da prova, às explicações para ga-

---

[29] Sobre o tema, ver, por todos, *Wischmeyer*, Regulierung (2018), pp. 54 ss.

rantir a compreensibilidade da argumentação jurídica até a apresentação dos efeitos esperados da decisão. Em princípio, tais declarações também são possíveis no caso de decisões automatizadas. Entretanto, é provável que haja aqui um alto risco de se trabalhar com módulos de texto prontos e, portanto, não levar suficientemente em conta as características especiais do caso individual – sua contextualidade específica. Para que isso não aconteça, a Lei exige esclarecimento sobre se e em que medida a exposição de motivos nos termos do § 39.2 n. 3 VwVfG é dispensável nas circunstâncias do caso individual. Entretanto, nenhum critério de avaliação é especificado para isso.

Em um estado constitucional, a possibilidade de controle judicial é particularmente importante. A garantia de proteção jurisdicional, conforme o art. 19, § 4º, da Lei Fundamental, também se aplica às decisões automatizadas. Para a efetiva proteção legal não basta utilizar os algoritmos utilizados na decisão inicial para a revisão judicial subsequente. Por exemplo, as decisões judiciais automatizadas ainda não são permitidas na Alemanha.[30] A utilização dos algoritmos utilizados para a decisão inicial também não faria justiça a uma revisão judicial porque os tribunais só podem rever um ato administrativo de forma limitada; em particular, o procedimento de revisão judicial não é concebido como um procedimento para a reemissão do ato administrativo. Entretanto, na revisão judicial da rastreabilidade dos motivos, pode ser indispensável lidar com o programa de decisão automatizado utilizado pela administração. Isso seria facilitado se o próprio *software* utilizado pudesse fornecer informações sobre os motivos da decisão em uma linguagem que as pessoas pudessem entender. A chamada Inteligência Artificial Explicável – que está sendo desenvolvida, mas ainda não está pronta para ser usada – poderia ser útil nesse sentido.[31]

A revisão judicial efetiva da decisão também é frequentemente prejudicada pelo fato de os algoritmos utilizados não serem divulgados aos Tribunais,[32] mas mesmo que sejam, podem não ser compreendidos pelos juízes – que normalmente não são especialistas em algoritmos.

---

[30] Ver *Enders*, Einsatz (2016), p. 723.
[31] Ver *Wischmeyer*, Regulierung (2018), p. 61, com mais evidências na nota de rodapé 247.
[32] Ver *Hoeren/Niehoff*, KI und Datenschutz (2018), pp. 57 ss.

Atualmente, não há previsão legal sobre se e em que medida os algoritmos, incluindo o código fonte – o programa que traduz os algoritmos em *software* funcional – devem ser divulgados ao tribunal. Também ainda não foi esclarecido se pelo menos os critérios e máximas em que os algoritmos se baseiam e, no caso de algoritmos de aprendizagem, também os programas de treinamento e os resultados do treinamento devem ser disponibilizados para o tribunal. Também terá que ser esclarecido até que ponto informações suficientes podem ser obtidas apenas com os algoritmos. Se, por exemplo, apenas o código fonte é divulgado, não é possível ver a partir dele como o processo de tomada de decisão digital foi realizado.

Os destinatários de um ato administrativo desconhecem regularmente os algoritmos, devido à falta de obrigação de divulgação. Eles são desconhecidos em particular nos casos em que a proteção dos algoritmos como segredos oficiais é reconhecida. Como consequência, as pessoas afetadas só podem excepcionalmente alicerçar um recurso judicial por erros ou erros de *software* no registro do *Input*.[33]

As dificuldades são particularmente grandes quando os sistemas de aprendizagem são utilizados. Mesmo os especialistas, os programadores, geralmente não sabem ou entendem como o *software* atualmente em uso – que pode ter sido modificado pelo aprendizado desde a programação inicial – funciona em detalhes e que efeito isso tem tido.[34]

Portanto, a proteção jurídica efetiva só pode ser alcançada de forma limitada, iniciando a revisão judicial de casos individuais, em oposição às decisões automatizadas. Assim, é ainda mais importante que os garantes da correção das decisões automatizadas sejam tomados no nível do sistema, e também preventivamente (legitimação por *Design*). Tais garantes teriam que atuar como compensadores da falta de garantes corretos disponíveis para decisões não automatizadas, a fim de garantir a responsabilidade, a controlabilidade e a correção de erros.

---

[33] Por exemplo, na legislação tributária, a seção 88 (5) sentença 4 do Código Tributário Alemão proíbe a publicação de sistemas de gerenciamento de risco "onde isso possa comprometer a uniformidade e a legalidade da tributação"; veja também Martini/Nink, Persönlichkeitsschutz (2017), p. 10.

[34] Veja *Tutt*, FDA (2017), p. 85.

Isso ainda não foi assegurado e provavelmente só é possível de forma limitada. Para evitar erros, podem ser tomadas precauções, por exemplo, para garantir que os sistemas possam controlar seus próprios processos, se necessário em cooperação com humanos. Também faz sentido introduzir uma avaliação de impacto algorítmica dos programas, ancorada institucionalmente, para decisões administrativas automatizadas. Uma avaliação de impacto dos processos de trabalho previstos consta no art. 35, § 3, da DPA, por exemplo, para o tratamento sistemático e abrangente automatizado de aspectos pessoais, como a caracterização, mas se limita à proteção no tratamento de dados pessoais. O Instituto não se aplica em geral ou mesmo especificamente às decisões administrativas. Para isso, teria que ser criado como um instituto de avaliação de impacto prospectivo, ancorado no direito processual. No entanto, sua implementação levará a problemas particulares no caso dos sistemas de aprendizagem, a menos que haja também espaço para avaliações de impacto contínuas ao longo do tempo.

Outras possibilidades incluem obrigações de certificação e auditoria por um órgão especializado independente dos sistemas de tecnologia da informação utilizados pela administração para a tomada de decisões automatizadas. No caso de sistemas de aprendizagem, no entanto, o controle *ex-ante* não seria suficiente, pois a forma de funcionamento do sistema algorítmico pode ser continuamente alterada por programas de aprendizagem, como mencionado acima. Importantes aqui são pelo menos as obrigações de registrar e preservar as provas das sequências concretas do programa. Deve-se lembrar também que especialistas independentes devem ter oportunidades sistemáticas para testar os algoritmos utilizados na prática, por exemplo, para determinar se eles contêm discriminação oculta, se são baseados em critérios irrelevantes ou se eles mascaram parâmetros de decisão importantes.

A falta de tais precauções sistemicamente orientadas mostra que o sistema jurídico alemão – o mesmo se aplica a muitos outros sistemas jurídicos – ainda não está preparado para as características especiais da proteção de bens jurídicos quando se utilizam decisões administrativas ou judiciais automatizadas. Para ganhar experiência, seria útil utilizar o instrumento de padronização experimental.[35]

---

[35] Quanto a tal instrumento, ver *Hoffmann-Riem*, Innovation (2016), pp. 362 ss.

II. Requisitos para uma execução de decisão automatizada

Algoritmos também podem ser utilizados para garantir automaticamente que seus destinatários cumpram os requisitos legais das decisões já tomadas ou para sancionar automaticamente o não cumprimento. Isso porque existem diferenças significativas em relação às formas usuais de garantir o cumprimento legal.

Na medida em que o sistema jurídico e/ou as decisões nele baseadas tratam do cumprimento dos requisitos por parte das pessoas afetadas pela norma, tem sido até agora assumido regularmente que as pessoas afetadas (podem) tomar conhecimento das obrigações legais de sua conduta e (podem) tomar suas próprias decisões sobre o cumprimento. Se uma regra contratual ou estatutária for violada, isso pode ser sancionado social e/ou legalmente, por exemplo, por uma obrigação de pagamento de indenização, uma medida de execução ou execução administrativa ou pela imposição de uma multa ou sanção penal.

No entanto, as pessoas envolvidas normalmente só têm conhecimento da iminente implementação de uma medida de execução se tiverem sido ameaçadas com antecedência – como é geralmente o caso das decisões administrativas incriminatórias escritas ou eletrônicas (§ 39 VwVfG). O conhecimento de uma sanção iminente é um dos meios de salvaguardar a autonomia das pessoas envolvidas: como seres pensantes que também são capazes de ação ética, podem decidir por si mesmos se seguem os requisitos legais ou se há razões para não fazê-lo e, se necessário, arriscar uma sanção. A possibilidade de recusa de seguir as regras pode até ser desejável em casos excepcionais, por exemplo, quando o comportamento em conformidade com as regras se aproxima mais do significado de uma regra do que o seu cumprimento "cego".[36] Este pode ser o caso nas situações de dilema mencionadas acima. Um exemplo relativamente inofensivo é quando uma regra do código de estrada é desconsiderada no trânsito rodoviário para evitar um acidente de outra forma iminente. O sociólogo Niklas Luhmann cunhou o termo "ilegalidade útil" para situações tão especiais.[37]

---

[36] *Rademacher*, Neue Technologien (2019), pp. 702 ss.
[37] *Luhmann*, Funktion (1972), pp. 304 ss.

A possibilidade de uma decisão autônoma não se aplica na medida em que um sistema de decisão baseado em algoritmos é concebido de tal forma que a sanção da violação de uma regra é automática e sem conhecimento prévio por parte dos interessados. Na verdade, há possibilidades de limitar a capacidade de uma pessoa já pela própria tecnologia. Um ato deliberado para decidir se deve ou não cumprir as especificações normativas ou um processo interativo para verificar os requisitos de conformidade não é mais necessário. Exemplos são a utilização de tecnologia de filtragem para prevenir violações de direitos, combinada com o bloqueio de condutas – como a distribuição de conteúdo indesejável, por exemplo, odioso ou racista na Internet (*Content Curation*) ou a prevenção do uso não autorizado de obras protegidas por direitos autorais.[38]

Outros exemplos de tecnorregulamentação por meio do *design* podem ser encontrados no conceito de Smart Contracts, que são conceitualmente digitais.[39] Podem prever o bloqueio automático de uma habitação alugada em caso de falta de pagamento, ou seja, não é mais utilizável pelo inquilino. Um contrato de *leasing* de automóvel pode habilitar o locatário a instalar tecnologia (tecnologia de sensores adequados e conectividade), o que significa que o carro alugado não pode ser ligado se uma prestação devida não for paga.

Se a capacidade de uma pessoa já está limitada pela própria tecnologia desta forma, o sucesso do controle não requer que a pessoa em questão esteja sequer ciente das regras embutidas nos algoritmos. Nesses casos, o controle comportamental não é realizado com o auxílio das especificações nas categorias de permitido/não permitido ou do dever ser, que são típicas para o efeito das normas legais, mas diretamente pela restrição da capacidade (factual). A confiança é colocada no efeito restritivo dos sistemas técnicos. Tais regras técnicas são *Self-Executing*. Sua aplicação é – ao contrário da punição das violações legais segundo as regras de procedimento civil ou administrativo – expressão de uma assimetria de poder: as pessoas sancionadas não

---

[38] Ver *Dankert*, Normative Technologie (2015), pp. 56 s.; *Tene/Polonetsky*, Taming the Golem (2017), pp. 154 ss.

[39] *Heckelmann*, Smart Contracts (2018); *Eschenbruch*, Smart Contracts (2018); *Müller*, Bitcoin (2017); *Kaulartz*, Smart Contracts (2016).

têm chance de levantar objeções ou fundamentos antes de a sanção ser imposta – nem contra a regra supostamente violada nem contra a sua aplicação no caso individual.

Tais acordos restringem a autonomia de conduta e posteriormente levantam questões quanto à legitimidade de tais abordagens jurídicas. Isso só será aqui mencionado para registro.

C. SOBRE A UTILIZAÇÃO DE TECNOLOGIAS DIGITAIS NO SISTEMA JUDICIAL ALEMÃO (*SMART JUSTICE*)[40]

A digitalização também encontrou o seu caminho para o sistema judicial (*e-justiça*). Por exemplo,[41] a manutenção de registros (registro comercial, registro de cooperativas e registro de sociedades), a introdução do correio eletrônico do advogado,[42] a conversão para os atos eletrônicos (em curso até 2026),[43] e o serviço administrativo eletrônico para os cidadãos. A Seção 55a do VwGO regulamenta a transmissão eletrônica de dados em processos judiciais e a Seção 55b do VwGO regulamenta a gestão de atos eletrônicos. É possível o serviço formal

---

[40] Sobre o tema, v., por exemplo, Britz, Elektronische Verwaltung (2007), p. 993 e ss.; Vogelsang/Krüger, Legal Tech (parte 1) (2019), p. 398 e ss.; (parte 2) (2010), p. 90 e ss.; Jost/Krempe, E-Justice (2017), p. 2703 e ss.; Bernhardt, Digitalisierung (2018), p. 310 e ss.; Enders, Einsatz (2018), p. 721 e ss.; Nolte, Elektronische Kommunikation (2019), p. 359 e ss; Denkhaus, Digitalisierung (2019), 51, número de margem 25 e ss.; Junker, Justiz, Juris (2020), p. 437 e ss.; Wagner, Legal Tech (2020), p. 30 e ss.; Huber/Gieseke, KI im Zivilprozess, (2020); Nink, Justiz 2021, p. 139 e ss. Sobre a prática, v. também Abschlussbericht der Länderarbeitsgruppe, Legal-Tech: Herausforderung für die Justiz, 2019, 6-7.

[41] A Conferência dos Ministros da Justiça de 16.06.2021 decidiu, no que se refere ao "Pacto pelo Estado de Direito 2.0", dentre outras coisas: "Em particular, a introdução de atos eletrônicos, o desenvolvimento do procedimento técnico comum, a introdução da base de dados cadastrais e registros eletrônicos, o desenvolvimento da segurança de TI no judiciário, a digitalização no treinamento, o aumento do uso de IA, a interface de comunicação entre o judiciário e a polícia, bem como o gerenciamento de dados de provas digitais e a expansão do trabalho móvel e negociações *on-line* exigirão um considerável uso adicional de recursos humanos e financeiros pelas administrações de justiça estaduais" (disponível em: https://www.justiz.nrw.de/JM/jumiko/beschluesse/2021/Fruehjahrskonferenz_2021/TOP-I_-1-u-I_-20---Pakt-fuer-den-Rechtsstaat.pdf).

[42] Cf. Leeb, Legal Technology (2019), p. 151 e ss.

[43] Acerca das experiências com ela, v. Klasen/Schreiner/Spaniol, E-Akte in der gerichtlichen Praxis (2021), p. 90 e ss.

de documentos eletrônicos (seção 56(2) do VwGO em conjunto com a seção 174(3), (4), do ZPO).[44] As mesmas regras aplicam-se também a outros códigos processuais que não o VwGO, com exceção do Código de Processo Penal.[45]

A digitalização tem igualmente encontrado cada vez mais o seu caminho na preparação e na forma de conduzir os processos judiciais,[46] e estão a ser trabalhadas propostas para expandir estas possibilidades.[47] Por exemplo, há muito tempo que é possível realizar audiências judiciais utilizando transmissões de vídeo e áudio, especialmente para audiências de conciliação ou para o interrogatório de testemunhas e peritos (§ 128 do ZPO). Isto está sendo cada vez mais utilizado por ocasião da pandemia do coronavírus.

Se o uso das tecnologias digitais for ampliado, no entanto, muitas questões ainda terão que ser esclarecidas, como a permissibilidade do uso da Internet como fonte de informação ou o valor probatório dos documentos digitais.[48]

Existem problemas específicos associados à utilização de tecnologias digitais para a tomada de decisões judiciais, na medida em que cumprem mais do que meras funções de assistência – por exemplo, através da utilização de bases de dados.[49] No entanto, ordem de pagamento já é emitida automaticamente há muito tempo (art. 689 (1), inciso 2, do ZPO). Isso não é considerado problemático, dentre outras coisas, porque não tem o caráter de um título executivo.

Decisões automatizadas por tribunais estariam mais expostas aos problemas tratados acima (C) no que diz respeito à automação de de-

---

[44] Cf. Nolte, Elektronische Kommunikation (2019), p. 359 e ss.
[45] Sobre o tema, cf. Nolte, Elektronische Kommunikation (2019), p. 360 e ss.
[46] Cf. Müller/Gom, Die Digitalisierung der Justiz (2021), parte I, p. 222, parte 2, p. 262 e ss.
[47] Desta forma, na ata de discussão do grupo de trabalho "modernização do processo civil" de fevereiro de 2021 (disponível em: https://beck-link.de/nd35k). Acerca de tais propostas, v. Brand/Skowronek, Digitalisierung (2021), p. 178 e ss.
[48] Cf. Brand/Skowronek, Digitalisierung (2021), p. 185 e ss.
[49] V., por exemplo, Enders, Einsatz (2018), p. 721 e ss; Huber/Giesecke, KI im Zivilprozess (2020). Sobre as possibilidades de apoio do trabalho judicial, v. Nink, Justiz 2021, p. 139 e ss. Assim como reflexões para a sua expansão: p. 370 e ss.

cisões complexas. A jurisdição estatal automatizada até agora não foi prevista no Direito alemão por razões bastante compreensíveis.

O problema, que já foi abordado em D, no que diz respeito aos aspectos parciais, é complementado por algumas palavras-chave a seguir. Os críticos da automação veem nela, dentre outros, uma violação (parcial) da garantia da independência dos juízes (art. 97 da LF),[50] bem como o risco de negligenciar os requisitos de legitimação democrática, especialmente ao nível do desenvolvimento do *software*. Constata-se também um obstáculo ao fato de a garantia do "juiz" (art. 101, nº 1, inciso 2, da Lei Fundamental) ser muitas vezes entendida como significando que o "juiz" deve ser uma pessoa natural.[51] Também é criticado que a automação acarreta o risco de perder o objetivo da justiça do caso concreto.[52] O *software* também teria que ser codificado com referência a decisões judiciais previamente decididas;[53] isso perpetua o *status quo* se os ajustes do programa não forem feitos continuamente. Além disso: os limites de rastreabilidade e da capacidade de reconhecimento das decisões tomadas em uma caixa-preta de IA contradizem os requisitos constitucionais, em particular aqueles relacionados à função de justificação de decisões judiciais e, portanto, também encurtam as opções de proteção legal para aqueles adversamente afetados por uma decisão.

Também não deixa de ser problemático se um juiz humano toma a decisão, mas é guiado por um projeto de decisão desenvolvido com a ajuda da inteligência artificial. Aqui não se pode descartar que exista uma grande tentação de seguir a proposta de decisão se ela parecer plausível no resultado, mesmo que as etapas individuais do desenvolvimento automatizado do projeto não sejam, ou apenas em uma extensão limitada, verificáveis.

---

[50] Assim, por exemplo, Enders, Einsatz (2018), p. 721; Huber/Gieseke, KI im Zivilprozess (2020), número de margem 18, 39 e ss.

[51] Cf. Enders, Einsatz (2018), p. 723; Nink, Justiz und Algorithmen (2021), p. 265 e ss, 287.

[52] Huber/Gieseke, KI im Zivilprozess (2020), número de margem 34; Nink, Justiz und Algorithmen (2021), p. 196 e ss.

[53] Huber/Gieseke, KI im Zivilprozess (2020), p. 787, número de margem 46 e ss.

Enfatiza-se também que o tratamento responsável das decisões judiciais amparadas pela IA depende de condições que não poderiam ser criadas, exceto em casos de decisões plenamente determinadas em Lei. A esse respeito, refiro-me a uma contribuição de Stephan Dreyer e Johannes Schmees,[54] bem como à análise de David Nink.[55] É feita referência, dentre outras, ao problema de que os dados de treinamento necessários para sistemas de aprendizagem de programação não estão regularmente disponíveis em número, diversidade e continuidade suficientes.[56] Na Alemanha, menos de 1% das decisões judiciais são publicadas; das decisões fundamentadas do BGH, são aproximadamente 6%.[57] Um problema especial também é visto no fato de que o *software* de aprendizagem é regularmente desenvolvido apenas por meio da avaliação de textos de decisões judiciais anteriores. Uma vez que os fatores decisivos na tomada de decisão muitas vezes não surgem apenas do texto da fundamentação (da representação de sua justificativa), existe o risco de que a influência de fatores relevantes para a decisão, em particular os fatores contextuais, não seja suficientemente levada em consideração. Também é importante o fato de que as respectivas normas podem ser incorporadas em grupos maiores de normas, reforçando também as prescrições jurídicas da UE, que devem ser levados em consideração de forma distinta de acordo com os diferentes casos.

Levando-se em conta que na Alemanha o efeito vinculativo dos precedentes não é reconhecido, e com isso a consequente possibilidade mais fácil de construção judicial, o sistema jurídico alemão caracteriza-se por um grau de flexibilidade relativamente elevado. O conteúdo de uma norma pode, em particular, reagir a mudanças em suas premissas empíricas e normativas. No entanto, isso não pode ser levado em consideração em *softwares* adaptados ao texto de decisões anteriores. Tendo em vista a mutabilidade da interpretação e aplicação do Direito, também teria que ser assegurado que novos dados de treinamento

---

[54] Dreyer/Schmees, Künstliche Intelligenz als Richter? (2019), p. 758 e ss.
Nink, Justiz und Algorithmen (2021), p. 179 e ss, 242 e ss., e passim.
Até o momento, são poucas as decisões judiciais publicadas na Alemanha – sobre os números, v. Leeb, Legal Technology (2019), p. 341 (com indicações complementares). Também será exigida a alteração desta prática.

[57] Hamann, Digitale Verfügbarkeit (2021), p. 675 e ss., nota de rodapé 25.

sejam continuamente registrados e, se necessário, que o *software* seja continuamente treinado.

Também deve ser feita referência aos limites da capacidade dos algoritmos para lidar com valorações e ponderações. Além disso, ainda há questões que precisam ser esclarecidas para garantir a legitimidade democrática,[58] incluindo como lidar com o risco de transferência do poder de decisão judicial para os atores envolvidos na programação e treinamento do *software* (em muitos casos, provavelmente externos ao judiciário)[59] – estes não deveriam ser, pelo menos não exclusivamente, juízes.

Esses são, naturalmente, pontos que precisam ser discutidos e alguns dos problemas que podem ser superados. No entanto, eles deixam claro que obstáculos consideráveis terão de ser superados para que decisões judiciais, mesmo que apenas parcialmente automatizadas, sejam permitidas. Coloca-se o problema de como uma decisão automatizada de um tribunal inferior ou de um tribunal de recurso pode ser verificada pela respectiva instância superior, e quais as informações que devem ser fornecidas para isso.

Não descarto que o esforço para aumentar a eficiência na realização das diversas atribuições judiciais, tendo em vista a sobrecarga de muitas instâncias do judiciário, seja um impulso para ampliar as possibilidades de automação, pelo menos parcialmente, em especial em casos padronizados. No momento, porém, ainda não está claro como podem ser encontradas aqui soluções que atendam também aos requisitos do Estado de Direito e de legitimação democrática.

D. PERSPECTIVAS

Quanto mais a transformação digital também afeta o próprio sistema jurídico, mais importante é que a sociedade esteja bem preparada para ela. Isso inclui também garantir que os envolvidos no desenvolvi-

---

[58] Diferenciando isso, Nink, Justiz und Algorithmen (2021), p.321 e ss.
[59] Sobre o desenvolvimento de *software*, ver acima § 4 A. O judiciário também é fortemente dependente de *software* criado externamente e é provável que tenha problemas, pelo menos no futuro previsível, em ser capaz de empregar pessoal, especialmente juízes, que sejam suficientemente treinados para o desenvolvimento de *software* e sistemas de aprendizagem de treinamento.

mento tenham as qualificações adequadas.[60] No futuro, não será mais suficiente para os juristas aprenderem e praticarem o Direito da forma que era típica no mundo analógico. Em particular, eles também terão que adquirir habilidades em tecnologia da informação. Por outro lado, os especialistas em tecnologia da informação que desenvolvem *software* para *Legal Technology* terão que aprender a entender as características especiais do direito.

No entanto, não se trata apenas de habilidades técnicas, mas também de refletir sobre o que a digitalização traz consigo. Por exemplo, se os contratos são celebrados automaticamente e sua violação é automaticamente sancionada, isso traz consequências em relação à forma de aplicação do Direito, e, portanto, para a proteção dos interesses. O mesmo se aplica se a adoção de atos administrativos for deixada a um *software* não transparente e não especificado. Também faz diferença se a verificação da legalidade é feita por autômatos de autoaprendizagem e não mais em procedimentos estruturados de acordo com o Estado de Direito, assim como não mais por pessoas treinadas em direito e atuando com um *ethos* profissional.

Não apenas os processos individuais de tomada de decisão estão mudando. As mudanças também podem afetar a aceitação social do direito, sua função pacificadora e, em última instância, a legitimidade do sistema jurídico e, portanto, seu reconhecimento como justo. Isso não quer dizer que o uso da tecnologia legal como tal deva ser avaliado negativamente e, portanto, tão pior do a aplicação do Direito na "era analógica". Entretanto, as consequências da mudança de paradigma devem ser analisadas e avaliadas. Além disso, é necessário prever possibilidades de corrigir desenvolvimentos indesejáveis.

Quanto mais a digitalização muda a sociedade, mais importante é garantir transparência, responsabilidade e controle. Recomenda-se também que o desenvolvimento da *Legal Technology* seja acompanhado de um discurso social sobre como o Direito do futuro deve ser visto e aplicado. O uso da *Legal Technology* também determinará como o Estado de Direito e a democracia serão estruturados no futuro.

---

[60] Veja *Susskind*, Tomorrow's Lawyers (2017).

BIBLIOGRAFIA

A abreviatura "Op. cit." é usada a seguir para se referir a "opus citatum". Após isso, você encontrará a respectiva citação na forma curta escolhida nas notas de rodapé.

Abbate, J., Inventing the Internet (1999).
  Op. cit.: *Abbate*, Inventing (1999).

Abel, R., Umsetzung der Selbstregulierung im Datenschutz – Probleme und Lösungen, em: Recht der Datenverarbeitung (2003), pp. 11 ss.
  Op. cit.: *Abel*, Umsetzung (2003).

Abschlussbericht der Länderarbeitsgruppe, Legal-Tech: Herausforderung für die Justiz (2019).
  Op. cit.: Länderarbeitsgruppe, Justiz (2019).

Alpaydin, E., Machine Learning (2016).
  Op. cit.: *Alpaydin*, Machine Learning (2016).

Ametsbichler, E., Rechtliche Fragestellungen beim Einsatz von "Smart-Home"-Technologie, em: Zeitschrift für Innovations- und Technikrecht (2020), pp. 169 ss.
  Op. cit.: *Ametsbichler*, "Smart-Home" – Technologie (2020).

Andersson, L./Alaja, A./Buhr, D./Fink, P./Stöber, N., Policies for Innovation in Times of Digitalization. A comparative report on innovation policies in Finland, Sweden and Germany (2017).
  Op. cit.: *Andersson/Alaja/Buhr/Fink/Stöber*, Policies (2017).

Arnetsbichler, E., Rechtliche Fragestellungen beim Einsatz von "Smart-Home"-Technologie, em: Zeitschrift für Innovation und Technikrecht, 2020, pp. 169 ss.

Op. cit.: Arnetsbichler, Smart Home (2020).

Ashley, K., Artificial Intelligence and Legal Analytics (2017).

Op. cit.: *Ashley*, Artificial Intelligence (2017).

Aßmus, U./Keppeler, L./Amann, A., Rechtliche Implikationen der Einbettung von (Open Source-) Software in technischen Normen und Dokumenten, em: Zeitschrift zum Innovations- und Technikrecht (2017), pp. 79 ss.

Op. cit.: *Aßmus/Keppeler/Amann*, Rechtliche Implikationen (2017).

Bäcker, M., Kriminalpräventionsrecht: Eine rechtsetzungsorientierte Studie zum Polizeirecht, zum Strafrecht und zum Strafverfahrensrecht (2015).

Op. cit.: *Bäcker*, Kriminalpräventionsrecht (2015).

Baecker, D., 4.0 oder Die Lücke die der Rechner lässt (2018).

Op. cit.: *Baecker*, 4.0 (2018).

Bartsch, M./Hummelmeier, H./Obergfell, E., Verhandlungen des 71. Deutschen Juristentages, vol. II/1 Sitzungsberichte – Referate und Beschlüsse (2016).

Op. cit.: *Bartsch/Hummelmeier/Obergfell*, Sitzungsberichte (2016).

Bauer, J./Latzer, M., Handbook on the Economics of the Internet (2016), pp. 395 ss.

Op. cit.: *Bauer/Latzer*, Handbook (2016).

Baumgarten, U./Gausling, T., Datenschutz durch Technikgestaltung und datenschutzfreundliche Voreinstellungen, em: Zeitschrift für Datenschutz (2017), pp. 308 ss.

Op. cit.: *Baumgarten/Gausling*, Datenschutz (2017).

Beck, K., Kommunikationswissenschaft (2017).

Op. cit.: *Beck*, Kommunikationswissenschaft (2017).

BeckOK Datenschutzrecht, Vol. 28 (2018)

Op. cit.: [*Nome do autor*], em: BeckOK Datenschutzrecht, 28. ed. (2018).

BeckOK VwVfG, Vol. 46 (2020)

Op. cit.: [*Nome do autor*], em: BeckOK VwVfG, 46. ed. (2020).

Benz, A./Dose, N. (ed.), Governance – Regierung in komplexen Regelsystemen, 2. ed. (2010).

Op. cit.: Benz/Dose (ed.), Governance (2010).

Berlit, U., Elektronische Verwaltungsakte und verwaltungsgerichtliche Kontrolle, em: Neue Zeitschrift für Verwaltungsrecht (2015), pp. 197 ss.

Op. cit.: *Berlit*, Elektronische Verwaltungsakte (2015).

Bernhard, W., Digitalisierung im Spannungsfeld der grundgesetzlichen Kompetenzträger (2018).

Op. cit.: *Bernhardt*, Digitalisierung (2018).

Bertelsmann Stiftung, Musterkatalog für Kommunen. Welche offenen Daten werden von Kommunen Nordrhein-Westfalens veröffentlicht (2020).

Op. cit.: Bertelsmann Stiftung, Musterkatalog (2020).

Beucher, K./Utzerath, J., Cybersicherheit – Nationale und internationale Regulierungsinitiativen – Folgen für die IT-Compliance und die Haftungsmaßstäbe, em: Multimedia und Recht (2013), pp. 362 ss.

Op. cit.: *Beucher/Utzerath*, Cybersicherheit (2013).

Bishop, C., Pattern Recognition and Machine Learning (2008).

Op. cit.: *Bishop*, Pattern Recognition (2008).

Bizer, J., Selbstregulierung des Datenschutzes, em: Datenschutz und Datensicherheit, 25. ed. (2001), pp. 168 ss.

Op. cit.: *Bizer*, Selbstregulierung (2001).

Bizer, J./Führ, M./Hüttig, C. (ed.), Responsive Regulierung: Beiträge zur interdisziplinären Institutionenanalyse und Gesetzesfolgenabschätzung (2002).

Op. cit.: Bizer/Führ/Hüttig (ed.), Responsive Regulierung (2002).

BMWi/BMAS/BMJV, Digitalpolitik für Wirtschaft, Arbeit und Verbraucher. Trends – Chancen – Herausforderungen (2017).

Op. cit.: BMWi/BMAS/BMJV, Digitalpolitik (2017).

Boehme-Neßler, V., Unscharfes Recht. Überlegungen zur Relativierung des Rechts in der digitalisierten Welt (2008).

Op. cit.: *Boehme-Neßler*, Unscharfes Recht (2008).

Boehme-Neßler, V., Zwei Welten? Big Data und Datenschutz. Entwicklungslinien des Datenschutzes in der digitalen Gesellschaft, em: Archiv für Urheber- und Medienrecht (2015), pp. 19 ss.

Op. cit.: *Boehme-Neßler*, Zwei Welten (2015).

Boehme-Neßler, V., Das Ende der Anonymität. Wie Big Data das Datenschutzrecht verändert, em: Datenschutz und Datensicherheit vol. 40 (2016), pp. 419 ss.

Op. cit.: *Boehme-Neßler*, Das Ende (2016).

Böhret, C./Konzendorf, G., Handbuch Gesetzesfolgenabschätzung (GFA): Gesetze, Verordnungen, Verwaltungsvorschriften (2001).

Op. cit.: *Böhret/Konzendorf*, Handbuch (2001).

Bonfadelli, H./Friemel, T., Medienwirkungsforschung (2017).

Op. cit.: *Bonfadelli/Friemel*, Medienwirkungsforschung (2017).

Borries, F., Weltentwerfen (2016).

Op. cit.: *Borries*, Weltentwerfen (2016).

Bostrom, N., Superintelligence, paths, dangers, strategies (2013).

Op. cit.: *Bostrom*, Superintelligence (2013).

Bounfour, A., Digital Futures, Digital Transformation (2016).

Op. cit.: *Bounfour*, Futures (2016).

Brand, T./Skowronek, Y., Die Herausforderungen der Digitalisierung für das zivilprozessuale Beweisverfahren, em: RDi 2021, pp. 178 ss.
Op. cit.: *Brand/Skowronek*, Digitalisierung (2021).

Braun Binder, N., Algorithmic Regulation – der Einsatz algorithmischer Verfahren im staatlichen Steuerungskontext, em: Hill, H./Wieland, J. (ed.), Zukunft der Parlamente – Speyer-Konvent (2018).
Op. cit.: *Braun Binder*, Algorithmic Regulation (2018).

Breidenbach, S./Glatz, F., Rechtshandbuch Legal Tech (2018).
Op. cit.: *Breidenbach/Glatz*, Legal Tech (2018).

Broemel, R./Trute, H., Alles nur Datenschutz? Zur rechtlichen Regulierung algorithmenbasierter Wissensgenerierung, em: Berliner Debatte Initial, 27. ed. (2016), pp. 4 ss.
Op. cit.: *Broemel/Trute*, Alles nur Datenschutz (2016).

Brohm, W., Die Dogmatik des Verwaltungsrechts vor den Gegenwartsaufgaben der Verwaltung, em: Veröffentlichungen der Vereinigung deutscher Staatsrechtslehrer, 30. ed. (1972), pp. 194 ss.
Op. cit.: *Brohm*, Dogmatik (1972).

Brownsword/Yeung (ed.), Regulating Technologies (2008).
Op.cit. Brownsword/Yeung (ed.), Regulating Technologies (2008).

Bryde, B., Richterrecht und Gesetzesbindung, em: Soziales Recht. Wissenschaftliche Zeitschrift für Arbeits- und Sozialrecht, 4. ed. (2015), pp. 128 ss.
Op. cit.: *Bryde*, Richterrecht (2015).

Büchi, M./Just, N./Latzer, M., Modeling the second-level digital divide: A five-country study of social differences in Internet use, em: New Media & Society, (2015), pp. 2703 ss.
Op. cit.: *Büchi/Just/Latzer*, Modeling (2015).

Bumke (ed.), Richterrecht zwischen Gesetzesrecht und Rechtsgestaltung (2012).
Op. cit.: Bumke (ed.), Richterrecht (2012).

Bumke, C., Rechtsdogmatik: Überlegungen zur Entwicklung und zu den Formen einer Denk- und Arbeitsweise der deutschen Rechtswissenschaft, em: JuristenZeitung, 69. ed. (2014), pp. 641 ss.

Op. cit.: *Bumke*, Rechtsdogmatik (2014).

Bumke, C., Rechtsdogmatik: Eine Disziplin und ihre Arbeitsweise. Zugleich eine Studie über das rechtsdogmatische Arbeiten Friedrich Carl von Savignys (2017).

Op. cit.: *Bumke*, Rechtsdogmatik (2017).

Bumke, C./Röthel, A. (ed.), Autonomie im Recht (2016).

Op. cit.: Bumke/Röthel, Autonomie (2016).

BMI/BMJV, Leitfragen der Bundesregierung an die Datenethikkommission, BMI e BMJV (5.6.2018), obtido em: https://www.bmjv.de/SharedDocs/Downloads/DE/Ministerium/ForschungUndWissenschaft/DEK_Leitfragen.pdf;jsessionid=6CA29F251088B5AA5ABF4C31528A0239.1_cid324?__blob=publicationFile&v=1.

Op. cit.: BMI/BMJV, Leitfragen (2018).

Bundesregierung, Digitale Verwaltung 2020. Regierungsprogramm 18. Legislaturperiode, BT-Drucksache 18/3074 (2014).

Op. cit.: *Bundesregierung*, Digitale Verwaltung, BT-Drucks. 18/3074 (2014).

Bundesregierung, Eckpunkte der Bundesregierung für eine Strategie künstlicher Intelligenz (18.07.2018), obtido em: https://www.bmbf.de/files/180718%20Eckpunkte_KI-Strategie%20final%20Layout.pdf.

Op. cit.: Bundesregierung, Eckpunkte (2018).

Bundesregierung, Nationale Strategie für Künstliche Intelligenz der Bundesregierung (estado: Novembro 2018), obtido em: www.ki-strategie-deutschland.de.

Op. cit.: Bundesregierung, Strategie (2018).

Bunz, M., Die stille Revolution. Wie Algorithmen Wissen, Arbeit, Öffentlichkeit und Politik verändern, ohne dabei viel Lärm zu machen (2012).

Op. cit.: *Bunz*, Revolution (2012).

Cath, C., Governing Artificial Intelligence: Ethical, Legal and Technical Opportunities and Challenges, Philosophical Transactions of the Royal Society (2018), obtido em: http://dx.doi.org/10.1098/rsta.2018.0080.

Op. cit.: *Cath*, Governing Artificial Intelligence (2018).

Cennamo, C./Santaló, J., Platform Competition: Strategic Trade-offs in Platform Markets, em: Strategic Management Journal vol. 34 (2013), pp. 1031 ss.

Op. cit.: *Cennamo/Santaló*, Platform Competition (2013).

Chen, Y./Cheung, A., The Transparent Self Under Big Data Profiling: Privacy and Chinese Legislation on the Social Credit System, em: The Journal of Comparative Law vol. 12 (2017), pp. 356 ss.

Op. cit.: *Chen/Cheung*, Transparent Self (2017).

Chesbrough, H./Vanhaverbeke, W./West, J., Open Innovation (2011).

Op. cit.: *Chesbrough/Vanhaverbeke/West*, Open Innovation (2011).

Christensen, C./Raynor, M./McDonald, R., What Is Disruptive Innovation?, em: Harvard Business Review, (2015).

Op. cit.: *Christensen/Raynor/McDonald*, Disruptive Innovation (2015).

Christl, W., Kommerzielle digitale Überwachung im Alltag, Studie im Auftrag der Bundesarbeitskammer Wien (2014), obtido em: https://www.arbeiterkammer.at/infopool/wien/Digitale_Ueberwachung_im_Alltag.pdf.

Op. cit.: *Christl*, Überwachung (2014).

Christl, W./Spiekermann, S., Networks of Control: A Report on Corporate Surveillance, Digital Tracking, Big Data & Privacy (2016).

Op. cit.: *Christl/Spiekermann*, Networks of Control (2016).

Clement, R./Schreiber, D., Internet-Ökonomie: Grundlagen und Fallbeispiele der vernetzten Wirtschaft (2016).

Op. cit.: *Clement/Schreiber*, Internet-Ökonomie (2016).

Cole, T., Digitale Transformation (2015).

Op. cit.: *Cole*, Transformation (2015).

Cole, T., Digitale Transformation (2017).

Op. cit.: *Cole*, Transformation (2017).

Collin, P./Bender, G./Ruppert, S./Seckelmann, M./Stolleis, M. (ed.), Regulierte Selbstregulierung in der westlichen Welt des späten 19. und frühen 20. Jahrhunderts (2014).

Op. cit.: Collin/Bender/Ruppert/Seckelmann/Stolleis (ed.), Regulierte Selbstregulierung (2014).

Conrad, C., Künstliche Intelligenz – Die Risiken für den Datenschutz, Datenschutz und Datensicherheit vol. 41 (2017), pp. 740 ss.

Op. cit.: *Conrad*, Künstliche Intelligenz (2017).

Conrad, A./Schubert, T., How to Do Things with Code – Zur Erklärung urheberrechtlicher Einwilligungen durch robots, em: Gewerblicher Rechtsschutz und Urheberrecht (2018), pp. 350 ss.

Op. cit.: *Conrad/Schubert*, Things (2018).

Cornils, M., Entterritorialisierung des Kommunikationsrechts, em: Jestaedt, M. (ed.), Grenzüberschreitungen: Berichte und Diskussionen auf der Tagung der Vereinigung der Deutschen Staatsrechtslehrer, 76. ed. (2017), pp. 391 ss.

Op. cit.: *Cornils*, Entterritorialisierung (2017).

Cottier, M./Estermann, J./Wrase, M. (ed.), Wie wirkt Recht? (2010).

Op. cit.: Cottier/Estermann/Wrase (ed.), Wie wirkt Recht (2010).

Council of Europe, Draft: Guidelines on the Protection of Individuals with regard to the Processing of Personal Data in a World of Big Data, T-PD-BUR, 12 Rev 4 (07.11.2016).

Op. cit.: Council of Europe, Draft (2016).

Crawford, K./Schultz, J., Big Data and Due Process: Toward a Framework to Redress Predictive Privacy Harms, em: Boston College Law Review vol. 55 (2014), pp. 93 ss.

Op. cit.: *Crawford/Schultz*, Big Data (2014).

Creemers, R., China's Social Credit System: An Evolving Practice of Control, Social Science Research Network (2018), obtido em: https://ssrn.com/abstract=3175792.

Op. cit.: *Creemers*, Social Credit System (2018).

Dai, X., Toward a Reputation State: The Social Credit System Project of China, Social Science Research Network (2018), obtido em: https://ssrn.com/abstract=3193577.

Op. cit.: *Dai*, Reputation State (2018).

Daly, A., Dominating Search: Google Before the Law, em: König, Rasch (ed.), Society of the Query: Reflections on Web Search (2014), pp. 86 ss.

Op. cit.: *Daly*, Dominating Search (2014).

Dammann, U., Erfolge und Defizite der EU-Datenschutzgrundverordnung. Erwarteter Fortschritt, Schwächen und überraschende Innovationen, em: Zeitschrift für Datenschutz (2016), pp. 307 ss.

Op. cit.: *Dammann*, EU-Datenschutzgrundverordnung (2016).

Danaher, J., The Threat of Algocracy: Reality, Resistance and Accommodation, em: Philosophy and Technology vol. 29 (2016), pp. 245 ss.

Op. cit.: *Danaher*, Algocracy (2016).

Dankert, K., Normative Technologie in sozialen Netzwerkdiensten – Neue Machtstrukturen als Anreiz für einen Paradigmenwechsel der Kommunikationsregulierung?, em: Kritische Vierteljahresschrift für Gesetzgebung und Rechtswissenschaft (2015), pp. 49 ss.

Op. cit.: *Dankert*, Normative Technologie (2015).

Dankert, K., Verfälschung von Datenbeständen durch Social Bots, em: Hoffmann-Riem, W. (ed.), Big Data – Regulative Herausforderungen (2018), pp. 157 ss.

Op. cit.: *Dankert*, Verfälschung (2018).

Dankert, K./Dreyer, S., Social Bots – Grenzenloser Einfluss auf den Meinungsbildungsprozess?, em: Kommunikation & Recht (2017), pp. 73 ss.

Op. cit.: *Dankert/Dreyer*, Social Bots (2017).

Datenethikkommission, Gutachten der Datenethikkommission (2019).

Op. cit.: Datenethikkommission, Gutachten (2019).

Davis, M., Institutionalizing Legal Innovation: The (Re-)Emergence of The Law Lab, em: Journal of Legal Education vol. 65 (2015), pp. 190 ss.

Op. cit.: *Davis*, Legal Innovation (2015).

Denga, M., Gemengelage privaten Datenrechts, Neue Juristische Wochenschrift (2018), pp. 1371 ss.

Op. cit.: *Denga*, Gemengelage (2018).

Determann, L., Gegen Eigentumsrechte an Daten, Zeitschrift für Datenschutz (2018), pp. 503 ss.

Op. cit.: *Determann*, Eigentumsrechte (2018).

di Fabio, U., Grundrechtsgeltung in digitalen Systemen (2016).

Op. cit.: *di Fabio*, Grundrechtsgeltung (2016).

Diez, G., Ende der Netzneutralität. Die Abschaffung der Demokratie, em: SPIEGEL ON-LINE, (7.12.2017), obtido em: https://www.spiegel.de/kultur/gesellschaft/wie-das-ende-der-netzneutralitaet-die-demokratie-gefaehrdet-a-1183772.html.

Op. cit.: *Diez*, Netzneutralität (2017).

Dilling, O., Persönlichkeitsschutz durch Selbstregulierung in der Wikipedia, em: Die Zeitschrift für Urheber- und Medienrecht (2013), pp. 380 ss.

Op. cit.: *Dilling*, Persönlichkeitsschutz (2013).

Dix, A., Datn als Bezahlung - Zum Verhältnis zwischen Zivilrecht und Datenschutzrecht, em: Zeitschrift für Europäisches Privatrecht (2017), pp. 1 ss.

Op. cit.: *Dix*, Daten als Bezahlung (2017).

Djeffal, C., Deutschland braucht nicht ein Digitalministerium, sondern viele!, em: Süddeutsche Zeitung, (18.09.2017), obtido em: https://bit.ly/2P0keLe.

Op. cit.: *Djeffal*, Digitalministerium (2017).

Dolata, U., Plattform-Regulierung. Koordination von Märkten und Ku--ratierung von Sozialität im Internet (2019).

Op. cit.: *Dolata*, Plattform-Regulierung (2019).

Dommering, E., Regulating Technology: Code Is Not Law, em: Dommering, E./Asscher, L. (ed.), Coding regulation: Essays on the Normative Role of Information Technology (2006), pp. 2 ss.

Op. cit.: *Dommering*, Regulating Technology (2006).

Dommering, E./Asscher, L. (ed.), Coding Regulation: Essays on the Normative Role of Information Technology (2006).

Op. cit.: Dommering/Asscher (ed.), Coding (2006).

Drexl, J., Regulierung der Cyberwelt – aus dem Blickwinkel des internationalen Wirtschaftsrechts, em: Dethloff, N./Nolte, G./Reinisch, A. (ed.), Freiheit und Regulierung in der Cyberwelt (2016), pp. 95 ss.

Op. cit.: *Drexl*, Regulierung (2016).

Dreyer, S., Predictive Analytics aus der Perspektive von Menschenwürde und Autonomie, em: Hoffmann-Riem, W. (ed.), Big Data – Regulative Herausforderungen (2018), pp. 135 ss.

Op. cit.: *Dreyer*, Predictive Analytics (2018).

Dreyer, S./Schmees, J., Künstliche Intelligenz als Richter, em: CR 2019, pp. 758 ss.

Op. cit.: *Dreyer/Schmees*, Künstliche Intelligenz als Richter (2019).

Drösser, C., Total berechenbar? Wenn Algorithmen für uns entscheiden (2016).

Op. cit.: *Drösser*, Algorithmen (2016).

Ebers, M., Regulierung, em: Ebers, M./Heinze, C. A./Krügel, T./Steinrötter, B. (ed.), Künstliche Intelligenz und Robotik – Rechtshandbuch (2020), § 3.

Op. cit.: *Ebers*, Regulierung (2020).

Eifert, M., Grundversorgung mit Telekommunikationsleistungen im Gewährleistungsstaat (1998).

Op. cit.: *Eifert*, Grundversorgung (1998).

Eifert, M., Electronic Government – Das Recht der elektronischen Verwaltung (2006).

Op. cit.: *Eifert*, Electronic Government (2006).

Eifert, M., Regulierungsstrategien, em: Hoffmann-Riem, W./Schmidt-Aßmann, E./Voßkuhle, A. (ed.), Grundlagen des Verwaltungsrechts vol. I: Methoden, Maßstäbe, Aufgaben, Organisation (2012).

Op. cit.: *Eifert*, Regulierungsstrategien (2012).

Eifert, M., Autonomie und Sozialität: Schwierigkeiten rechtlicher Konzeptionalisierung ihres Wechselspiels am Beispiel der informationellen Selbstbestimmung, em: Bumke, C./Röthel, A. (ed.), Autonomie im Recht (2016), pp. 365 ss.

Op. cit.: *Eifert*, Autonomie (2016).

Eifert, M., Rechenschaftspflichten für soziale Netzwerke und Suchmaschinen. Zur Veränderung des Umgangs von Recht und Politik mit dem Internet, em: Neue Juristische Wochenschrift (2017), pp. 1450 ss.

Op. cit.: *Eifert*, Rechenschaftspflichten (2017).

Eisenberger, I., Innovation im Recht (2016).
Op. cit.: *Eisenberger*, Innovation (2016).

Elfering, S., Unlocking the Right to Data Portability, An Analysis of the Interface with the Sui Generis Database Right (2019).
Op. cit.: *Elfering*, Data Portability (2019).

Enders, P., Einsatz künstlicher intelligenz bei juristischer Entscheidungs-findung, em: JA 2018, pp. 721 ss.
Op. cit.: *Enders*, Einsatz (2018).

Engel, M., "Subsumtionsautomat 2.0" reloaded? – Zur Unmöglichkeit der Rechtsprüfung durch Laien, em: JuristenZeitung, 69. ed. (2014), pp. 1096 ss.
Op. cit.: *Engel*, Subsumtionsautomat 2.0 (2014).

Engert, A., Regelungen als Netzgüter: Eine Theorie der Rechtsvereinheitlichung im Vertragsrecht, em: Archiv für die civilistische Praxis (2013), pp. 321 ss.
Op. cit.: *Engert*, Regelungen (2013).

ENISA (European Union Agency for Network and Information Security), Privacy by design in big data. An overview of privacy enhancing technologies in the era of big data analytics (2015).
Op. cit.: ENISA, Privacy by design (2015).

Enquête-Kommission, Künstliche Intelligenz – Gesellschaftliche Verantwortung und wirtschaftliche, soziale und ökologische Potenziale, Aktuelle Bibliografien der Bibliothek (2018), obtido em: https://www.bundestag.de/blob/574748/7c0ecbc8a847bb8019f2045401c1d919/kuenstliche_intelligenz_1-data.pdf.
Op. cit.: Enquête-Kommission, Künstliche Intelligenz (2018).

Ernst, C., Algorithmische Entscheidungsfindung und personenbezogene Daten, em: JuristenZeitung vol. 21 (2017), pp. 1026 ss.
Op. cit.: *Ernst*, Algorithmische Entscheidungsfindung (2017).

Europäischer Datenschutzbeauftragter (ed.), Bewältigung der Herausforderungen in Verbindung mit Big Data. Ein Ruf nach Transparenz, Benutzerkontrolle, eingebautem Datenschutz und Rechenschaftspflicht (2015), obtido em: https://edps.europa.eu/sites/edp/files/publication/15-11-19_big_data_de.pdf.

Op. cit.: Europäischer Datenschutzbeauftragter (ed.), Bewältigung (2015).

European Group on Ethics in Science and New Technologies, Statement on Artificial Intelligence, Robotics and "Autonomous" Systems (2018), obtido em: https://ec.europa.eu/research/ege/pdf/ege_ai_statement_2018.pdf.

Op. cit.: European Group on Ethics in Science and New Technologies, Statement (2018).

Executive Office of the President, Big Data: Seizing Opportunities, Preserving Values (2014).

Op. cit.: Executive Office of the President, Seizing Opportunities (2014).

Executive Office of the President, Big Data: A Report on Algorithmic Systems, Opportunity and Civil Rights (2016), obtido em: https://www.whitehouse.gov/sites/default/files/microsites/ostp/2016_0504_data_discrimination.pdf.

Op. cit.: Executive Office of the President, Big Data (2016).

Faust, F., Digitale Wirtschaft – analoges Recht: Braucht das BGB ein Update?, em: Verhandlungen des 71. Deutschen Juristentages, Vol. I, Gutachten Teil A (2016).

Op. cit.: *Faust*, Digitale Wirtschaft (2016).

Federrath, H. (ed.), Designing Privacy Enhancing Technologies. Design Issues In Anonymity and Unobservability (2001).

Op. cit.: Federrath (ed.), Design Issues (2001).

Fezer, K. H., Ein originäres Immaterialgüterrecht sui generis an verhaltensgenerierten Informationsdaten der Bürger, Zeitschrift für Datenschutz (2017), pp. 99 ss.

Op. cit.: *Fezer*, Immaterialgüterrecht (2017).

Fischer-Lescano, A., Globalverfassung (2005).

Op. cit.: *Fischer-Lescano*, Globalverfassung (2005).

Fischer-Lescano, A., Der Kampf um die Internetverfassung, em: JuristenZeitung, 69. ed. (2014), pp. 965 ss.
Op. cit.: *Fischer-Lescano*, Kampf (2014).

Floridi, L., The 4th Revolution (2015).
Op. cit.: *Floridi*, 4th Revolution (2015).

Floridi, L., Soft Ethics, the Governance of the Digital and the General Data Protection Regulation, Philosophical Transactions of the Royal Society (2018), obtido em: http://dx.doi.org/10.1098/rsta.2018.0081.
Op. cit.: *Floridi*, Soft Ethics (2018).

Flöter, M./Steinhorst, T., Privacy Enhancing Technologies – ein Überblick (2006).
Op. cit.: *Flöter/Steinhorst*, Privacy Enhancing Technologies (2006).

Franzius, C., Gewährleistung im Recht: Grundlagen eines europäischen Regelungsmodells öffentlicher Dienstleistungen (2009).
Op. cit.: *Franzius*, Gewährleistung (2009).

Frese, Y., Recht im zweiten Maschinenzeitalter, em: Neue Juristische Wochenschrift (2015), pp. 2090 ss.
Op. cit.: *Frese*, Recht (2015).

Fries, M./Scheufen, M., Märkte für Maschinendaten, Multimedia und Recht (2019), pp. 721 ss.
Op. cit.: *Fries/Scheufen*, Märkte (2019).

Fuchs, C., The Internet as a Self-Organizing Socio-Technological System. Human Strategies in Complexity Research Paper, Social Science Research Network (2003), obtido em: http://unpan1.un.org/intradoc/groups/public/documents/apcity/unpan025288.pdf.
Op. cit.: *Fuchs*, Internet (2003).

Fumy, W./Jacumeit, V./Neugebauer, L./Uhlherr, M./Fliehe, M., Kompass der IT-Sicherheitsstandards – Auszüge zum Thema Elektronische Identitäten, Bitkom/DIN (2014), obtido em: https://www.bitkom.org/sites/default/files/file/import/140311-Kompass-der-IT-Sicherheitsstandards.pdf.
Op. cit.: *Fumy/Jacumeit/Neugebauer/Uhlherr/Fliehe*, Kompass (2014).

Gaede, K., Künstliche Intelligenz – Rechte und Strafen für Roboter? Plädoyer für eine Regulierung künstlicher Intelligenz jenseits ihrer reinen Anwendung (2019).

Op. cit.: *Gaede*, Künstliche Intelligenz (2019).

Gasson, M./ Koops, B., Attacking Human Implants: A New Generation of Cybercrime, em: Law, Innovation and Technology vol. 5 (2013), pp. 248 ss.

Op. cit.: *Gasson/Koops*, Attacking (2013).

Glas, P., Die rechtsstaatliche Bearbeitung von Personendaten in der Schweiz: Regelungs- und Begründungsstrategien des Datenschutzrechts mit Hinweisen zu den Bereichen Polizei, Staatsschutz, Sozialhilfe und elektronische Informationsverarbeitung (2017).

Op. cit.: *Glas*, Personendaten (2017).

Gless, S., Predictive Policing und operative Verbrechensbekämpfung, em: Herzog, F./Schlothauer, R./Wohlers, W. (ed.), Rechtsstaatlicher Strafprozess und Bürgerrechte (2016), pp. 165 ss.

Op. cit.: *Gless*, Predictive Policing (2016).

Gluba, A., Predictive Policing – eine Bestandsaufnahme (2014).

Op. cit.: *Gluba*, Predictive Policing (2014).

Goodfellow, I./Bengio, Y./Courville, A., Deep Learning (2016).

Op. cit.: *Goodfellow/Bengio/Courville*, Deep Learning (2016).

Grafanaki, Drowning in Big Data: Abundance of Choice, Scarcity of Attention and the Personalization Trap: A Case for Regulation, em: Richmond Journal of Law and Technology vol. 24 (2017).

Op. cit.: *Grafanaki*, Drowning (2017).

Grupp, M., Legal Tech – Impulse für Streitbeilegung und Rechtsdienstleistung, em: Anwaltsblatt (2014), pp. 660 ss.

Op. cit.: *Grupp*, Legal Tech (2014).

Guggenberger, N., Das Netzwerkdurchsetzungsgesetz in der Anwendung, em: Neue Juristische Wochenschrift (2017), pp. 2577 ss.
Op. cit.: *Guggenberger*, Netzwerkdurchsetzungsgesetz (2017).

Hacker, P./Petkova, B., Reining in the Big Promise of Big Data: Transparency, Inequality and New Regulatory Frontiers, em: Northwestern Journal of Technology and Intellectual Property vol. 15 (2017).
Op. cit.: *Hacker/Petkova*, Reining (2017).

Hafner, K./Lyon, M., ARPA KADABRA oder Die Geschichte des Internet (2000).
Op. cit.: *Hafner/Lyon*, ARPA KADABRA (2000).

Hähnchen, S./Bommel, R., Digitalisierung und Rechtsanwendung, em: JuristenZeitung, 73. ed. (2018), pp. 334 ss.
Op. cit.: *Hähnchen/Bommel*, Digitalisierung (2018).

Halfmeier, A., Die neue Datenschutzverbandsklage, em: Neue Juristische Wochenschrift (2016), pp. 1126 ss.
Op. cit.: *Halfmeier*, Datenschutzverbandsklage (2016).

Haller, C. J., Digitale Inhalte als Herausforderung für das BGB (2019).
Op. cit.: *Haller*, Digitale Inhalte (2019).

Harari, Y., Homo Deus. Eine Geschichte von morgen (2017).
Op. cit.: *Harari*, Homo Deus (2017).

Hartmann, B./Jansen, F., Open Content – Open Access (2008).
Op. cit.: *Hartmann/Jansen*, Open Content (2008).

Hartung, M./Bues, M./Halbleib, G. (ed.), Legal Tech. Die Digitalisierung des Rechtsmarkts (2018).
Op. cit.: *Hartung/Bues/Halbleib* (ed.), Legal Tech (2018).

Hauser, M., Das IT- Grundrecht. Schnittfelder und Auswirkung (2015).
Op. cit.: *Hauser*, IT-Grundrecht (2015).

Hawking, S., Kurze Antworten auf große Fragen (2018).

Op. cit.: *Hawking*, Kurze Antworten (2018).

Heißl, W., Grundrechtskollisionen am Beispiel von Persönlichkeitseingriffen sowie Überwachungen und Ermittlungen im Internet (2017).

Op. cit.: *Heißl*, Grundrechtskollisionen (2017).

Heller, C., Post-privacy: Prima leben ohne Privatsphäre (2011).

Op. cit.: *Heller*, Post-privacy (2011).

Hermstrüwer, Y., Die Regulierung der prädiktiven Analytik: Eine juristisch-verhaltenswissenschaftliche Skizze, em: Hoffmann-Riem, W. (ed.), Big Data – Regulative Herausforderungen (2018), pp. 99 ss.

Op. cit.: *Hermstrüwer*, Skizze (2018).

Hildebrandt, M., Smart Technologies and the End(s) of Law (2016).

Op. cit.: *Hildebrandt*, Smart Technologies (2016).

Hildebrandt, M., Saved by Design? The Case of Legal Protection by Design, em: Nanoethics vol. 11 (2017), pp. 307 ss.

Op. cit.: *Hildebrandt*, Saved by Design (2017).

Hill, H./Kugelmann, D./Martini, M. (ed.), Digitalisierung in Recht, Politik und Verwaltung (2018).

Op. cit.: Hill/Kugelmann/Martini (ed.), Digitalisierung (2018).

Hill, H./Schliesky, U. (ed.), Die Neubestimmung der Privatheit (2014).

Op. cit.: Hill/Schliesky (ed.), Privatheit (2014).

Hill, H./Hof, H. (ed.), Wirkungsforschung zum Recht II (2000).

Op. cit.: Hill/Hof (ed.), Wirkungsforschung (2000).

Himma, K. /Tavani, H. (ed.), The Handbook of Information and Computer Ethics (2008).

Op. cit.: Himma/Tavani (ed.), Handbook (2008).

Hochrangige Expertengruppe für künstliche Intelligenz (eingesetzt von der Europäischen Union im Juni 2018), Ethik-Leitlinien für eine vertrauenswürdige KI (2018).

Op. cit.: Hochrangige Expertengruppe für künstliche Intelligenz, Ethik-Leitlinien (2018).

Hoeren, T., Big Data und Zivilrecht, em: Hoffmann-Riem, W. (ed.), Big Data – Regulative Herausforderungen (2018), pp. 187 ss.

Op. cit.: *Hoeren*, Big Data (2018).

Hoeren, T., Datenbesitz statt Dateneigentum, Multimedia und Recht (2019), pp. 5 ss.

Op. cit.: *Hoeren*, Datenbesitz (2019).

Hoeren, T. (ed.), Phänomene des Big-Data-Zeitalters (2019).

Op. cit.: Hoeren (ed.), Phänomene (2019).

Hoeren, T./Sieber, U./Holznagel, B. (ed.), Multimedia-Recht, 2. ed. (2015)/51. ed. (2020).

Op. cit.: [*Nome do autor*], em: Hoeren/Sieber/Holznagel (ed.), Multimedia-Recht (2015)/(2020).

Hoffmann-Riem, W., Gesetz und Gesetzesvorbehalt im Umbruch: Zur Qualitäts-Gewährleistung durch Normen, Archiv des öffentlichen Rechts 130 (2005), pp. 5 ss.

Op. cit.: *Hoffmann-Riem*, Gesetz (2005).

Hoffmann-Riem, W., Innovationsoffenheit und Innovationsverantwortung durch Recht, Archiv des öffentlichen Rechts 131 (2006), pp. 255 ss.

Op. cit.: *Hoffmann-Riem*, Innovationsoffenheit (2006).

Hoffmann-Riem, W., Die Governance-Perspektive in der rechtswissenschaftlichen Innovationsforschung (2011).

Op. cit.: *Hoffmann-Riem*, Governance-Perspektive (2011).

Hoffmann-Riem, W., Freiheitsschutz in den globalen Kommunikationsinfrastrukturen, em: JuristenZeitung (2014), pp. 53 ss.

Op. cit.: *Hoffmann-Riem*, Freiheitsschutz (2014).

Hoffmann-Riem, W., Legal Protection Against Surveillance by Intelligence Agencies. On the Need of For its Reform, em.: Bucerius Law Journal (2015), pp. 44 ss.

Op. cit.: *Hoffmann-Riem,* Legal Protection (2015).

Hoffmann-Riem, W., „Außerjuridisches" Wissen, Alltagstheorien und Heuristiken im Verwaltungsrecht, em: Die Verwaltung, 49. ed. (2016), pp. 1 ss.

Op. cit.: *Hoffmann-Riem,* Außerjurdisches Wissen (2016).

Hoffmann-Riem, W., Innovation und Recht – Recht und Innovation (2016).

Op. cit.: *Hoffmann-Riem,* Innovation (2016).

Hoffmann-Riem, W. (ed.), Big Data – Regulative Herausforderungen (2018).

Op. cit.: Hoffmann-Riem (ed.), Regulative Herausforderungen (2018).

Hoffmann-Riem, W., Die digitale Transformation als Herausforderung für die Legitimation rechtlicher Entscheidungen, em: *Ungern-Sternberg, A./Unger, S.*,Demokratie und künstliche Intelligenz (2019), pp. 129 ss.

Op. cit.: *Hoffmann-Riem,* Digitale Transformation (2019).

Hofstetter, Y., Das Ende der Demokratie. Wie die künstliche Intelligenz die Politik übernimmt und uns entmündigt (2016).

Op. cit.: *Hofstetter,* Demokratie (2016).

Hofstetter, Y., Sie wissen alles: Wie Big Data in unser Leben eindringt und warum wir um unsere Freiheit kämpfen müssen (2016).

Op. cit.: *Hofstetter,* Big Data (2016).

Holtel, S./Hufenstuhl, A./Klug, A., Künstliche Intelligenz verstehen als Automation des Entscheidens – Leitfaden, Bitkom (2017), obtido em: www.bitkom.org/Bitkom/Publikationen/Kuenstliche-Intelligenz-verstehen-als-Automation-des-Entscheidens.html.

Op. cit.: *Holtel/Hufenstuhl/Klug,* Künstliche Intelligenz (2017).

Homeister, M., Quantum Computing verstehen, Grundlagen – Anwendungen – Perspektiven (2018).
Op. cit.: *Homeister*, Quantum Computing (2018).

Hopf, A., Der Missbrauch einer marktbeherrschenden Stellung von Internetsuchmaschinen, dargestellt am Beispiel von Google (2014).
Op. cit.: *Hopf*, Missbrauch (2014).

Höppner, T., Das Verhältnis von Suchmaschinen zu Inhalteanbietern an der Schnittstelle von Urheber- und Kartellrecht, em: Wettbewerb in Recht und Praxis (2012), pp. 625 ss.
Op. cit.: *Höppner*, Verhältnis (2012).

Höppner, T., Medienkartellrecht – die aktuelle Fallpraxis, em: Kommunikation & Recht (2016), pp. 59 ss.
Op. cit.: *Höppner*, Medienkartellrecht (2016).

Hornung, G., Grundrechtsinnovationen (2015).
Op. cit.: *Hornung*, Grundrechtsinnovationen (2015).

Hornung, G., Erosion traditioneller Prinzipien des Datenschutzrechts durch Big Data, em: Hoffmann-Riem, W., Big Data – Regulative Herausforderungen (2018), pp. 81 ss.
Op. cit.: *Hornung*, Erosion (2018).

Hornung, G., Ökonomische Verwertung und informationelle Selbstbestimmung, em: Roßnagel, A./Hornung, G. (ed.), Grundrechtsschutz im Smart Car (2019), pp. 112 ss.
Op. cit.: *Hornung*, Ökonomische Verwertung (2019).

Hornung, G./Herfurth, C., Datenschutz bei Big Data. Rechtliche und politische Implikationen, em: König, C./Schröder, J./Wiegand, E. (ed.), Big Data – Chancen, Risiken, Entwicklungstendenzen (2017), pp. 149 ss.
Op. cit.: *Hornung/Herfurth*, Datenschutz (2017).

Hornung, G./Hofmann, K., Industrie 4.0. und das Recht: Drei zentrale Herausforderungen, (2017).
Op. cit.: *Hornung/Hofmann*, Industrie 4.0 (2017).

Hornung, G./Hartl, K., Datenschutz durch Marktanreize – auch in Europa? Stand der Diskussion zu Datenschutzzertifizierung und Datenschutz, em: Zeitschrift für Datenschutz (2014), pp. 219 ss.

Op. cit.: *Hornung/Hartl*, Datenschutz (2014).

Hornung, G./Goeble T., „Data Ownership" im vernetzten Automobil, Computer und Recht (2015), pp. 265 ss.

Op. cit.: *Hornung/Goeble*, Data Ownership (2015).

Howard, P./Kollany, B., Bots, #strongerin and #brexit: Computational Propaganda During the UK-EU-Referendum. Project On Computational Propaganda. Working Paper (2016), pp. 6 ss.

Op. cit.: *Howard/Kollany*, Computational Propaganda (2016).

Hubert, S./Gieseke, T., Künstliche Intelligenz und Robotik (2020).

Op. cit.: *Hubert/Gieseke*, KI im Zivilprozess (2020).

Hunzinger, S., Datenschutz und Software – welche Folgen haben Datenschutzgrundsätze für die Anforderungen an die Softwareerstellung. em: *Taeger, J.*, Smart World – Smart Law? Deutsche Stiftung für Recht und Informatik Tagungsband Herbstakademie (2016), pp. 953 ss.

Op. cit.: *Hunzinger*, Datenschutz (2016).

Hurtz, S., Maschine Meinungsmacher, em: Süddeutsche Zeitung n° 246 de (24/10/2016), pp. 5 ss.

Op. cit.: *Hurtz*, Maschine (2016).

Ickenroth, S. T., Informationeller Selbstschutz und Verhandlungsmacht: Gesundheitsdaten und Zugang zur Privatversicherung (2017).

Op. cit.: *Ickenroth*, Informationeller Selbstschutz (2017).

Jaeger, T./Metzger, A., Open Source Software: Rechtliche Rahmenbedingungen der freien Software (2015).

Op. cit.: *Jaeger/Metzger*, Open Source Software (2015).

Jaenich, V.M./Schrader, P.T./Reck, V.,,Rechtsprobleme des autonomen Fahrens, Neue Zeitschrift für Verkehrsrecht (2015), pp. 313 ss.

Op. cit.: *Jaenich/Schrader/Reck*, Rechtsprobleme (2015).

Jakobs, J., Vernetzte Gesellschaft. Vernetzte Bedrohungen. Wie uns die künstliche Intelligenz herausfordert (2016).

Op. cit.: *Jakobs*, Vernetzte Gesellschaft (2016).

Joerden, J., Big Data und Kriminalität, em: Hoffmann-Riem, W. (ed.), Big Data – Regulative Herausforderungen (2018), pp. 173 ss.

Op. cit.: *Joerden*, Big Data (2018).

Jöns, J., Daten als Handelsware (2016).

Op. cit.: *Jöns*, Daten (2016).

Jost, D./Krempe, J., E-Justice in Deutschland, em: NJW 2017, pp. 2705 ss.

Op. cit.: *Jost/Krempe*, E-Justice (2017).

Junker, H., Moderne Informationstechnik und Justiz, em: jM 2020, pp. 437 ss.

Op. cit.: *Junker*, Justiz (2019).

Jürgens, P./Stark, B./Magin, M., Gefangen in der Filter Bubble? em: Stark, B./Dörr, D./Aufenanger, S. (ed.). Die Googleisierung der Informationssuche. Suchmaschinen zwischen Nutzung und Regulierung (2014), pp. 98 ss.

Op. cit.: *Jürgens/Stark/Magin*, Gefangen (2014).

Juristische Fakultät der Universität Heidelberg (ed.), Richterliche Rechtsfortbildung (1986).

Op. cit.: Juristische Fakultät der Universität Heidelberg (ed.), Rechtsfortbildung (1986).

Just, N./Latzer, M., Governance by Algorithms: Reality Construction by Algorithmic Selection on the Internet, em: Media, Culture & Society (2016), pp. 1 ss.

Op. cit.: *Just/Latzer*, Governance (2016).

Kaplan, J., Artificial Intelligence (2016).

Op. cit.: *Kaplan,* Artificial Intelligence (2016).

Kartheuser, I., Big Data – Anwendbarkeit europäischer Datenschutzregeln nach der Google-Entscheidung des EuGH. em: Taeger, J. (ed.), Big Data & Co. Neue Heruasforderungen für das Informationsrecht, Deutsche Stiftung für Recht und Informatik Tagungsband Herbstakademie (2014) pp. 119 ss.

Op. cit.: *Kartheuser,* Big Data (2014).

Kastl, G., Algorithmen – Fluch oder Segen? Eine Analyse der Auto-Complete-Funktion der Google-Suchmaschine, em: Taeger, J. (ed.), Big Data & Co. Neue Herausforderungen für das Informationsrecht (2014), pp. 203 ss.

Op. cit.: *Kastl,* Algorithmen (2014).

Kaulartz, M., Rechtliche Grenzen bei der Gestaltung von Smart Contract, em: Taeger, J. (ed.), Smart World –Smart Law?, Deutsche Stiftung für Recht und Informatik Tagungsband Herbstakademie (2016), pp. 1028 ss.

Op. cit.: *Kaulartz,* Smart Contracts (2016).

Keese, C., Silicon Germany: Wie wir die digitale Transformation schaffen (2017).

Op. cit.: *Keese,* Silicon (2017).

Kerber, W., A New (Intellectual) Property Right for Non-Personal Data? An Economic Analysis, Gewerblicher Rechtsschutz und Urheberrecht International (2016), pp. 989 ss.

Op. cit.: *Kerber,* Non-Personal Data (2016).

Kesan, J./Shah, R., Deconstructing Code, em: Yale Journal of Law & Technology, 6 (2003 – 2004), pp. 277 ss.

Op. cit.: *Kesan/Shah,* Deconstructing Code (2004).

Kirn, S./Müller-Hengstenberg, C., Intelligente (Software-)Agenten: Von der Automatisierung zur Autonomie? Verselbständigung technischer Systeme, MultiMedia und Recht (2014), pp. 225 ss.

Op. cit.: *Kirn/Müller-Hengstenberg,* Agenten (2014).

Klar, M., Privatsphäre und Datenschutz in Zeiten technischen und legislativen Umbruchs, em: Die öffentliche Verwaltung (2013), pp. 103 ss.

Op. cit.: *Klar,* Privatsphäre (2013).

Klasen, B./Schreiner, N./Spaniol, B., Erfahrungen und Ideen mit der Einführung der E-Akte in der gerichtlichen Praxis, em: jM 2021, pp. 90 ss.

Op. cit.: *Klasen/Schreiner/Spaniol,* E-Akte in der gerichtlichen Praxis (2021).

Kleinwächter, W., PINGO:NETmundial Adopts Principles on Internet Governance, CircleID (2014), obtido em: http://www.circleid.com/posts/20140510_pingo_net_mundial_adopts_principles_on_internet_governance.

Op. cit.: *Kleinwächter,* NETmundial (2014).

Klever, A., Behavioural Targeting. An On-line Analysis for Efficient Media Planning? (2009).

Op. cit.: *Klever,* Behavioural Targeting (2009).

Köhl, S./Lenk, K./Löbel, S./Schuppen, T./Viehstädt, A., Stein-Hardenberg 2.0. – Architektur einer vernetzten Verwaltung und E-Government (2014).

Op. cit.: *Köhl/Lenk/Löbel/Schuppen/Viehstädt,* Stein-Hardenberg 2.0 (2014).

Kolany-Raiser, B./Heil, R./Orwat, C./Hoeren, T. (ed.), Big Data und Gesellschaft: Eine multidisziplinäre Annäherung (2018).

Op. cit.: Kolany-Raiser/Heil/Orwat/Hoeren (ed.), Big Data (2018).

König, C., KI und Wettbewerbsrecht, in: Ebers, M./Heinze, C. A./Krügel, T./Steinrötter, B. (Hrsg.), Künstliche Intelligenz und Robotik – Rechtshandbuch (2020), p. 544 ss.

Op. cit.: *König,* Wettbewrbsrecht (2020).

Koops, B.-J., Criteria for Normative Technology. em: Brownsword, R./Scotford, E./Yeung K. (ed.). Regulating Technologies (2008), pp. 157 ss.

Op. cit.: *Koops,* Normative Technology (2008).

Koops, B.-J./Lips, M./Nouwt, S./Prins, J.E.J./Schellekens, M., Should Self-Regulation be the Starting Point? em: Koops, B.-J. (ed.), Starting points for ICT regulation: Deconstructing prevalent policy one-liners (2006), chapter 5.

Op. cit.: *Koops/Lips/Nouwt/Prins/Schellekens*, Self-Regulation (2006).

Kotsoglou, K. N., Subsumtionsautomat 2.0., JuristenZeitung (2014), pp. 451 ss.

Op. cit.: *Kotsoglou*, Subsumtionsautomat 2.0 (2014).

Kotsoglou, K. N., Schlusswort, „Subsumtionsautomat 2.0" reloaded? – Zur Unmöglichkeit der Rechtsprüfung durch Laien, JuristenZeitung (2014), pp. 1100 ss.

Op. cit.: *Kotsoglou*, Schlusswort (2014).

Krause, R., Digitalisierung der Arbeitswelt - Herausforderungen und Regelungsbedarf, em: Verhandlungen des 71. Deutschen Juristentages Essen, vol. I, Gutachten, Teil B (2016).

Op. cit.: *Krause*, Digitalisierung (2016).

Kreye, A., Wenn Facebooks Schöpfer vor Facebook warnen, Sueddeutsche Zeitung (2017), obtido em: http://www.sueddeutsche.de/digital/soziale-medien-wenn-facebooks-schoepfer-vor-facebook-warnen-1.3793266.

Op. cit.: *Kreye*, Facebooks Schöpfer (2017).

Kühling, J./Buchner, B. (ed.), Datenschutz-Grundverordnung: Kommentar, 2. ed. (2018).

Op. cit.: [Nome do autor], em: Kühling/Buchner (ed.), Datenschutz-Grundverordnung (2018).

Kühling, J./Martini, M., Die Datenschutz-Grundverordnung: Revolution oder Evolution im europäischen und deutschen Datenschutzrecht? Europäische Zeitschrift für Wirtschaftsrecht (2016), pp. 448 ss.

Op. cit.: *Kühling/Martini*, Datenschutz-Grundverordnung (2016).

Kuhlmann, N., Legal Tech in einer smarten Welt – Ermöglichung und Beschränkungspotentiale, em: Taeger, J. (ed.), Deutsche Stiftung für Recht und Informatik Tagungsband Herbstakademie (2016) pp. 1039 ss.

Op. cit.: *Kuhlmann*, Legal Tech (2016).

Kulwin, N., The Internet Apologizes ... Even those who designed our digital world are aghast at what they created. A breakdown of what went wrong – from the architects who built it, New York Intelligencer (2018), obtido em: http://nymag.com/selectall/2018/04/an-apology-for-the-internet-from-the-people-who-built-it.html.

Op. cit.: *Kulwin*, Breakdown (2018).

Kuschel, L., Digitalisierung – Umbruch oder Fortentwicklung des Rechts am geistigen Eigentum, em: Eifert, M. (ed.), Digitale Disruption und Recht (2020).

Op. cit.: *Kuschel*, Digitalisierung (2020).

Latour, B., Science in Action. 11ª ed. (2003).

Op. cit.: *Latour*, Science (2003).

Latzer, M./Hollnbuchner, K./Just, N./Saurwein, F., The economics of algorithmic selection on the Internet, em: Bauer, J.M./Latzer, M. (ed.), Handbook on the Economics of the Internet (2016), pp. 395 ss.

Op. cit.: *Latzer/Hollnbuchner/Just/Saurwein*, Algorithmic Selection (2016).

Latzer, M./Just, N./Saurwein, F./Slominski, P., Selbst- und Ko-Regulierung im Mediamatiksektor: Alternative Regulierungsformen zwischen Staat und Markt (2002).

Op. cit.: *Latzer/Just/Saurwein/Slominski*, Selbst- und Ko-Regulierung (2002).

Leeb, C.-M., Digitalisierung, Legal Technology und Innovation (2019).

Op. cit.: *Leeb*, Legal Technology (2019).

Leenes, R. E., Framing Techno-Regulation. An exploration of State and Non-state Regulation by Technology. em: Wintgens, L., Legisprudence (2012), pp. 145 ss.

Op. cit.: *Leenes*, Techno-Regulation (2012).

Lehner, V., Regulierung der Datenkommunikation in intelligenten Energienetzen, em: Zeitschrift für Innovations- und Technikrecht (2020), pp. 166 ss.

Op. cit.: *Lehner*, Regulierung (2020).

Leisterer, H., Internetsicherheit in Europa (2018).

Op. cit.: *Leisterer*, Internetsicherheit (2018).

Lenzen, M., Künstliche Intelligenz – Was sie kann und was uns erwartet (2018).

Op. cit.: *Lenzen*, Künstliche Intelligenz (2018).

Leonelli, S., Locating Ethics in Data Science: Responsibility and Accountability in Global and Distributed Knowledge Production Systems, em: Philosophical Transactions of the Royal Society (2016), vol. 374, issue 2083, obtido em http://dx.doi.org/10.1098/rsta.2016.0122.

Op. cit.: *Leonelli*, Locating Ethics (2016).

Leopoldina Nationale Akademie der Wissenschaften und acatech, Union der deutschen Akademien der Wissenschaften (ed.), Stellungnahme: Privatheit in Zeiten der Digitalisierung (2018).

Op. cit.: Leopoldina Nationale Akademie der Wissenschaften/acatech, Union der deutschen Akademien der Wissenschaften (ed.), Stellungnahme (2018).

Leopoldina Nationale Akademie der Wissenschaften und acatech, Union der deutschen Akademien der Wissenschaften (ed.), Stellungnahme: Digitalisierung und Demokratie (2021).

Op. cit.: Leopoldina Nationale Akademie der Wissenschaften/acatech, Union der deutschen Akademien der Wissenschaften (ed.), Digitalisierung und Demokratie (2021).

Lessig, V., Code and Other Laws of Cyberspace (1999/2001).

Op. cit.: *Lessig, Code* (1999/2001).

Lessig, V., Code. Version 2.0 (2006).
Op. cit.: *Lessig*, Code. Version 2.0 (2006).

Leuering, D., Die Neuordnung der gesetzlichen Prospekthaftung, em: Neue Juristische Wochenschrift (2012), pp. 1905 ss.
Op. cit.: *Leuering*, Code (2012).

Luhmann, N., Funktion und Folgen formaler Organisation. 2ª ed. (1972).
Op. cit.: *Luhmann*, Funktion (1972).

Lutz, L. S., Autonome Fahrzeuge als rechtliche Herausforderung, em:Neue Juristische Wochenschrift (2015), pp. 119 ss.
Op. cit.: *Lutz*, Autonome Fahrzeuge (2015).

Marauhn, T., Sicherung grund- und menschenrechtlicher Standards gegenüber neuen Gefährdungen durch private und ausländische Akteure. em: Veröffentlichungen der Vereinigung der Deutschen Staatsrechtslehrer, 74. ed. (2015), pp. 373 ss.
Op. cit.: *Marauhn*, Sicherung (2015).

Marsch, N., Das europäische Datenschutzgrundrecht. Grundlagen – Dimensionen – Verflechtungen (2018).
Op. cit.: *Marsch*, Datenschutzgrundrecht (2018).

Martini, M., Big Data als Herausforderung für den Persönlichkeitsschutz und das Datenschutzrecht, em: Deutsches Verwaltungsblatt (2014), pp. 1481 ss.
Op. cit.: *Martini*, Big Data (2014).

Martini, M., Do it yourself im Datenschutzrecht – Der „GeoBusiness Code of Conduct" als Erprobungsfeld regulierter Selbstregulierung, em: Neue Zeitschrift für Verwaltungsrecht, 6. ed. (2016), pp. 535 ss.
Op. cit.: *Martini*, Do it yourself (2016).

Martini, M./Nink, D., Wenn Maschinen entscheiden … Persönlichkeitsschutz in vollautomatisierten Verwaltungsverfahren, em: Neue Zeitschrift für Verwaltungsrecht, 10. ed. (2017), pp. 681 ss.
Op. cit.: *Martini*, Persönlichkeitsschutz (2017).

Mayer-Schöneberger, V./Cukier, K., Big Data: A Revolution That Will Transform How We Live, Work and Think (2013), em: T. Hoeren (ed.), Phänomene des Big-Data-Zeitalters (2019).

Op. cit.: *Mayer-Schöneberger/Cukier*, Big Data (2013).

Mayer-Schönberger, V./Ramge, T., Das Digital. Markt, Wertschöpfung und Gerechtigkeit im Datenkapitalismus (2017).

Op. cit.: *Mayer-Schönberger/Ramge*, Das Digital (2017).

Meinecke, D., Big Data und Data Mining: Automatisierte Strafverfolgung als neue Wunderwaffe der Verbrechensbekämpfung? em: Taeger, J. (ed.), Big Data & Co. Neue Herausforderungen für das Informationsrecht (2014), pp. 183 ss.

Op. cit.: *Meinecke*, Automatisierte Strafverfolgung (2014).

Merten, D./Papier, H.-J., Drittwirkung, em: in Merten, D./Papier, H.-J. (ed.), Grundrechte in Deutschland: Allgemeine Lehren I (2006), pp. 1331 ss.

Op. cit.: *Papier*, Drittwirkung (2006).

Meyer, S. T., DRM-Schutz von Datenbanken. em: Conrad/Grützmacher (ed.). Recht der Daten und Datenbanken in Unternehmen (2014), pp. 254 ss.

Op. cit.: *Meyer*, DRM-Schutz (2014).

Minkler, J., Social Bots im Meinungskampf, em: Zeitschrift für Urheber- und Medienrecht (2016), pp. 216 ss.

Op. cit.: *Minkler*, Meinungskampf (2016).

Minkler, J., Social Bots: Gesetzgeberische Maßnahmen auf dem Prüfstand, em: Zeitschrift für Innovations- und Technikrecht (2017), pp. 199 ss.

Op. cit.: *Minkler*, Gesetzgeberische Maßnahmen (2017).

Misselhorn, C., Grundfragen der Maschinenethik (2018).

Op. cit.: *Misselhorn*, Maschinenethik (2018).

Monopolkommission, Hauptgutachten XX (2014), pp. 66 ss.

Op. cit.: Monopolkommission, Hauptgutachten (2014).

Monopolkommission, Wettbewerbspolitik: Herausforderung digitale Märkte, Sondergutachten 68 (2015).

Op. cit.: Monopolkommission, Wettbewerbspolitik (2015).

Müller, F./Christensen, R., Juristische Methodik. vol. I, 11ª ed. (2013).

Op. cit.: *Müller/Christensen*, Methodik (2013).

Müller, A./Guido, S., Einführung in Machine Learning mit Python: Praxiswissen Data Science (2017).

Op. cit.: *Müller/Guido*, Machine Learning (2017).

Müller-Hengstenberg, C./Kirn, S., Intelligente (Software-)Agenten: Eine neue Herausforderung unseres Rechtssystems?, em: Multimedia und Recht (2014), pp. 307 ss.

Op. cit.: *Müller-Hengstenberg/Kirn*, (Software-)Agenten (2014).

Müller, D./Gomm, J., Die Digitalisierung der Justiz am Beispiel des Zivilprozesses – von Thesen zur Umsetzung Teil 1, em: jM 2021, pp. 222 ss.

Op. cit.: *Müller/Gomm*, Die Digitalisierung der Justiz, Teil 1 (2021).

Müller, D./Gomm, J., Die Digitalisierung der Justiz am Beispiel des Zivilprozesses – von Thesen zur Umsetzung Teil 1, em: jM 2021, pp. 267 ss.

Op. cit.: *Müller/Gomm*, Die Digitalisierung der Justiz, Teil 2 (2021).

Nemitz, P., Constitutional Democracy and Technology in the Age of Artificial Intelligence, em: Philosophical Transactions of the Royal Society, A 376 (2018), obtido em: http://dx.doi.org/10.1098/rsta.2018.0089, pp. 2 ss.

Op. cit.: *Nemitz*, Constitutional Democracy (2018).

Nemitz, P./Pfeffer, M., Prinzip Mensch (2020).

Op. cit.: *Nemitz/Pfeffer*, Prinzip Mensch (2020).

Neubert, C.-W., Grundrechtliche Schutzpflicht des Staates gegen grundrechtsbeeinträchtigende Maßnahmen fremder Staaten am Beispiel der Überwachung durch ausländische Geheimdienste, Archiv des öffentlichen Rechts (2015), pp. 267 ss.

Op. cit.: *Neubert*, Grundrechtliche Schutzpflicht (2015).

Nink, D., Justiz und Algorithmen. Über die Schwächen menschlicher Entscheidungsfindung und die Möglichkeiten neuer Technologien in der Rechtsprechung Internetrecht und Digitale Gesellschaft (2021).

Op. cit.: *Nink*, Justiz und Algorithmen (2021).

Noelle-Neumann, E., Die Schweigespirale. Öffentliche Meinung – unsere soziale Haut (1980).

Op. cit.: *Noelle-Neumann*, Schweigespirale (1980).

Nonet, P./Selznick, P., Law and Society in Transition: Toward Responsive Law (1978).

Op. cit.: *Nonet/Selznick*, Law and Society (1978).

Nordholtz, C./Mekat, M., Musterfeststellungsklage (2019).

Op. cit.: *Nordholtz/Mekat*, Musterfeststellungsklage (2019).

Ochs, C./Richter, P./Uhlmann, M., Technikgestaltung demokratisieren – partizipatives Privacy by Design, em: Zeitschrift für Datenschutz-aktuell, 05424 (2016).

Op. cit.: *Ochs/Richter/Uhlmann*, Technikgestaltung (2016).

Oermann, M., Rechts(durch)setzung durch Informationsintermediäre: Big Data als Entscheidungs- und Handlungsressource, em: Hoffmann-Riem, W. (ed.), Big Data – Regulative Herausforderungen (2018), pp. 145 ss.

Op. cit.: *Oermann*, Rechts(durch)setzung (2018).

Oermann, M., Gewährleistung der Möglichkeit internetbasierter Kommunikation. Eine Vermessung des grundgesetzlichen Schutzkonzepts (2018).

Op. cit.: *Oermann*, Gewährleistung (2018).

Oermann, M./Ziebarth, L., Interpreting code - Adapting the methodology to analyze the normative contents of law for the analysis of technology, em: Computer Law & Security Review (2015), pp. 257 ss.

Op. cit.: *Oermann/Ziebarth*, Interpreting Code (2015).

Seifert, A./Thüsing, G./Barth, V./Kremer, T., Verhandlungen des 71. Deutschen Juristentages, vol. II/1 Sitzungsberichte – Referate und Beschlüsse (2016)

Op. cit.: *Seifert/Thüsing/Barth/Kremer*, Sitzungsberichte (2016).

Ott, P./Gräf, E. (ed.), 3TH1CS: Die Ethik der digitalen Zeit (2018).

Op. cit.: Ott/Gräf (ed.), 3TH1CS (2018).

Paal, B.P./Pauly, D.A., Datenschutzgrundverordnung. Bundesdatenschutzgesetz (2018), Rn. 18 ss.

Op. cit.: *Paal/Pauly*, Datenschutzgrundverordnung (2018).

Pagallo, U., Even Angels Need the Rules, em: European Conference on Artificial Intelligence, vol. 285 (2016), pp. 209 ss.

Op. cit.: *Pagallo*, Angels (2016).

Pariser, E., Filter Bubble. What the Internet Is Hiding from You (2011).

Op. cit.: *Papier*, Filter Bubble (2011).

Papier, H.-J., Drittwirkung, em: Merten, D./Papier, H.-J. (ed.), Grundrechte in Deutschland: Allgemeine Lehren, vol. I (2006), pp. 1331 ss.

Op. cit.: *Papier*, Drittwirkung (2006).

Peitz, M./Schweitzer, H., Ein neuer europäischer Ordnungsrahmen für Datenmärkte? Neue Juristische Wochenschrift (2018), pp. 275 ss.

Op. cit.: *Peitz/Schweitzer*, Ordnungsrahmen (2018).

Pelegrini, T./Blumauer, A. (ed.). Semantic Web (2006).

Op. cit.: Pelegrini/Blumauer (ed.), Semantic Web (2006).

Peters, R., Internet-Ökonomie (2010).

Op. cit.: *Peters*, Internet-Ökonomie (2010).

Petersohn, H., Data Mining: Verfahren, Prozesse, Anwendungsarchitektur (2005).

Op. cit.: *Petersohn*, Data Mining (2005).

Petrlic, R./Manny, K., Wie sicher ist der Zugriff auf Websites im Internet? em: Datenschutz und Datensicheheit (2017), pp. 88 ss.

Op. cit.: *Petrlic/Manny*, Websites (2017).

Pfeifer, T./Schmitt, R., Qualitätsmanagement in der Softwareentwicklung. Parte IV, em: Masing, W. (ed.). Handbuch Qualitätsmanagement, 6ª ed. (2014).

Op. cit.: *Pfeifer/Schmitt*, Qualitätsmanagement (2014).

Pfliegl, R./Seibt, C., Die digitale Transformation findet statt!, em: e&i Elektrotechnik und Informationstechnik 7 (2017), pp. 333 ss.

Op. cit.: *Pfliegl/Seibt*, Transformation (2017).

Picot, A./Berchtold, Y./Neuburger, R., Big Data aus ökonomischer Sicht: Potentiale und Handlungsbedarf, em: Kolany-Raiser, B./Heil, R./Orwat, C./Hoeren, T. (ed.), Big Data und Gesellschaft: Eine multidisziplinäre Annäherung (2018), pp. 395 ss.

Op. cit.: *Picot/Berchtold/Neuburger*, Big Data (2018).

Pille, J.-U., Meinungsmacht sozialer Netzwerke (2016).

Op. cit.: *Pille*, Meinungsmacht (2016).

Podszun, R., Empfiehlt sich eine stärkere Regulierung von Online--Plattformen und anderen Digitalunternehmen? (2020).

Op. cit.: *Podszun*, Regulierung von Online-Plattformen (2020).

Precht, R. D., Jäger, Hirten, Kritiker: Eine Utopie für die digitale Gesellschaft (2018).

Op. cit.: *Precht*, Jäger (2018).

Prins, C., Should ICT Regulation be undertaken at an International Level? em: Koops, B.-J. (ed.), Starting points for ICT regulation: Deconstructing prevalent policy one-liners (2006), pp. 151 ss.

Op. cit.: *Prins*, ICT Regulation (2006).

Raabe, O./Wacker, R./Oberle, D./Baumann, C./Funk, C., Recht ex machina. Formalisierung des Rechts im Internet der Dienste (2012).

Op. cit.: *Raabe/Wacker/Oberle/Baumann/Funk*, Recht ex machina (2012).

Rademacher, T., Predictive Policing im deutschen Polizeirecht. Archiv des öffentlichen Rechts (2017), pp. 142 ss.
Op. cit.: *Rademacher*, Predictive Policing (2017).

Rademacher, T., Wenn neue Technologien altes Recht durchsetzen: Dürfen wir es unmöglich machen, rechtswidrig zu handeln? em: JuristenZeitung (2019), pp. 702 ss.
Op. cit.: *Rademacher*, Technologien (2019).

Radlanski, P., Das Konzept der Einwilligung in der datenschutzrechtlichen Realität (2016).
Op. cit.: *Radlanski*, Einwilligung (2016).

Rath, M./Krotz, F./Karmasin, M., Maschinenethik: Normative Grenzen autonomer Systeme (2018).
Op. cit.: *Rath/Krotz/Karmasin*, Maschinenethik (2018).

Raue, B., Rechtssicherheit für datengestützte Forschung, Zeitschrift für Urheber- und Medienrecht (2019), pp. 684 ss.
Op. cit.: *Raue*, Rechtssicherheit (2019).

Reichwald, J./Pfisterer, D., Autonomie und Intelligenz im Internet der Dinge, Computer und Recht, em: Computer und Recht (2016), pp. 208 ss.
Op. cit.: *Reichwald/Pfisterer*, Autonomie (2016).

Reidenberg, J. R., Lex informatica: The Formulation of Intermation Policy Rules through Technology, em: Texal Law Review, vol. 76, n°3 (1998), pp. 553 ss.
Op. cit.: *Reidenberg*, Lex informatica (1998).

Reiss, G., Mehrseitige Märkte: Paradigmenwechsel vom Markt- zum Netzwerk-Ansatz, Wirtschaftswissenschaftliches Studium, 39. ed. (2010), pp. 176 ss.
Op. cit.: *Reiss*, Mehrseitige Märkte (2010).

Richter, H./Slowinski, P. R., The Data Sharing Economy: On the Emergence of New Intermediaries, IIC (2019), pp. 4 ss.
Op. cit.: *Richter/Slowinski*, Data Sharing Economy (2019).

Riehm, T., Rechte an Daten – Die Perspektive des Haftungsrechts, VersR (2019), pp. 714 ss.

Op. cit.: *Riehm*, Rechte an Daten (2019).

Ring, S., Computergestützte Rechtsfindungssysteme (1992).

Op. cit.: *Ring*, Rechtsfindungssysteme (1992).

Rolf, A., Weltmacht Vereinigte Daten. Die Digitalisierung und Big Data verstehen (2018).

Op. cit.: *Rolf*, Weltmacht (2018).

Rolf, A./Sagawe, A., Des Googles Kern und andere Spinnenneste. Die Architektur der digitalen Gesellschaft (2015).

Op. cit.: *Rolf/Sagawe*, Architektur (2015).

Rössler, P., Agenda Setting (1997).

Op. cit.: *Rössler*, Agenda Setting (1997).

Roßnagel, A. (ed.), Handbuch Datenschutzrecht (2003).

Op. cit.: Roßnagel (ed.), Handbuch (2003).

Roßnagel, A., Big Data – Small Privacy. Konzeptionelle Herausforderungen für das Datenschutzrecht, em: Zeitschrift für Datenschutz (2013), pp. 562 ss.

Op. cit.: *Roßnagel*, Big Data (2013).

Roßnagel. A., Auf dem Weg zur elektronischen Verwaltung – das E-Government-Gesetz, em: Neue Juristische Wochenschrift (2013), pp. 2710 ss.

Op. cit.: *Roßnagel.* E-Government-Gesetz (2013).

Roßnagel, A., Datenschutz: Eine Zukunft ohne Selbstbestimmung?, em: Spektrum der Wissenschaft kompakt on-line (4.10.2016), pp. 41 ss.

Op. cit.: *Roßnagel*, Datenschutz (2016).

Roßnagel, A., Gesetzgebung im Rahmen der Datenschutz-Grundverordnung, em: Datenschutz und Datensicherheit (2017), pp. 277 ss.

Op. cit.: *Roßnagel*, Gesetzgebung (2017).

Roßnagel, A. (ed.), Das neue Datenschutzrecht (2017).

Op. cit.: Roßnagel (ed.), Datenschutzrecht (2017).

Roßnagel, A., Technik, Recht und Macht, Multimedia und Recht (2020), pp. 222 ss.

Op. cit.: *Roßnagel*, Technik (2020).

Roßnagel, A./Nebel, M., (Verlorene) Selbstbestimmung im Datenmeer – Privatheit im Zeitalter von Big Data, Datenschutz und Datensicherheit, em: Datenschutz und Datensicherheit (2015), pp. 455 ss.

Op. cit.: *Roßnagel/Nebel*, Selbstbestimmung (2015).

Ruge, R., Die Gewährleistungsverantwortung des Staates und der Regulatory State (2004).

Op. cit.: *Ruge*, Gewährleistungsverantwortung (2004).

Ruhl, J.B./Katz, D.M., Measuring, Monitoring and Managing Legal Complexity, em: Iowa Law Review 101 (2015), pp. 191 ss.

Op. cit.: *Ruhl/Katz*, Legal Complexity (2015).

Runde, M., Wir brauchen ein Digitalgesetz, em: Frankfurter Allgemeine Zeitung (17.08.2016), pp. 17 ss.

Op. cit.: *Runde*, Digitalgesetz (2016).

Russel, S./Norvig, P., Künstliche Intelligenz: Ein moderner Ansatz (2012).

Op. cit.: *Russel/Norvig*, Künstliche Intelligenz (2012).

Sachverständigenrat für Verbraucherfragen, Verbraucherrecht 2.0. Verbraucher in der digitalen Welt, Sachverständigenrat Verbraucherfragen (2016), obtido em: http://www.svr-verbraucherfragen.de/wp-content/uploads/Gutachten_SVRV-.pdf.

Op. cit.: Sachverständigenrat für Verbraucherfragen, Verbraucherrecht 2.0 (2016).

Samsel, H., Risiken der Informationstechnologie, em: Pünder, H./ Klafki, A. (ed.), Risiko und Katastrophe als Herausforderung für die Verwaltung (2017), pp.121 ss.

Op. cit.: *Samsel,* Risiken (2017).

Sattler, A., Schutz von maschinengenerierten Daten, em: Sassenberg, T.,Faber, T. (ed.), Rechtshandbuch Industrie 4.0 und Internet of Things (2017), pp. 27 ss.

Op. cit.: *Sattler,* Schutz (2017).

Saurwein, F./Just, N./Latzer, M., Governance of Algorithms: Options and Limitations, DOI 10.1108/info-05-2015-0025 (2015), pp. 35 ss.

Op. cit.: *Saurwein/Just/Latzer,* Governance (2015).

Schaar, P., Das Ende der Privatsphäre (2007).

Op. cit.: *Schaar,* Privatsphäre (2007).

Scherer, M., Regulating Artificial Intelligence Systems: Risks, Challenges, Competencies, and Strategies, em: Harvard Journal of Law & Technology, vol. 29, n°2 (2016), pp. 354 ss.

Op. cit.: *Scherer,* Regulating (2016).

Schliesky, U./Hoffmann, C./Luch, A./Schulz, S./Borchers, K.C., Schutzpflichten und Drittwirkung im Internet (2014).

Op. cit.: *Schliesky/Hoffmann/Luch/Schulz/Borchers,* Schutzpflichten (2014).

Schmidt-Aßmann, E., Verwaltungsrechtliche Dogmatik (2013).

Op. cit.: *Schmidt-Aßmann,* Verwaltungsrechtliche Dogmatik (2013).

Schneider, I., Bringing the state back in. Big Data-based capitalism, disruption and novel regulatory approaches in Europe, em: Saetnan, R./Schneider, I./Green, N. (ed.), The politics of Big Data – Big Data – Big Brother? (2018), pp. 129 ss.

Op. cit.: *Schneider,* Big Data-based capitalism (2018).

Schneider, J.-P., Innovationsoffene Regulierung datenbasierter Dienste in der Informationsgesellschaft. Datenschutz, Regulierung, Wettbewerb, em: Körber, E./Kühling, J. (ed.), Regulierung – Wettbewerb – Innovation (2017), pp. 113 ss.

Op. cit.: *Schneider*, Innovationsoffene Regulierung (2017).

Schröder, M., Selbstregulierung im Datenschutzrecht, em: Zeitschrift für Datenschutz (2012), pp. 418 ss.

Op. cit.: *Schröder*, Selbstregulierung (2012).

Schulz, M. R./Schunder-Hartung, A. (ed.), Recht 2030. Legal Management in der digitalen Transformation (2019).

Op. cit.: Schulz /Schunder-Hartung (ed.), Recht 2030 (2019).

Schulz, W./Held, T., Regulierte Selbstregulierung als Form modernen Regierens. Zu Fragen von Regulierung und Coregulierung (2002).

Op. cit.: *Schulz/Held*, Regulierte Selbstregulierung (2002).

Schulz, W./Held, T., Suchmaschinen als Gatekeeper in der öffentlichen Kommunikation (2005).

Op. cit.: *Schulz/Held*, Suchmaschinen (2005).

Schulz, W./Dankert, K., "Governance By Things" as a Challenge to Regulation by Law, em: Internet Policy Review, vol. 5 (2016), obtido em: http://policyreview.info.

Op. cit.: *Schulz/Dankert*, Governance by Things (2016).

Schulz, W./Dankert, K., Die Macht der Informationsintermediäre, em: Friedrich-Ebert-Stiftung (2016).

Op. cit.: *Schulz/Dankert*, Informationsintermediäre (2016).

Schulze-Fielitz, H., Grundmodi der Aufgabenwahrnehmung, em: Hoffmann-Riem, W./Schmidt-Aßmann, E. /Voßkuhle, A. (ed.), Grundlagen des Verwaltungsrechts, Bd. I, § 12 (2012).

Op. cit.: *Schulze-Fielitz*, Grundmodi (2012).

Schuppert, G.F., The Ensuring State, em: Giddens, A. (ed.), The Progressive Manifesto: New Ideas for the Centre-left (2003), pp. 54 ss.

Op. cit.: *Schuppert,* Ensuring State (2003).

Schuppert, G. F., Der Gewährleistungsstaat. Ein Leitbild auf dem Prüfstand (2005).

Op. cit.: *Schuppert,* Gewährleistungsstaat (2005).

Schuppert, G. F., Alles Governance oder was? (2011).

Op. cit.: *Schuppert,* Alles Governance (2011).

Schuppert, G. F., Governance und Rechtsetzung (2011).

Op. cit.: *Schuppert,* Governance (2011).

Schuppert. G. F., Verwaltungsorganisation und Verwaltungsorganisationsrecht als Steuerungsfaktoren, em: Hoffmann-Riem, W./Schmidt-Aßmann, E. /Voßkuhle, A. (ed.). Grundlagen des Verwaltungsrechts. vol. I (2012).

Op. cit.: *Schuppert,* Verwaltungsorganisation (2012).

Schuppert, G.F., The World of Rules (2016).

Op. cit.: *Schuppert,* World (2016).

Schütze, B./Hänold, S./Forgó, N., Big Data – eine informationsrechtliche Annäherung, em: Kolany-Raiser, B./Heil, R./Orwat, C./Hoeren, T. (ed.), Big Data und Gesellschaft: Eine multidisziplinäre Annäherung (2018), pp. 239 ss.

Op. cit.: *Schütze/Hänold./Forgó,* Big Data (2018).

Schwab, K., Die vierte industrielle Revolution (2016).

Op. cit.: *Schwab,* Revolution (2016).

Schweitzer, H., Datenzugang in der Datenökonomie: Eckpfeiler einer neuen Informationsordnung, Gewerblicher Rechtsschutz und Urheberrecht (2019), pp. 569 ss.

Op. cit.: *Schweitzer,* Datenzugang (2019).

Schweitzer, H., Digitale Plattformen als private Gesetzgeber: Ein Perspek--tivwechsel für die europäische "Plattform-Regulierung" em: ZEuP (2019), pp. 1 ss.

Op. cit.: *Schweitzer*, Private Gesetzgeber (2019).

Schwichtenberg, S., Die "kleine Schwester" der DSGVO: Die Richtlinie zur Datenverarbeitung bei Polizei und Justiz, em: Datenschutz und Datensicherheit (2016), pp. 605 ss.

Op. cit.: *Schwichtenberg*, Kleine Schwester (2016).

Šehić, N./Regers, K./Hense, P., Internet of Things – Predictive Consumer Intention im E-Commerce, em: Taeger, J. (ed.), Deutsche Stiftung für Recht und Informatik Tagungsband Herbstakademie (2015), pp. 393 ss.

Op. cit.: *Šehić/Regers/Hense,* Internet of Things (2015).

Seip, F./Berberich, M., Der Entwurf des Digital Markets Act, em: GRUR--Prax (2021), pp. 44 ss.

Op. cit.: *Seip/Berberich*, Digital Markets Act (2021).

Sendler, U. (ed.), Industrie 4.0 (2013).

Op. cit.: Sendler (ed.), Industrie 4.0 (2013).

Siara, C., Der Medienstaatsvertrag und die "neuen" Medien, Rundfunk und rundfunkähnliche Telemedien im Internet, em: MMR (2020), pp. 370 ss.

Op. cit.: *Siara*, Medienstaatsvertrag (2020).

Simitis, S./Hornung, G./Spiecker genannt Döhmann, I. (ed.), Datenschutzrecht (2019).

Op. cit.: [*Nome do autor*], em: Simitis/Hornung/Spiecker genannt Döhmann, Datenschutzrecht (2019).

Singelnstein, T., Big Data und Strafverfolgung, em: Hoffmann-Riem, W. (ed.), Big Data – Regulative Herausforderungen (2018), pp. 179 ss.

Op. cit.: *Singelnstein*, Strafverfolgung (2018).

Skistems, H., Smart Homes. Rechtsprobleme intelligenter Haussysteme unter besonderer Beachtung des Grundrechts auf Gewährleistung der Vertraulichkeit und Integrität informationstechnischer Systeme (2016).

Op. cit.: *Skistems,* Smart Homes (2016).

Spiecker gen. Döhmann, I., Zur Zukunft systemischer Digitalisierung – Erste Gedanken zur Haftungs- und Verantwortungszuschreibung bei informationstechnischen Systemen, em: Computer und Recht (2016), pp. 698 ss.

Op. cit.: *Spiecker gen. Döhmann,* Erste Gedanken (2016).

Spiecker gen. Döhmann, I., Zur Zukunft systemischer Digitalisierung – Erste Gedanken zur Haftungs- und Verantwortungszuschreibung bei informationstechnischen Systemen, em: Computer und Recht, 32. ed. (2016), pp. 698 ss.

Op. cit.: *Spiecker gen. Döhmann,* Zukunft (2016).

Spindler, G., Verbandsklagen und Datenschutz – das neue Verbandsklagerecht, em: Zeitschrift für Datenschutz (2016), pp. 114 ss.

Op. cit.: *Spindler,* Verbandsklagen (2016).

Spitz, M., Daten. Das Öl des 21. Jahrhunderts? Nachhaltigkeit im digitalen Zeitalter (2017), pp. 9 ss.

Op. cit.: *Spitz,* Daten (2017).

Spyra, G./Buchanan, W. J., Protecting documents with sticky policies and identity-based encryption, Edinburgh Napier University (2016), obtido em: http://www.iidi.napier.ac.uk/binary/dl/file/publicationid/13387024.

Op. cit.: *Spyra./Buchanan,* Protecting documents (2016).

Stalder, F., Kultur der Digitalität (2016).

Op. cit.: *Stalder,* Kultur (2016).

Stark, B./Stegmann, D., Are Algorithms a Threat to Democracy? The Rise of Intermediaries: A Challenge for Public Discourse (2020).

Op. cit.: *Stark/Stegmann,* Threat to Democracy (2020).

Stengel, O./van Looy, A./Wallaschkowski S. (ed.), Digitalzeitalter – Digitalgesellschaft: Das Ende des Industriezeitalters und der Beginn einer neuen Epoche (2017).

Op. cit.: Stengel/van Looy/Wallaschkowski (ed.), Digitalzeitalter (2017).

Stiemerling, O., Künstliche Intelligenz" – Automatisierung geistiger Arbeit, Big Data und das Internet der Dinge. Eine technische Perspektive, em: Computer und Recht (2015), pp. 762 ss.

Op. cit.: *Stiemerling*, Künstliche Intelligenz (2015).

Stiftung Datenschutz, Praktische Umsetzung des Rechts auf Datenübertragbarkeit Rechtliche, technische und verbraucherbezogene Implikationen Zusammenfassung und Handlungsempfehlungen (2017).

Op. cit.: Stiftung Datenschutz, Datenübertragbarkeit (2017).

Stinner, J., Staatliche Schutzpflichten im Rahmen informationstechnischer Systeme (2018).

Op. cit.: *Stinner*, Staatliche Schutzpflichten (2018).

Stürner, R. (ed.), Die Bedeutung der Rechtsdogmatik für die Rechtsentwicklung (2010).

Op. cit.: *Stürner*, Rechtsdogmatik (2010).

Surden, H., Machine Learning and Law, Washington Law Review, vol. 89 (2014), pp. 87 ss.

Op. cit.: *Surden*, Machine Learning (2014).

Taeger, J. (ed.), Big Data & Co. Neue Herausforderungen für das Informationsrecht (2014).

Op. cit.: Taeger (ed.), Big Data (2014).

Taeger, J. (ed.), Internet der Dinge (2015).

Op. cit.: Taeger (ed.), Internet (2015).

Taeger, J. (ed.), Smart World – Smart Law? (2016).

Op. cit.: Taeger (ed.), Smart World (2016).

Taeger, J., Scoring in Deutschland nach der EU-Datenschutzgrundlag enverordnung, em: Zeitschrift für Rechtspolitik (2016), pp. 72 ss.

Op. cit.: *Taeger*, Scoring (2016).

Tegmark, M., Life 3.0. Being Human in the Age of Artificial Intelligence (2017).

Op. cit.: *Tegmark*, Life 3.0 (2017).

Telle, S., Big Data und Kartellrecht. Relevanz datenbasierter Geschäftsmodelle im europäischen und deutschen Kartellrecht, em: Innovations- und Technikrecht (2017), pp. 3 ss.

Op. cit.: *Telle*, Big Data (2017).

Thaler, R. H./Sunstein, C., Nudge. Wie man kluge Entscheidungen anstößt, 12ª ed. (2017).

Op. cit.: *Thaler*, Nudge (2017).

The Boston Consulting Group/Bucerius Law School, How Legal Technology Will Change the Business Of Law (2016).

Op. cit.: The Boston Consulting Group/Bucerius Law School, Legal Technology (2016).

Tischbein, V., 98 Daten, die Facebook über dich weiß und nutzt, um Werbung auf dich zuzuschneiden, netzpolitik org, zuletzt aktualisiert (18/3/2017), obtido em: https://netzpolitik.org/2016/98-daten-die-facebook-ueber-dich-weiss-und-nutzt-um-werbung-auf-dich-zuzuschneiden/.

Op. cit.: *Tischbein*, 98 Daten (2017).

Trute, H.-H./Kühlers, D./Pilniok, A., Governance als verwaltungsrechtswissenschaftliches Analysekonzept, em: Schuppert, G. F./Zürn, M. (ed.), Governance in einer sich wandelnden Welt (2008), pp. 173 ss.

Op. cit.: *Trute/Kühlers/Pilniok*, Governance (2008).

Tutt, A., An FDA for Algorithms, em: Administrative Law Review (2017), pp. 83 ss.

Op. cit.: *Tutt*, FDA (2017).

Unger, S./von Ungern-Sternberg, A. (ed.), Demokratie und künstliche Intelligenz (2020).
Op. cit.: Unger /von Ungern-Sternberg (ed.), Demokratie (2020).

von Arnauld, A., Freiheit und Regulierung in der Cyberwelt: transnationaler Schutz der Privatsphäre aus Sicht des Völkerrechts, em: Dethloff, N./Nolte, G./Reinisch, A. (ed.), Freiheit und Regulierung in der Cyberwelt (2016), pp. 1 ss.
Op. cit.: *von Arnauld*, Freiheit (2016).

von Arnauld, A., Big Data, Internet und das Völkerrecht, em: Hoffmann-Riem, W. (ed.), Big Data – Regulative Herausforderungen (2018), pp. 117 ss.
Op. cit.: *von Arnauld*, Big Data (2018).

van den Hoven, J./Vermaas, P.E./van de Poel, I. (ed.), Handbook of Ethics, Values, and Technological Design (2015).
Op. cit.: van den Hoven/Vermaas/van de Poel (ed.), Handbook (2015).

van Schewick, B., Internet architecture and innovation in applications, em: *Bauer, J.M./Latzer, M.*, Handbook on the Economics oft he Internet (2016) pp. 288 ss.
Op. cit.: *van Schewick*, Internet Architecture

Veil, W., Die Datenschutz-Grundverordnung: des Kaisers neue Kleider, em: Neue Zeitschrift für Verwaltungsrecht (2018), pp. 686 ss.
Op. cit.: *Veil*, Datenschutz-Grundverordnung (2018).

Vesting, T., Die Bedeutung von Information und Kommunikation für die verwaltungsrechtliche Systembildung, em: Hoffmann-Riem, W./Schmidt-Aßmann, E./Voßkuhle, A. (ed.), Grundlagen des Verwaltungsrechts, Vol. II: Informationsordnung, Verwaltungsverfahren, Handlungsformen (2012), pp. 1 ss.
Op. cit.: *Vesting*, Bedeutung (2012).

Vesting, T., Digitale Entgrenzung, em: Lomfeld, B. (ed.), Die Fälle der Gesellschaft. Eine neue Praxis soziologischer Jurisprudenz (2017).
Op. cit.: *Vesting*, Digitale Entgrenzung (2017).

Viellechner, L., Transnationalisierung des Rechts (2013).

Op. cit.: *Viellechner,* Transnationalisierung (2013).

Vogelsang, S/Krüger, J., Legal Tech und die Justiz – ein Zukunftsmodell? Teil 1, em: jM 2019, pp. 398 ss.

Op. cit.: *Vogelsang/Krüger,* Legal Tech (Teil 1) (2019).

Vogelsang, S/Krüger, J., Legal Tech und die Justiz – ein Zukunftsmodell? Teil 2, em: jM 2020, pp. 90 ss.

Op. cit.: *Vogelsang/Krüger,* Legal Tech (Teil 2) (2019).

Volkmann, U., Gelingensvoraussetzungen von Rechtsfortbildung, em: Hoffmann-Riem (ed.). Innovationen im Recht (2016), pp. 63 ss.

Op. cit.: *Volkmann,* Rechtsfortbildung (2016).

Voßkuhle, A., Regulierte Selbstregulierung – Zur Karriere eines Schlüsselbegriffs, em: Die Verwaltung (2001), pp. 197 ss.

Op. cit.: *Voßkuhle,* Regulierte Selbstregulierung (2001).

Wadephul, C., Big Data in der Wissenschaft, em: Kolany-Raiser, B./Heil, R./Orwat, C./Hoeren, T. (ed.), Big Data (2018), pp. 17 ss.

Op. cit.: *Wadephul,* Big Data (2018).

Wagner, J., Legal Tech und Legal Robots, 2ª ed. (2020).

Op. cit.: *Wagner,* Legal Tech (2020).

Weber, P., Dilemmasituationen beim autonomen Fahren, em: Neue Zeitschrift für Verkehrsrecht (2016), pp. 29 ss

Op. cit.: *Weber,* Dilemmasituationen (2016).

Wehage, J.-C., Das Grundrecht auf Gewährleistung der Vertraulichkeit und Integrität informationstechnischer Systeme und seine Auswirkungen auf das bürgerliche Recht (2013).

Op. cit.: *Wehage,* Grundrecht (2013).

Weichert, T., Scoring in Zeiten von Big Data, em: Zeitschrift für Rechtspolitik (2014), pp. 168 ss.

Op. cit.: *Weichert,* Scoring (2014).

Weinberger, D., Too Big To Know (2013).

Op. cit.: *Weinberger,* Too Big (2013).

Weiß, Europäisches Regulierungsverwaltungsrecht, em: Terhechte, J. P. (ed.), Verwaltungsrecht der Europäischen Union (2021), § 18.

Op. cit.: *Weiß,* Regulierungsverwaltungsrecht (2021).

Werkmeister, C./Hermstrüwer, Y., Ausnahmen vom Grundsatz der Netzneutralität – Wer darf auf die Überholspur im Internet? Warum das europäische Recht der Netzneutralität noch keine Rechtssicherheit schafft, em: Computer und Recht (2015), pp. 570 ss.

Op. cit.: *Werkmeister/Hermstrüwer,* Netzneutralität (2015).

Whitman, J. Q., The Two Western Cultures of Privacy: Dignity versus Liberty, em: Yale Law Journal (2004), pp. 1151 ss.

Op. cit.: *Whitman,* Cultures of Privacy (2004).

Wiebe, A., Protection of industrial data – a new property right for the digital economy? (2016).

Op. cit.: *Wiebe,* Protection of industrial data (2016).

Wiebe, A./Schur, N., Das Recht an industriellen Daten im verfassungsrechtlichen Spannungsverhältnis zwischen Eigentumsschutz, Wettbewerbs- und Informationsfreiheit, Zeitschrift für Urheber- und Medienrecht (2007), pp. 461 ss.

Op. cit.: *Wiebe/Schur,* Spannungsverhältnis (2007).

Wiegerling, K., Big Data im Gesundheitswesen, em: Kolany-Raiser, B./Heil, R./Orwat, C./Hoeren, T. (ed.), Big Data und Gesellschaft: Eine multidisziplinäre Annäherung (2018), pp. 1 ss.

Op. cit.: *Wiegerling,* Gesundheitswesen (2018).

Wielsch, D., Medienregulierung durch Persönlichkeits- und Datenschutzrechte, em: JuristenZeitung (2020), pp. 105 ss.

Op. cit.: *Wielsch,* Medienregulierung (2020).

Winfield, A. F. T./Jirotka, M., Ethical Governance Is Essential to Building Trust in Robotics and Artificial Intelligence Systems, em: Philosophical Transactions of the Royal Society, A 376 (2018), obtido em: https://doi.org/10.1098/rsta.2018.0085.

Op. cit.: *Winfield/Jirotka*, Ethical Governance (2018).

Wischmeyer, T., Informationssicherheitsrecht. IT-Sicherheitsgesetz und NIS-Richtlinie als Elemente eines Ordnungsrechts für die Informationsgesellschaft, em: Die Verwaltung, 50. ed. (2017), pp. 155 ss.

Op. cit.: *Wischmeyer*, Informationssicherheitsrecht (2017).

Wischmeyer, T., Regulierung intelligenter Systeme, em: Archiv des öffentlichen Rechts JG. 143 (2018), pp. 1 ss.

Op. cit.: *Wischmeyer*, Regulierung (2018).

Wischmeyer, T., Predictive Policing. Nebenfolgen der Automatisierung des Sicherheitsrechts, em: A. Kulick/M. Goldhammer (ed.), Der Terrorist als Feind? Personalisierung in Polizei- und Völkerrecht (2019), pp. 189 ss.

Op. cit.: *Wischmeyer*, Predictive Policing (2019).

Wischmeyer, T./Rademacher, T. (ed.), Regulating Artificial Intelligence (2020).

Op. cit.: *Wischmeyer/Rademacher*, Regulating (2020).

Wittmann, P., Der Schutz der Privatsphäre vor staatlichen Überwachungsmaßnahmen durch die US-amerikanische Bundesverfassung (2014).

Op. cit.: *Wittmann*, Schutz (2014).

Wolf, W., Richterliche Entscheidungsroutinen als Gegenstand und Leitfaden der juristischen Methodenlehre: zivilrechtliche Perspektiven, em: Reimer, F., Juristische Methodenlehre aus dem Geist der Praxis (2016), pp. 75 ss.

Op. cit.: *Wolf*, Entscheidungsroutinen (2016).

World Bank Group, World development report 2016: Digital Dividends, worldbank org (2016), obtido em: http://documents.worldbank.org/

curated/en/896971468194972881/pdf/102725-PUB-Replacement-PUBLIC.pdf.

Op. cit.: World Bank Group, World development report (2016).

Wu, S./Goodman, M., Neural Implants and their Legal Implications, em: GPSolo Magazine, vol. 30 (2013), pp. 68 ss.

Op. cit.: *Wu/Goodman*, Neural Implants (2013).

Yeung, K.,Towards an understanding of regulation by Design. em: Brownsword/Yeung (ed.), Regulating Technologies (2008) pp. 79 ss.

Op. cit.: *Yeung*, Understanding (2008).

Yeung, K., Can We Employ Design-based Regulation While Avoiding Brave New World? em: Law, Innovation and Technology (2011), pp. 1 ss.

Op. cit.: *Yeung*, Design-based Regulation (2011).

Yeung, K., Algorithmic Regulation: A Critical Interrogation. Regulation and Governance, Algorithmic Regulation: A Critical Interrogation, Regulation & Governance (2017), http://onlinelibrary.wiley.com/journal/10.1111/(ISSN)1748-5991.

Op. cit.: Yeung, Algorithmic Regulation (2017).

Zech, H., Entscheidungen digitaler autonomer Systeme: Empfehlen sich Regelungen zur Verantwortung und Haftung?, Gutachten zum 73. Deutschen Juristentag (2020).

Op. cit.: *Zech*, Entscheidungen (2020).

Ziewietz, M.,Governing algorithms: Myth, Mess, and Methods. em: Science, Technology & Human Values (2016), pp. 3 ss.

Op. cit.: *Ziewietz*, Governing Algorithms (2016).

Zuboff, S., Das Zeitalter des Überwachungskapitalismus (2018).

Op. cit.: *Zuboff*, Überwachungskapitalismus (2018).